中西文化的大碰撞

鹤 与 鹰

陈传席 著

中华书局

The Great Collision
between Chinese and
Western Cultures

图书在版编目(CIP)数据

鹤与鹰:中西文化的大碰撞/陈传席著. —北京:中华书局,
2019.11
ISBN 978-7-101-14055-2

Ⅰ.鹤… Ⅱ.陈… Ⅲ.东西文化-比较文化-研究 Ⅳ.G40

中国版本图书馆 CIP 数据核字(2019)第 172130 号

书　　名	鹤与鹰——中西文化的大碰撞	
著　　者	陈传席	
责任编辑	周毅泽	
出版发行	中华书局	
	(北京市丰台区太平桥西里 38 号　100073)	
	http://www.zhbc.com.cn	
	E-mail:zhbc@ zhbc.com.cn	
印　　刷	北京瑞古冠中印刷厂	
版　　次	2019 年 11 月北京第 1 版	
	2019 年 11 月北京第 1 次印刷	
规　　格	开本/920×1250 毫米　1/32	
	印张 12　插页 2　字数 300 千字	
印　　数	1-5000 册	
国际书号	ISBN 978-7-101-14055-2	
定　　价	46.00 元	

目　录

绪　论

真正的学者要能把握风气，而不可趋尚风气。前几本书出版后，我一直说：写这些书时，我有点不合时宜。书出版后，又觉得有点趋奉时尚，其实都是我一贯的观点。我写这本书，仍然是如此。

一

日本在1868年明治维新之前，学习的是中国文化，是个非常谦卑、温顺而又讲究礼仪的民族，[①]明治维新开始，改学西方文化，不久，就并吞、侵略了很多国家。攻打中国，攻打朝鲜，和俄国开战，和德国开战，把本为中国属国的琉球强行划入日本版图，占领朝鲜，占领台湾等等。在第二次世界大战中，它是轴心国的重要成员。而中国文化是以儒家文化为主导，讲究"文质彬彬""温、良、恭、俭、让""己所不欲，勿施于人""忠诚"和"仁

---

① 日本丰臣秀吉主政（16世纪末）之前，1000年从未侵略过任何国家，丰臣秀吉受儒家文化影响很少，他在16世纪末发起进攻朝鲜和中国的战争，规模很小，很快就被中国打败了，丰臣秀吉不久死亡。日本又进入中国儒家文化的状态，直到明治维新之前。

义道德"。西方文化是"富国强兵""弱肉强食"的文化。一位美国学者鲁思·本尼迪克特经过研究，写了一本论述日本的书，叫《菊与刀》，菊是美丽、清雅、文明的象征，刀是武力、残杀的象征。我总结了一下：

菊＝中国

刀＝西方

菊＋刀＝日本

日本既有中国式的彬彬有礼、温顺恭敬，又有西方式的崇尚武力和弱肉强食的观念。

在别人没有刀的时期，中国是菊花，很好；当别人有刀的时候，便可以劈开你的大门，把菊花砍掉，还叫你割地赔款。英国学者蓝诗玲写了一本《鸦片战争》的书，论述了英国强行卖毒品鸦片给中国，还用大炮轰开中国的大门，强迫中国政府割地赔款。所以中国必须暂时放下自己的哲学而采用西方的文化，铸刀，练刀，富国强兵。但世界上所有国家都用刀，那就是残杀，战争，世界大战。如果全世界都放弃刀，而变为"菊"，遍地鲜花，而无斗争和暴力，世界将是何等美好。所以中国的哲学能使世界更美好、更安宁。

二

本书中所说的中国文化、中国道德都指的是传统文化、传统道德。

中国传统文化中有"民为贵，社稷次之，君为轻"（《孟子·尽心下》）的思想。在国家中，在世界上，应该以民为主；《尚书·五子之歌》中也说"民惟邦本"，民的追求仅仅是生活的幸福指数提高，古今皆然。在现在这个世界上，民的幸福指数最高的国家，举世公认的不是强大的美国，更不是俄罗斯，也不是法国、英国等老牌资本主义国家，而是北欧的一些国家，那里的人民生活安逸舒适，平等自由，无忧无虑，老有所终，壮有所用，幼有所长，该读书的读书，该干事的干事，该休息的休息。其实那里并没有很多亿万富翁，国家也没有高端的核武器，也没有航天飞机、宇宙飞船等。亿万富翁的钱能花得完吗？核武器能使人生活幸福吗？

这使我想起中国传统文化中的理想社会，《礼记·礼运》记孔子说：

> 大道之行也，天下为公，选贤与能，讲信修睦。故人不独亲其亲，不独子其子，使老有所终，壮有所用，幼有所长，矜、寡、孤、独、废疾者皆有所养，男有分，女有归。货恶其弃于地也，不必藏于己；力恶其不出于身也，不必为己。是故谋闭而不兴，盗窃乱贼而不作，故外户而不闭，是谓大同。

这和北欧的幸福指数最高的国家现状相同，但孔子讲的是天下大同的状态，而不是一国一地的幸福。孔子还提出"去兵""去食"，他对强大的武装设备和力量不感兴趣，对能使人人富足的生活措施也不感兴趣，他只赞成他学生曾子说的，成年人和孩子们在沂水里洗洗澡（游泳），在雩台上吹吹风，唱唱歌然后回家的生活（见《论语·先进》），不要十分富足，不要十分强大，人自由自在，无忧无虑，身心畅快，无拘无束地生活就行了。其实这就叫幸福，北欧人不就是这样吗？你如果天天要强兵，经费都用在军备上，人的幸福指数便降低了，所有国家都在强兵就可能发生战争。你如果天天要富国，就可能竞争，就会尔虞我诈，钩心斗角，人的幸福指数也不会太高。但是你不强兵，人家强兵，你的国家、你的幸福就难保。

一百多年前，西方列强就是凭着"船坚炮利"打入中国，强迫我们割地赔款。像北欧那些国家虽然幸福指数很高，但是如果军事强国派一支武装部队，很快便可打败它。所以中国的哲学"去兵""去食"不能救中国，必须采用西方的"富国强兵"的哲学，国家强大了才能保障人民的幸福。但是，全世界如果都崇尚中国的文化，都不从事军事竞争，都各自安逸地生活着，洗洗澡，吹吹风，唱唱歌，那么，这个世界就会十分美好，十分自在。

中国传统文化中对自然十分推崇"伟哉造化"，"伟哉夫造物者"，"天与人不相胜"（庄子语）；"天地与我并生，而万物与我为一"（庄子语）；"顺物自然而无容私焉"（庄子语）；"人法地，地法天，天法道，道法自然"（老子语）。"民，吾同胞；物，吾与也"（张载语）；"亲亲而仁民，仁民而爱物"（孟子语）；中国人对自然的亲和，在世界上是无与伦比的，荀子说"制天命而用之"（遵从自然而用之），所以，中国人亲和自然，保护自然，反对破坏自然，"无为而无不为""族与万物并""以辅万物之自然而不敢为"（以辅助万物的自然发展而不加干预）。但西方人以为人是宇宙的中心，认为"自然必须作为一个奴隶来为人类服役"（卡洛琳·麦茜特《自然之死》），"人成为自然界的主人和统治者"（《笛卡尔的人类哲学》）。卡普拉《转折点——科学、社会和正在兴起的文化》中说："培根认为对自然必须在她漫步时穷追不舍，令她提供服务，使她成为奴隶，她应当被加以强制，科学家的目的就是拷打出自然的奥秘。"所以，西方人要改造自然，征服自然。结果，各种农药、化学药剂、核武器直到转基因，大自然遭到无穷的破坏，直接受害的便是人类。现在全世界人都已认识到破坏自然、改造自然、征服自然对人类的害处，有的已无法挽回。

尤其是军事竞争，各种导弹、核武器、化学武器等等快速发展。快速中，人类的寿命、地球的寿命，也快速走向灭亡。当人类即将灭亡之前，也许会想到，早知采用中国自然的哲学，人类和大自然和睦相处，共存，多好啊。但那时为时已晚，"春风虽欲重回首，落花不再上枝头"。

柬埔寨由于战争和其他问题，十分落后贫穷，但吴哥窟却成为世界的奇观之一，原因便是那里七百多年来无人光顾，无人建设，也无人破坏，所以成为世界上难得的奇观之一。这就叫无为而无不为。

但全世界都在破坏自然，利用自然，从大自然那里索取很多。中国人如果不研究自然，不利用自然，还仍旧击壤而歌，抱瓮灌园，便会落后，落后可能还会挨打。所以，中国人必须放弃自己的哲学，利用西方的哲学。但如果全世界人都采用中国的哲学，都亲和自然，保护自然，与大自然和睦相处，这个世界将会更美好。

三

自信到一定程度，便会自大；自大遇到挫折，便会自卑。

中国人本来是十分自信的，1840年鸦片战争之前，中国人自称"天朝"，是世界的中心，其他国家皆是"夷狄"，只能"恭顺"天朝，"倾心向化"，"倾心效顺"，一切外国人外国高官见到中国的皇帝，必须下跪磕头，接受"敕谕"，外国人到中国，都是来进贡的，来仰见天朝天威的。中国"抚有四海"，"德威远被"，"万国来朝"。此外，中国人在文学艺术各个领域都看不起外国人的。

外国人一切都不行，连形象也丑陋，头发丑，眼睛丑，面貌丑，身体丑，都不如中国人。中国人认为"鬼"最丑，《旧唐书·卢杞传》记卢杞"貌陋……人皆鬼视之"。因为卢相貌丑陋，人看他是鬼。谚云，"丑得像鬼一样"，故称外国人为"鬼子"，或"某国鬼子"，或统称为"洋鬼子"。

但鸦片战争失败后，又打了多次败仗，中国人由自信而自卑，开始认为中国的器械不行，船不坚，炮不利，后来认为中国的社会制度不行，最后认为中国的文化不行，于是要全盘西化，"打孔家店""废孔""废除读经"。其实，打了败仗，并不能说明中国文化不行，中国的历史和世界历史都证明了这一点。

中国春秋战国时，齐鲁文化最先进，产生了孔子、孟子、墨子、孙武子等一大批圣贤，还有稷下学宫，在世界上都是十分先进的，但却被文化落后的秦打败了。楚文化也很先进，屈原、宋玉等一大批文化人创作的《楚辞》，对后世影响巨大，但也被秦打败了。南朝文化也大大先进于北朝，结果被落后的北朝打败了。宋文化的先进超过了唐，在世界上也是无可比拟的，但被文化落后的金打败了，后来又被文化更落后的元灭掉了。

在世界上，希腊文化是非常先进的，结果被落后的罗马文化打败了，罗马文化又被更落后的蛮族打败了。

中国历史和世界历史都证明，先进文化被落后文化打败是常事。

所以，因为打败仗而论证中国文化落后，是没有根据的。这一问题，从五四到现在的学者都认识错了。（本段内容我在书中还有详细的论述）

学习西方，还是对的，西方也学习我们。中国是世界上最早实行文官治政的国家，西方一直是贵族和教会把持政权，后来学习中国，也实行文官治政。现在世界上，凡先进的国家，都实行文官治政，而且又有所发展。西方学习我们很多，我们当然也要学习人家。

日本学习西方，学其长处，但仍然保持自己的传统，尽管这种传统来自中国，但已成为他们的传统，所以，必须保持。美国的鲁思·本尼迪克特著的《菊与刀》中《引言》部分说："他们倾慕西方文化，同时又保持着良好的传统……菊花与刀，两者构成了同一幅画。"

中国人的思维很奇怪，或者认为自己最伟大，是人类的中心，其他国家都是夷狄，连"天朝"的尘埃都不如，或者认为西方一切都好，中国的一切都不好。胡适在《介绍我自己的思想》中说：

> 只有一条生路，就是我们自己要认错。我们必须承认我们自己百事不如人，不但物质机械上不如人，不但政治制度不如人，并且道德不如人，知识不如人，文学不如人，音乐不如人，艺术不如人，身体不如人。（《胡适全集》第4册）

按照胡适的说法，中国人真是没法活下去了。如前所述，原来中国人认为外国人身体不行，像鬼，远不如中国人，现在胡适们又认为外国人身体比中国人强了。人一自卑，一切都不行了。

所以，必须一切学习西方，宋人《铁围山丛谈》卷三记："王黻……面如傅粉，然须发与目中精色尽金黄，……大抵皆人妖也。"王面白，头发胡须与眼内皆金黄色，这和西方人差不多，但当时视之为"人妖"，亦鬼子之类也。当然是很丑的。现在年轻人又把头发染黄，身体也要学西方了。不但学习西方，而且还要打倒自己，消灭自己的传统。"中国的书一本也不要读"（鲁迅语），"把线装书全部扔到茅厕坑里"（吴稚晖语），最后要废除汉字，就是因为汉字记录中国的传统，把汉字废除，一了百了，但还不放心，还要废除汉语。（皆见本书）

汉语废除，汉字废除，中国实际上就亡了。

"取法乎上，仅得其中；取法其中，仅得其下"，如果中国的文化价值是100，日本学了得70分，这70分实际上已经成为他们的传统。西方文化价值也是100，日本学了又得70分，那么日本就得到了140分。而中国学习西方得了70分，又把自己的100分打倒抛弃，那只有70分。我写这本书的目的，就是希望我们首先要继承自己的100分，然后再把西方的70分学到手。

四

五四新文化运动主张学习西方的科学和民主是对的。但五四运动，"打孔家店""废孔""废除读经"等，把中国传统文化贬得一文不值，力主"全盘西化"，对后世产生极坏的影响。我在本书中已分析，这些观点都是没有根据的。其实，五四那一批人，除了鲁迅写了一本《中国小说史略》外，几乎没有人做出什么像样的学问。创作方面，除了鲁迅写了一篇《阿Q正传》外，也没有见到有什么特别好的文学作品。胡适写了《中国哲学史大纲》，只写了一半，但治哲学史的学者都认为这不是哲学史，根本没有哲学，而且其中有几百年的哲学，他一字未提。徐志摩名气很大，但我看到所有介绍他的书和文章，都是他如何追求女人，闹三角恋爱的事，没有一个人说出他在文化上有什么贡献，好容易找到他的几首诗，也十分平常，有的读不下去。胡适写新诗名气最大，他的新诗几乎没有一句可读，《胡适全集》收入他的第一首新诗《孔丘》："知其不可而为之，亦不知老之将至。认得这个真孔丘，一部《论语》都可废。"这叫什么诗。傅斯年写的对联："上穷碧落下黄泉，动手动脚找东西。"这叫对联吗？这就是五四名人的水平。

我甚至怀疑五四部分名人连基本常识都没弄懂，读五四时的很多文章，他们经常把儒家学说和道教并称，要扳倒儒学和道教，如钱玄同在《中国今后之文学问题》中说："欲废孔学，欲剿灭道教，惟有将中国书籍一概束之高阁一法。何以故？因中国书籍，千分之九百九十九都是这两类之书故，中国文学，自来即专用于发挥孔门学说及道教妖言故。"他显然把道家学说理解为道教了。儒道学说都产生于春秋战国时期，道教创始于东汉。连道家学说和道教这最简单的区别都未弄懂，就天天批判，这五四一些名人的水平，也真可以。

但新文化运动给中国传统文化带来的破坏作用是十分巨大的，"破四旧"其实是这种运动的继续。传统文化中主要是道德文化、爱国文化。传统文化中断，人的道德水平迅速下降，爱国反而成为人嘲笑的对象。世界上只有中国人否认自己的传统，日本的传统来自中国，但他们从不否认；中国人要废除汉字，日本不废除，而且日本是顶着美国的压力不废除。世界上也只有中国人不尊重甚至嘲笑辱骂自己的民族英雄。这些都是五四及其继承者反传统影响的后果。

我在书中说，中国人的素质下降，并不是学习西方文化的结果，而是自己传统文化缺失的结果。我们需要认真地准确地研究西方文化，尤其是其哲学和科技。我们需要继续富国强兵，壮大自己，提高自己。但同时更需要保存、继承好自己的文化传统。但五四以来否认自己传统、否认自己文化的思想一直存在，中国传统文化其实需要一次大的变革。中国的传统很丰富，但现在我们需要"移风易俗"（《礼记·乐记》语），更要"天行健，君子以自强不息"（《周易·乾卦》语）。

我的最大愿望便是恢复传统文化的地位。没有自己独立文化的国家，算不上真正的大国，正确地对待传统文化，也正确地对待西方文化，倘能如此，则吾国幸也，我们拭目以待。

陈传席

2016年7月

于中国人民大学

第一章　中西文化的不同

——几个简单的例证和论说

一、娱乐　杀人

中国是世界上最早发明火药的国家。火药一说发明于战国至汉代，一说发明于隋至唐代初，但唐初已有火药的记载。唐代大医药家孙思邈（581—682）在《孙真人丹经》中就记载了火药的配方，这证明火药发明于隋（581—618），至迟也在唐初，则至今至少也有一千五百多年历史了。中国火药虽然是炼丹时发明的，炼丹的目的是为了人的健康长寿，但火药最初应用于娱乐，用于放爆竹、烟花等。后来如马戏的杂技演出，以及木偶戏中的烟火杂技，出现爆仗的响声，以及表演幻术时的烟火效果，再后来则普遍制作"鞭炮""爆竹""烟花""烟火"等，皆为娱乐。

在12世纪后，中国的火药才传入阿拉伯等国，再后才传入欧洲，很快被欧洲人制造出杀人武器，发展十分快[①]：枪、炮、子

[①] 欧洲人后来发明了黄火药，虽然和中国的黑火药没有传承关系，但黄火药晚于黑火药一千多年。而且黄火药制造成战争武器是受黑火药的启示。黄火药于19世纪后期才用于军事。在此之前，欧洲人用的是黑火药武器。恩格斯说："现在已经毫无疑义地证实了，火药是从中国经过印度传给阿拉伯人，又由阿拉伯人和火药武器一道经过西班牙传入欧洲。"这是符合史实的。

弹、各种新式杀人武器乃至原子弹、氢弹等核武器。原本杀人武器是刀剑等，一把刺刀杀了几个人便损坏了，一天杀不了几个人。但到了美国人海勒姆·马克沁发明了机关枪，每分钟能射出600发子弹。一战时，在阿图瓦，德军在数小时内用机关枪扫死了7861名士兵和385名军官。有一名英国士兵，手持李·恩菲尔德步枪，一天打死1600名德军。1870年的普法战争，伤亡47万多人。比起以前的战争死伤人数已是十分惊人。一战死亡人数达1000万人，伤2000万人。到了二战，死亡人数达6000万人，1.3亿人受伤，其中中国死亡1800万人，苏联死亡2680万人，德国死亡800万人，日本死亡300万人，意大利死亡20万人，法国死亡30万人，英国死亡40万人，美国死亡38万人，南斯拉夫死亡170万人。死亡那么多人，都和欧洲人利用中国人发明的火药而进一步制造出新式杀人武器有关。在战争中被争夺最激烈的巴尔干地区，被人称为"火药桶"。可见大战即是火药在起作用。没有火药制造成的杀人武器，也就没有世界大战。

中国本来是一个安逸的富裕国家，但1840年英国却用大炮轰开了中国的大门，强迫中国签订了不平等条约，强迫中国割地赔银。以后，不停地割地赔银，中国变成了半殖民地国家。20世纪上半叶，日本杀进了中国，占领了东北、北京、上海、南京等，在中国的领土上杀人、放火、奸淫，中国已国将不国。

如果中国人仍按中国的哲学，以自己发明的火药制造爆竹、烟花，用于娱乐，而不是制造战争武器，那么中国人只能被人用大炮、机枪打进来，只能被人烧、杀、掠、淫，只能坐待亡国。所以，中国的娱乐哲学不能救中国，中国只能用外国的哲学，也制造各种杀人武器，制造原子弹等核武器，用先进的武器御敌于国门之外。这样，才能保卫自己的国家和人民。

但是，如果全世界都用中国的文化，不用火药制造杀人武器，只用火药制造爆竹、烟花等，在节日里增加欢乐的色彩，供人娱乐。那么全世界将多么安宁啊。不制造各种武器乃至核武器，只用于发展生产，世界将是多么美好啊。

需要补充说明的是，很多人（特别是一部分中国人）说中国人真愚蠢，真落后，发明了火药，只用于娱乐，却让外国人利用制造各种武器，又杀进中国，抢夺财产。其实，中国人不是不能制造杀人武器，中国人早已把火药用于战争，先是作为号炮，后来也用于攻城守城和打击敌阵。1259年，蒙古大汗蒙哥率军攻打合州钓鱼城，结果被宋将王坚等人发炮反击。大汗蒙哥也死在炮火之中。1272年2月，南宋丞相贾似道率战舰2500艘和元军作战，结果被元军发炮猛轰，宋水军全部败溃。1273年初，宋元之际，降元的宋将刘整军队就用回回炮攻破樊城。不久南宋灭亡。但火炮等武器的发展有一定的限度，中国的哲学思想抑制了这种杀人武器的发明和生产。文献记载，有人发明了一种同时可以杀死十数人的武器，后因读到上天有"好生之德"[①]，而"忌杀"等，于是便停止了制造，并销毁了已制的武器。

《易传》上说："天地之大德曰生"，"生生之谓易"。直到清代戴震在《孟子字义疏证》中仍说："仁者，生生之德也。"古人都倡"生"而忌杀，这就限制了武器的发展。

此外，还有中国的"中庸"哲学，凡事适可而止，武器的发展也如此，这也决定了中国不会无限制的发展杀人武器。

西方人没有天道有"好生之德"而"忌杀"的哲学思想，而且凡事必求极端，所以，无限制地发明制造杀人的武器。如果没有中国的哲学思想加以抑制，会直至毁灭世界方可止。

---

① 中国古文献中，"好生之德"等记述很多，如《尚书·大禹谟》"好生之德，冶于民心"，等等

二、秃鹰　仙鹤

美国人最喜欢的动物是秃鹰，中国人最喜爱的动物是仙鹤。

美国纽约华尔街街头广场上建造了一个大雕塑，上面是凶猛的秃鹰。秃鹰又叫白头海雕（学名Haliaeetus Leucocephalus），又名美洲雕，体长可达1米，展翅可达2米多，是美洲最大的猛禽，据说可把40公斤重的动物叼起来，飞到上空。这种鸟十分凶猛且残忍，经常主动进攻，杀死很多哺乳动物以及飞禽鱼类，几乎没有任何飞禽可以阻止它。因为这种秃鹰凶猛而强健，美国人认为它（白头海雕）是力量、勇气、自由和不朽的象征，所以特别钟爱之。

在1818年，美国国会通过的国旗法案（即现在的美国国旗）之前的美国实际国旗或军旗上，即是一只大白头海雕（秃鹰）。

1776年7月4日，美国第二次大陆会议发表了《独立宣言》，并决定新生的美国必须有一个特殊的国徽。1782年6月20日，美国国会通过决议，把白头海雕作为美国的国鸟。国徽的图案主体就是白头海雕。国徽上的白头海雕展开双翅，伸出双爪。一爪抓住橄榄枝，一爪抓住一捆箭，他们解说象征和平与武力。鹰嘴叼着的黄色绶带上用拉丁文写"E PLURIBUS UNUM"（合众为一）。把鹰作为国徽的主体图案，实际上体现了美国人崇尚武力、凶猛，同时体现了征服的欲望。[①]

所以纽约华尔街头特为秃鹰树立雕塑。美国人以此自豪。

事实上，美国确实像秃鹰一样，到处进攻。秃鹰捕食时，会杀死对手，供自己饱餐；不捕食时，也会捕捉弱小的禽兽，杀而弃之，以显示它的勇力和征服性。美国经常出兵打击那些并没有威胁他们安全的国家，如出兵韩战，发动海湾战争，出兵阿富

---

① 中国夏、商、周、秦、汉也是崇尚武力的，现存的当时青铜器、画像石、画像砖中的文化都证明了这一点。那时候中国也是很强盛的。

秃鹰，也叫鹫，又叫白头海雕

此雕像树立在美国纽约华尔街街头。秃鹰凶猛而残忍，经常主动进攻，残杀很多动物及禽类。美国人欣赏这种鹰，在国旗、国徽上，大型建筑中（如林肯纪念堂、银行等），公园中，到处都可见到鹰的形象。欧美很多国家鹰、鹫和狮的形象，到处可见。这是他们崇尚武力和强大的精神使然，中国人则喜爱鹤和鹿，是温和文雅的象征。

汗,出兵伊拉克,出兵科索沃,在中国的南海和台湾海峡出动航空母舰等等,都显示了美国的鹰性。

中国人喜欢鹤。皇家、贵族爱鹤,老百姓也爱鹤,尤其是文

梵蒂冈建筑上的鹰

欧洲古建筑上到处可见的是鹰和狮等凶猛动物,美国的建筑上也如此。

纽约华尔街建筑上的双鹰

人学者更爱鹤，举国上下皆爱鹤。有一副对联是文人经常书写挂在家中的，文曰："愿持山作寿，常与鹤为群。"鹤身白，又称白鹤（实则顶红，翅末黑，颈黑）。鹤是高雅的象征，故又称仙鹤。古人爱鹤，又称之为仙禽。古今咏鹤之诗，颂鹤之文，画鹤之图，不计其数。故宫博物院和河南省博物院都藏有一尊叫立鹤方壶的青铜壶。壶盖顶部铸有一只展翅欲飞的鹤，考古学家定为春秋早期。从那时候到现在，中国人画鹤、塑鹤、铸鹤不绝。凡高雅者多和鹤相关，鹤上人、鹤心、鹤相、鹤寿、鹤眠、鹤情等等。早期的华表上皆以鹤图装饰，叫"鹤表"。

唐人汇征《上天竺寺经幢记》："仰窥鹤表以争高，侧视雁层而竞巧。"宋人陆游《予十许岁即往云门诸山今复与诸子来追念凄然》诗："桥废夕阳空鹤表，碑亡春草没龟趺。"早期的神话中仙人多和鹤有关。《墨客挥犀》记："……崆峒山，乃广成子修道所，山之绝壁有石穴，谓之皂鹤祠。"现存的字帖《瘗鹤铭》记华阳真人养的一只鹤死了，他把它埋葬起来，并写了铭文，刻在石碑上。现在的江苏省徐州市云龙山上有"放鹤亭""招鹤亭"，苏东坡写了《放鹤亭记》，说宋熙宁十年（1077）云龙山人张天骥有二鹤，每天在山上放鹤，"旦则望西山之缺而放焉，纵其所如，或立于陂田，或翔于云表，暮则傃东山而归。故名之曰放鹤亭"。苏东坡还作了放鹤招鹤之歌："鹤飞去兮，西山之缺。高翔而下览兮，择所适。翻然敛翼，婉将集兮，忽何所见，矫然而复击。独终日于涧谷之间兮，啄苍苔而履白石。鹤归来兮，东山之阴。其下有人兮，黄冠草履葛衣而鼓琴。躬耕而食兮，其余以汝饱。归来归来兮，西山不可以久留。元丰元年十一月初八日记。"（《放鹤亭记》）

古今文人爱鹤、颂鹤的例子太多了。就是一般老百姓的家，过年过节也要挂一幅《松鹤图》，以示雅意，同时也示吉祥。因为据传鹤寿可达一千六百年。

立鹤方壶

春秋早期，1923年出土于河南省新郑李家楼，现藏北京故宫博物院。同时出土的另一件现藏河南省博物院。

壶顶是一只展翅欲飞的鹤。和欧美人喜爱凶猛的鹰一样，中国人喜爱温和的鹤，玉器上，青铜器上，木器上，石器上，尤其是后来的绘画作品中，到处都是鹤。

放鹤亭，在徐州市云龙山上

中国有很多放鹤亭、招鹤亭、鹤亭。这是江苏徐州市云龙山上的放鹤亭，宋苏东坡曾主政徐州，写了《放鹤亭记》，后人据以建放鹤亭，西边还建有招鹤亭。

明代画家文徵明画了一幅《琴鹤图》，门前白鹤驻足，友人携琴来访。乾隆皇帝在上题诗："萧斋绿树盖重阴，家事无他鹤与琴。"鹤与琴是文雅、文明的象征。鹤是善良的禽鸟，从不进攻其他禽鸟，更不捕杀弱禽，食粮、草，饮水而已。羽白而纯洁。《易经·中孚》云："鹤鸣在阴，其子和之。"《诗经·小雅·鹤鸣》："鹤鸣于九皋，声闻于天。"鹤听到草地上有可疑声音时，便高鸣相警，以告同类，可见义气，但并不组织反击别类。在古代，鹤是中国人心目中高雅之禽，文明之禽，仁义之禽，是和平、温雅的象征。所以，古代文人总喜和鹤相伴，养鹤、训鹤、伴鹤、放鹤、招鹤、赏鹤、戏鹤、宠鹤等等。

皇家宫殿前必树一些鹤的铜像或铁像。现在北京的故宫是明清皇宫，太和殿前左右就各铸有一只铜鹤，至今犹存。皇帝的宝座两边也树立巨大的鹤像。我们到北京故宫看太和殿内，皇帝的座椅左右仍各树一只铜胎珐琅彩的鹤。这和美国华尔街头树立鹰的塑像完全不同。

中国人没有确立国鸟的习惯，鹤其实就是中国的国鸟。

因为鹤从不进攻别类，是十分和平温雅的。如果遇到大老雕、老鹰，就会被雕、鹰攻杀，鹤是斗不过鹰的。所以，中国人还要暂时减少鹤性，而增加鹰性，否则就要吃亏。但全世界都具有鹤性，而去除鹰性，都不去攻杀别国，都和平温雅，那么，这个世界就安宁得多。

陈传席作《梅妻鹤子图》

故宫太和殿前铜鹤

　　树在紫禁城内太和殿前，左右各一，高约两米多。太和殿是皇宫中最重要的殿，殿前和宝座两边都置鹤。（徐华烽摄）

云南香格里拉地区藏族人建的佛教宫殿前，也建有双鹤的铜像。

太和殿内皇帝宝座左面的一只。和此对称的，右面还有一只。

铜鹤

明清两代皇帝的宝座，当中是椅子（即宝座），两旁树起两米多高的铜鹤各一只。

中国人喜爱温和的无进攻力的鹤，重要地方皆置鹤。

三、中外之牛

纽约华尔街头除了树立秃鹰的雕塑十分突出外，还树立一尊铜质牛的雕塑，那头牛是十分凶猛，低头耸角，向前进攻，有力大无穷冲垮一切之势。美国人对力、对进攻、对摧毁对手，太有兴趣了。所以，这头牛便是美国的象征。中国《论语》中有云"子不语：怪、力、乱、神"，即是说孔子对怪的、力的、乱的、神鬼的东西都是反对的，而主张儒雅、文明、温和。所以，中国的牛都是十分温和的，为人驯服的，称为孺子牛，即为小孩子玩耍的牛。鲁迅常写的一副对联："横眉冷对千夫指，俯首甘为孺子牛。"也成为中国的名联，很多书家画家都写过此联，大画家徐悲鸿画室中也悬挂他自书的这副对联。我们看中国画家画牛，牛背上都骑着一个儿童或吹笛，或放风筝，或拉着牛前走，没有一个凶猛、前冲的牛。

在中国的哲学里，牛是负重的。《五行传》曰："牛，畜之任重者。"牛耕田，拉车，运物，驮人，虽有角，只为保护自己，

牛（纽约华尔街）

美国牛的形象，多是凶猛和力的象征。这是美国人意识形态的反映。

从不主动向他物进攻。狼、虎、狮等猛兽，起时都是前足先跃起，颇具进攻性。《广雅》云："牛阴物也，故起先后足，卧先前足。"牛在站立时，先起后足，前足仍然跪在地上；卧倒时，前足先卧下。这就是不进攻的动作，人不必防备它。所以，小孩子都可骑牛。而且牛还可和人共乐。《吕氏春秋·古乐》记："昔葛天氏之乐，三人操牛尾投足以歌八阕。"牛除了默默地忠诚地勤劳地奉献外，别无他求。唐人柳宗元《牛赋》中云："牛之为物，魁形巨首……日耕百亩，往来修直，植乃禾黍……"宋孔平仲《禾熟》诗云："老牛粗了耕耘债，啮草坡头卧夕阳。"李纲《病牛》诗云："耕犁千亩实千箱，力尽筋疲谁复伤。但得众生皆得饱，不辞羸病卧残阳。"陈造《车堰牛诗》云："牛力轻万钧，性顺异诸畜……"

横眉冷对千夫指，俯首甘为孺子牛（鲁迅语，徐悲鸿书）。中国牛的形象多为孺子牛，供儿童骑耍，故称孺子牛。

画家李可染画的牛。儿童骑在牛背上玩耍。

犀牛

在法国巴黎奥赛美术馆前广场上。西方人崇拜力和势。中国秦和周初期也崇拜力和势。但儒、道思想都反对力，反对刚硬，主张柔和、温顺处下。故中国人喜爱鹿和鹤。

中国人喜欢的"牛"，牛既"性顺"，又"负重"。美国人欣赏的牛是凶猛的，是进攻的，能用角冲垮一切。如果都像美国的"牛"那样，世界就不得安宁。如果都像中国的"牛"那样，世界将十分安宁、美好。

鹿鹤园，在陕西渭南华山脚下的云泉寺内。鹿和鹤都是温和无进攻性动物。中国人喜欢之，也是中国人意识形态的反映。

陈传席《吉丙问牛》

四、中外狮子的雕像

那么，中国不也有狮子的雕像吗？是的。

狮子被人称为兽中之王，十分凶猛，几乎没有任何野兽可以抵抗得了它。狮子也十分残忍，狮子能捕杀大象、牛、马，也捕杀鹿、兔等弱小动物。我经常从电视的录像中看到摄影师拍照到的狮子生活的真相。狮子经常抓到小鹿，又把小鹿放了。小鹿夺命逃跑，它又把小鹿抓回，又放跑，玩弄几回，鹿吓得快死了，它才用爪把鹿撕成几块，慢慢地吃掉，并以此为乐。它捕食牛、马等动物时也都十分残忍。

这是法国古建筑的狮子，凶猛而有力。

意大利古建筑旁的狮子。

法国巴黎协和广场上的狮子，威严深沉而有气势，有不畏一切的气魄。

　　卢森堡广场上的一对铜狮子中的一个，威猛而有压倒一切之势。就在广场旁边，有一家中国人开的汉宫酒店，酒店门前有一对中国式的铜狮子。和广场上凶猛狮子完全不同，狮子胸前围有一条"锦带"，系有一个铜铃，狮子右脚抱有一个大绣球，笑容可掬，十分温和可爱，绝不凶猛。铜狮右边（门右）有一同样的铜狮，是雌狮，抱着幼狮，更是温和慈爱。

　　唐睿宗李旦桥陵前的石狮，现在陕西蒲城金帜山。建于716年，狮子形象自汉代传入中国，一直到唐代，都有威猛的气势。

狮子在西方人眼中，是勇猛的象征，是力的象征，是王者的象征。所以，作为艺术品，西方人经常把狮子做成雕塑树在街头、宫殿前、花园中。那狮子的雕像都十分威武、凶猛，有不可一世之概。

狮子很早就传到中国。据唐人张彦远《历代名画记》卷六《宗炳》所载，宗炳曾有《狮子击象图》传世。就现存的遗迹来看，汉代就有石狮雕塑，山东嘉祥县文物管理所、四川芦山县姜公祠都藏有东汉的石狮雕塑。前者是武氏墓前的石刻，后者是杨君墓石刻。石狮都是昂首挺胸，气势撼人。隋唐石狮子就更多了。河南洛阳古代石刻艺术馆藏有洛阳含元殿遗址出土的隋代蹲狮，前肢直挺，后腿屈蹲，前胸宽阔厚实，张口怒目，气势逼人。唐朝石狮，以邢台市隆尧县文物所藏的李唐皇帝的祖先陵前石狮和陕西咸阳唐陵前的很多石狮最典型，都气势非凡，有力大无穷、君临天下、压倒一世之概。

但这种气势不符合中国儒家的思想，孔子"不语乱、力、怪、神"，力主文质彬彬，儒雅、"不愠"、"温、良、恭、俭、让"，凡有力的、气势太强的成分都有威胁他人的可能，必须反对。道家更是强调"柔弱""处下"，反对"力强"更甚于儒家。因此到了五代和宋代，狮子的形象就变了。

福州乌山乌塔，唐贞元十五年始建，五代晋天福六年（941）闽王王曦重建，更名崇妙保圣坚牢塔。有一对石狮，口中含有锦带，胸中系一大铃，呈嬉笑憨态。

现存山西太原晋祠中的铁铸蹲狮，胸前装饰一个响铃，腋下抱一个幼狮（幼狮下镌有北宋"政和八年"的铭文），形象已不再可怕，失去了威猛、凶残气势的感觉，变得可爱了；而且还具有母性（抱幼子）。

河南巩义回郭镇宋神宗赵顼永裕陵道上的石狮子，颈下围绕一圈锦带，上有响铃和锦球。这分明是供人玩耍的好玩动物了。

河北省定州博物馆所藏的一个宋代陶狮，颈部也围有一个宽宽的挂圈，上系响铃，张嘴嬉笑，憨态可掬，如同猫一样的可爱。自此以后，在中国的狮子形象皆去除威猛凶勇之态，而似猫一样的温顺。

现存上海市豫园仰山堂元代的铁狮子、辽宁省沈阳市福陵道左侧的后金石狮子，不但颈上系一圈挂带，胸前挂一个很大

五台山寺院内的石狮，五代时建，狮子造型到了五代，已不再威猛，不再可怕。这个五代时的狮子，胸颈间围着一条大锦带，胸前挂有一个大响铃，左足抱着一个大锦球，另一只雌狮也是胸前挂响铃，足下抱着幼狮，变为温和好玩之物了。

五台山寺院内的还有一对铜狮，口中含有一个大锦带，胸前系铃，更抱一个硕大的锦球，完全成为玩耍之物了。

铁狮，北宋政和八年（1118）

　　现存太原市晋祠内，其胸前挂一大响铃，腋下抱有一幼狮，幼狮下铸有北宋"政和八年"铭文。这个狮子已不具攻击性，而只有母性、慈性。

陶狮，北宋

　　河北定州窑遗址出土，现藏河北定州博物馆。颈部挂圈，胸前系一响铃，张嘴嬉笑，一副温顺的憨态，狮子到北宋已完全成为供人玩好之物了。

的响铃，足下还抱有一个很大的绣球，或抱一只小狮子。这就像马戏团里的驯狮，完全供人玩耍娱乐了，狮气完全消失，变成猫气了。

故宫太和殿后铜狮，明代

　　明清的石狮子、铁狮子大抵都是颈上系圈、挂铃。有的嘴里还含有一个大石球或大铁球，更不咬人了。爪中抱一绣球，像猫一样的温顺可爱，对人类绝无攻击性了，且供人娱乐，与人共乐了。

　　北京天安门前的狮子是皇家的象征，建于明永乐十八年（1420），狮身高2.2米。西侧雌狮在戏弄一只小狮，东侧一只雄狮，抱着一个很大的绣球在戏玩。绣球上还绕有很大的绣带，两个狮子颈下都围着一个大圈带，上系一个大响铃，这明明是娱乐之物了。身上有了圈带、响铃，怀里又抱着小狮或大绣球，也就不能攻击其他物种了。

　　全世界的华人在春节时期，都有舞狮子活动，"狮子"和人

天安门前石狮子

　　天安门前的石狮子更具代表性，它是明清皇家的象征。天安门前金水桥南北东西各有一只大狮子（共四只），建成于明永乐四年（1420）。雄狮颈上挂锦圈，胸前系一大响铃，足下抱一大锦球，球上扎有大锦带，嬉笑憨态，完全是供人玩好之物了。雌狮也是系响铃，抱着一个幼狮，似猫之温顺，有慈性、母性，而无狮之凶猛威风了。

对舞，有时"狮子"和人亲热，有时人骑在"狮子"身上娱玩。这里的"狮子"完全失去狮子的凶猛性，而变为和人共娱的好玩之物了。

如果一个国家崇尚凶猛而具攻击性的狮子，那就可能给世界带来灾难。而中国的狮子变为"猫"，只有温顺可爱，而不会危害他人，不会给世界带来灾难。但是，"猫"是不堪狮子一击的，所以，中国的"狮子"必须去除猫性，恢复狮子的本性，才能抵挡外来的侵略，才能保护自己的人民。

但是全世界的"狮子"如果都变为"猫"，都不再吃人，不再凶猛，不再具有进攻性，都变为温顺可爱，供人娱乐，与人同乐，那么这个世界也就安宁了，人们也就快乐了。

所以，中国暂时要学西方，目的是抵御强势的侵略和进攻。

圆明园内的一对石狮子，身上缠绕锦带、锦穗，抱绣球，还在对话，完全没有西方狮的威猛感。

北京中国人民大学校园内石狮（此为其中之一）

　　此狮嘴里含着石球，这就完全不能咬人了，身缠锦带，胸系响铃，抱绣球，笑容可掬，完全是一个好玩之物，有猫性而无狮性。

江西云居山内石狮

　　此狮嘴里含大石球,颈挂宽带团,系响铃,抱球。口中含大石球,就不能撕咬了。

山东灵岩寺内明代石狮
此狮胸前响铃特别大，抱球，可爱而不威猛，和西方狮子凶猛威风不同。

五、狼　玄鸟

罗马的城标是一只巨大的母狼，母狼腹乳下有两个待哺的男孩。这两个男孩便是罗马帝国的奠基人和创建者罗慕洛斯及其弟弟勒莫斯。据提图·李维（前54—19）的《罗马史》等书记载，特洛伊在与希腊人的大战中被打败。特洛伊一位青年埃涅阿斯（Aeneas）逃出特洛伊，来到意大利中部台伯河（Tiber）畔，在此生活繁衍，其后裔努米托耳成为当地部落首领。其后他的弟弟阿木留斯推翻了他的统治，儿子被杀。但努米托耳的女儿为战神所爱，生下了双胞胎罗慕洛斯和勒莫斯。阿木留斯得知后，派人把这一对双胞胎丢到台伯河，被河水冲流到一个岸边，一只母狼发现了这对双胞胎，收留并用狼乳哺育了他们。有一幅著名的油画，画一只母狼卧在林中，一个小孩趴在地上吸母狼

青铜母狼哺婴（今藏意大利罗马市政博物馆）

罗马城标，罗马人自称是狼哺育出的后代。表明了对狼的崇拜，实则崇拜凶猛及善于进攻性。中国人则称自己是玄鸟（燕）的后代。（见《史记·殷本纪》、《史记·秦本纪》等）

母狼哺婴

　　意大利比萨斜塔附近，意大利很多地方都有"母狼哺婴"雕像，高耸而突兀。可见意大利人以自己是凶猛的狼哺育出的后代而自豪。

　　中国儒家思想培育出来的人，缺少狼性。

的奶，另一个男孩在玩耍。画的就是这个故事。这两个孩子长大成人后，杀死了仇人阿木留斯，成为部落首领。公元前753年，兄弟俩在台伯河边创建了一座新城，就是罗马城。罗慕洛斯又杀死了弟弟勒莫斯，罗马就是以罗慕洛斯的名字命名的。罗慕洛斯后来率众到处攻击，南征北战。公元前509年，建立罗马共和国，后来成为罗马帝国。罗马人向外扩张，征服了很多国家，其疆

美国国徽——秃鹫

德国国徽——以黑鹰为主

奥地利国徽——以黑鹰为主

俄罗斯国徽——双头鹰

荷兰国徽——三狮（还有剑）

英国国徽——巨狮、独角兽及小狮

域扩大到欧洲北部、西部、非洲北部、亚洲西部，和当时中国的秦汉，成为东西霸主国。罗马人崇尚狼的凶猛、残忍，攻击性极强。他们自称是"狼的后人"。两千多年来，罗马人一直把母狼作为自己的城标，其实是国标。现在的罗马城和著名的斜塔所在地比萨城以及其他城市中都树有高大的狼雕塑巨柱，可见他们一直以狼的子孙自居且自傲的。

其实，整个欧洲也一直以狼等凶猛的动物作为精神象征。

英国国徽上是三只狮子，德国国徽上是黑色的雄鹰，俄罗斯国徽上是双头鹰。法国没有正式国徽，其呈交联合国的相当于国徽的图案，当中是杆巨斧和枪刺头。加拿大国徽上也有三只巨狮，荷兰国徽上有突出的两只翘尾巴的金狮，而且几乎所有的国徽上皆有盾牌。鹰是强硬的象征，亦凶猛且具攻击性。狮子更是兽中之王，更具攻击性。

中华民国时期的国徽是一个蓝色的圆内有十二角星。绝无黑鹰和雄狮等凶猛之物。

中华人民共和国国徽，以麦稻穗和齿轮环绕。

中华人民共和国的国徽上是麦稻穗和齿轮，当中一个天安门。麦稻穗代表农业生产，齿轮代表工业生产。虽然本意是工农联盟，但都是自食其力的象征，无攻击性意味。

中国人的祖先，除了传说者之外，最有代表性的是殷人和秦人。据汉·司马迁《史记·殷本纪》记载："殷契（契是殷始祖），母曰简狄，……见玄鸟堕其卵，简狄取而吞之，因孕生契。"则殷人以弱禽为祖先。《史记·秦本纪》："秦之先，帝颛顼之苗裔孙曰女脩，女脩织，玄鸟陨卵，女脩吞之，生子大业。"是知，秦人也以玄鸟为祖先，是玄鸟的后代。玄鸟就是燕子，燕子是益禽，绝无进攻性，绝不凶残，是自由、活泼、自在无损的象征。

西方人以狼为祖先，崇拜狮、鹰等凶猛残忍有攻击性的动物。中国人以燕子为祖先，喜爱燕子的自由、活泼，不具攻击性。

西方人有好斗、好强的本性，具有攻击性，所以两次世界大战都起于西方。东方的日本则是明治维新后师法西方才具有攻击性。在西方人狼性面前，中国人必须去除玄鸟、鹤、鹿等性，也应该培养狼性、狮性、鹰性，否则便会遭到狼、狮的攻击而无还手之力。但如果是全世界人都去除鹰、狮、狼的好斗和侵略性，都崇尚燕子的自由飞翔性格，而绝无攻击性，绝不损害于人，则世界将是多么自由、活泼，且又安宁。

六、"并行" "惟一"

——中西宗教比较

《礼记·中庸》篇有云：万物并育而不相害，道并行而不相悖。这是说：世界上万物并行生长、繁育而不会互相妨害；各种道同时流行实施而不会相互违背攻击。比如松柏、桃李枣梨、古槐杨柳、梅兰竹菊、麦稻、豆谷等等万物，都在这个地球上繁育，不会互相妨害。不会因有了松树，而就去除柏树，也不会因为有了麦子而排斥去除稻子。道，儒、墨、法、道、释等各家学说也可以同时流行，不会因为一方流行而必须消灭另一方。从2500年前的春秋、战国到现在，中国人就开创了"百花齐放，百家争鸣"的局面。百家并存，互不残害。儒、道、释三教不但没有发

　　甘肃崆峒山上也是佛、道并处，历史最为悠久。山门前有一副对联："千峰翠色知佛理，万古名山见道源。——丁酉秋，陈传席撰并书"。上联上还有小字："吾游崆峒山知中国文化之源也，特作此联志之。"像这样佛、道共处于一山，中国有很多。在西方异教处绝对不可以。（郭承录供图）

生战争，而且你中有我，我中有你了。在山东、湖南、甘肃等中国很多名山中，都是佛教、道教共存，同在一山，且互相来往、支持，很少互相攻击。在湖南南岳衡山下的南岳大庙中，东面是道教，西面是佛教，当中是佛、道共用、共祭的场所。不但没有互相残杀，反而其乐融融。这就是中国"道并行而不相悖"的哲学使然。

西方的哲学就相反了。各种宗教互不相容，稍有不同，即使是同一教派中的小有区别的宗派，也会导致互相残杀、攻击，且十分残忍。

《圣经》中的"十诫"第一诫就是：

> 我是耶和华你的神……除了我以外，你不可有别的神。

西方的宗教严格规定，不但不可有别的神，连自己崇拜的神之内容内，稍有变化、稍有不同也是不准许的，否则不仅仅是口诛笔伐，更是刀枪相向，武力征战，甚者残杀几十万人、几百万人。

"基督教将维持一神论"，在同样崇拜基督教的教徒中，对某些问题稍有一点不同的看法，不但教徒们互相攻击残杀，当权者还派来军队镇压。公元340年，教皇尤里乌一世任命亚大纳西主持教区，但东方主教们在安条克城举行会议，否认教皇的裁定，并任命阿里乌教派的格列高利（Gregory）为亚力山大城的主教。据文献记载，当格列高利到达时，"敌对双方发生了暴乱，结果有许多人丧命"。早在公元324年，君士坦丁堡也因同样的教内的矛盾产生了残杀，"当君士坦提乌斯命令以阿里乌派的马其顿尼取代正统派的爱国者保罗时，后者的支持者抗拒前来执行命令的军队，结果有3000人丧生。据统计，在这两年（342—344）中被基督徒杀死的基督徒，很可能多于在整个罗马史上被异教徒迫害而死的基督徒"[1]。

当然，对异教徒的攻击及大规模的残杀更是无所不用其极。著名的十字军东征就是对异教的战争。基督教和伊斯兰教其实渊源颇深，但二者在信仰上产生了争执。争执了几个世纪后，在罗马天主教教皇的鼓动下，十字军开始了二百多年的征讨战争。战争中每天都有基督徒及其对立者被杀死，被绞死，被烧死，成千上万人无家可归，成千上万人沦为囚犯。200年间，死伤亡佚者不知几百万人也。

一次战争就200年，其实西方各教派之间的战争一千多年也不止，从来也没有停止过。

如果采取中国的"道并行而不相悖"，基督教、伊斯兰教、天主教、东正教、新教等皆可并行而不相悖，就可免去了人类千余年的战争，世界将更加美好。（关于中西宗教的区别，下面还要详述）

---

①以上见威尔·杜兰特《世界文明史——信仰的时代》，华夏出版社2010年版，第8页。

第二章 "并行" "惟一"（续）

——再谈中西宗教

前节已谈过"中西宗教"的问题，是简说，这一章再具体说一次。

当然，西方的"基督教将维持一神论"的理念，和亚里士多德的哲学体系是一致的，尤其和他的形而上学的哲学体系关系密切。形而上学者以为，一切现象之外只有一个终极的实在，支配着自然界的一切，世界万事万物都是这个永恒、终极的本体派生出来的。这就有了"一神论"的理念。这正是西方哲学的具体。也就是说，西方哲学产生了"基督教一神论"的理念，有了这个理念，基督教就不能包容其他宗教，就必然产生不同宗教之间的互相攻击，乃至残杀。

如前所述，中国的《礼记·中庸》篇有云："万物并育而不相害，道并行而不相悖。"《礼记》是儒家的重要经典，对古代中国人的思想有指导约束的重要作用。

而且，在《尚书全解》《书集传》《周易象辞》《四书近指》等书中经常见到："各行其道""各行其志""各行其所知""各行其意""各行其素""各行其志，各尊所尚"等等，都是指各人都可按自己的"道"（类于宗教）、自己的"志"、自己所"知"去行事，不必定于一尊。

《汉书·叙传下》有"刘向司籍，九流以别"。这"九流"即指"儒、道、阴阳、法、名、墨、纵横、杂、农"九家学说。九家学说各行其是。又有"九流三教"，"三教"指儒、道、释，也是并行而不相悖的。儒，其实是一种学说，并不是真正意义上的宗教。

　　但汉代，汉武帝接受卫绾、田蚡尤其是董仲舒等人的意见，"罢黜百家，独尊儒术"，形成了儒术独尊的局面。士人乃至帝王、大臣都必须遵循儒家学问立身做事，儒家学说也就类于宗教了。譬如儒家主张忠、孝，任何人如果不忠或不孝，那就要受到法律的惩治，这一点也类似于西方的宗教。但说是"罢黜百家"，只不过是为了突出儒术。其实，"百家"学说依然在社会上流行，没受到任何干涉。而且，佛教也恰恰正是在汉代从西域引进的，并且是皇帝主动引进的。且当时世之"好黄老之术"者，不亚于好儒术者。司马迁叙史，先黄老，而后六经。司马迁及其父对道家的评价和论述也是在儒家之上的，他们认为道家乃博采众家之长又有自己的特点，是最完善的学说。[①]司马迁又说道家学说"能究万物之情"（《太史公自序》）。而论儒家学说只是"其序君臣父子之礼，列夫妇长幼之别"（《太史公自序》）一句。到了魏晋南北朝时，玄学兴盛，道家思想更居儒家思想之上。

　　唐宋时代，帝王对道家的尊崇也是在儒家之上的，唐朝皇帝以道家始祖李耳为祖先，宋徽宗更是信奉道教，宫廷建设皆按道教规定行事。政和三年十二月，"诏天下访求道教仙经"（《宋史·徽宗本纪》），徽宗自号"教主道君皇帝"。他的词《燕山亭·北行见杏花》中咏杏花有云"……艳溢香融，羞杀蕊

[①]司马迁记其父司马谈《论六家之指要》曰："……道家使人精神专一，动合无形，赡足万物，其为术也，因阴阳之大顺，采儒墨之善，撮名法之要，与时迁移，应物变化，立俗施身，无所不宜，指约而易操，事少而功多。儒者则不然。"（见《史记·太史公自序》）。

珠宫女"。这蕊珠宫女也是他熟悉的道教中的仙女。皇太子即皇帝位，尊称徽宗为"教主道君太上皇帝"，似乎他就是一位道教皇帝。很多帝王也都三教并师，也同时宣扬三教。南朝皇帝梁武帝萧衍崇佛，对儒、道不但不排斥，同时也十分重视。他除有大量的佛经讲疏外，并著有《中庸讲疏》《孝经义疏》《老子讲疏》等。唐玄宗李隆基也同时著有儒家的《孝经注》、道家的《道德经注》、佛家的《金刚经注》等。唐文宗大和元年（827）还组织了一次儒、道、释三家论衡会。儒家代表是秘书监、赐紫金鱼袋白居易，释家代表是安国寺、赐紫、引驾沙门义林，道家代表是太清宫、赐紫、道士杨弘元，三人互相问答，都是比较友好的。

白居易是著名的儒士代表，但他的诗《答客说》："吾学空门非学仙，恐言此说是虚传。海山不是吾归处，归即应归兜率天。"自注："予晚年结弥勒上生业，故云。"他在《画水月菩萨赞》诗中说："……弟子居易，誓心皈依，生生劫劫，长为我师。"同时他又是一位佛教徒了。宋以后，几乎所有士人都是儒、道、释三家都学习、都讨论的，互相吸收的。南宋孝宗皇帝赵昚更说："以佛治心，以道治身，以儒治世。"（《三教平心论》卷上）其也是三教并用，当然也就兼容。

这就是中国哲学对待三教的态度。

总之，中国的各宗教之间并没有产生互相残杀的现象。

历史上著名的"虎溪三笑"，是说东晋时，佛门高僧慧远避居庐山东林寺，送客不过虎溪。一日儒士陶渊明、道士陆静修来，与语甚契，相送时谈笑风生，十分投机，不觉过了虎溪，虎辄号鸣，三人哈哈大笑。"虎溪三笑"的故事始自唐代，当时并无其事，但后人乐于传说，文记之，图状之。宋代李公麟（龙眠，1049—1106）首作"三笑图"，智园为之作图赞，成为脍炙人口的故事。《大宋僧史略》卷下、《隆兴佛教编年通论》卷八、

虎溪三笑图（北宋，现藏台北"故宫博物院"）

虎溪在庐山东林寺前，晋僧慧远居东林寺，规定送客不过虎溪。但一日儒士陶渊明、道士陆修静来访，与语甚契，慧远送客不觉过了虎溪，虎大叫，三人方悟，于是大笑而别。此事说明，儒、释、道三家相处很和谐，和西方异教之间必互相残杀完全不同。

《佛祖统纪》卷二百七十六和卷三十六、《释氏通鉴》卷三、《释氏资鉴》卷二、《释氏稽古略》卷二等书皆有记载，说明佛家已乐于接受三教和睦、同一的局面了。"虎溪三笑"的故事也成为宋代至今众多画家作画的题材，台湾"故宫博物院"至今藏有宋人的《虎溪三笑》，这个故事说明儒、道、释三家的融洽亲和，不但没有矛盾，更没有互相攻击。

中国历史上也有过"三武一宗"毁灭佛法的事件。"三武"指北魏太武帝、北周武帝、唐武宗，"一宗"是后周世宗。史称"三武灭法"或"三武一宗灭法"。"灭法"主要是取消佛教或削减佛教徒，并没有发生战争。

这四次灭法，虽然也有道教徒为了争夺势力范围而起到的作用，但最终还是皇家认为佛教徒太多，影响国家税收，且又减少农村劳动力，大大影响了国家的经济收入，会导致国家贫弱。

以北魏太武帝灭法来说吧，他发现寺院太多，需要巨大的经济力量支持。寺院人多地多，又不交税，僧尼一直享有免除赋税徭役的特权。而且当时僧尼并不直接从事生产劳动，多雇用农村劳动力帮助其生产。农民大量进入寺院，一是出家为僧尼，一是为寺院打工做事，农村劳动力减少，政府便大为忧愁。公元445年，杏城盖吴反，关中骚乱，魏太武帝拓跋焘亲率大军讨伐，进入长安时，见有的寺院藏弓矢矛盾等兵器，拓跋焘怀疑沙门与盖吴通谋，又在寺院中发现酒具及大量钱财，还查出寺内"屈室"，以"与贵室女私行淫乱"，于是下诏："……自王公已下至于庶人，有私养沙门、师巫及金银工巧之人在其家者，皆遣诣官曹，不得容匿。限今年二月十五日，过期不出，师巫、沙门身死，主人门诛。明相宣告，咸使闻知。"（《魏书·世祖纪》）公元446年，又在"邺城毁五层佛图"（《魏书·世祖纪》），下诏在全国废佛。但这次废佛，因太子暗中通报，各地沙门早已亡匿，灾难并不大。可见，魏太武帝灭佛，并不是因为道教挑拨，而是看到了佛家的不法行为及对国家的影响。

至唐中宗时，辛替否《谏兴佛寺奏》中说"十分天下之财而佛有七八"，大约不足十户就要养一个僧尼。

北齐皇室大臣信佛，全国僧徒至二三百万人。据《周书·武帝纪》记载，周灭齐，全国总人口才"二千万六千八百八十六"，"户三百三十万二千五百二十八"，差不多一户就要养一个僧人，所以，周武帝认为北齐亡于佛教徒太多之故。周武帝也就准备叫僧徒还俗。他召集僧人五百余人，允许僧人辩论。一名叫慧远的僧人用阿鼻地狱吓唬周武帝，周武帝说，只要百姓得乐，我也愿意受地狱之苦。

唐武宗会昌五年（845）废佛，仍下敕，于东西两都两街各留两寺，每寺留僧30人，节度观察使治所和同、华、高、汝四州各留一寺，也未尝全废。

五代周世宗废佛，只是严禁私自出家，不经朝廷许可的寺院不准存在，经朝廷许可的仍可保留。

可见，"三武一宗"灭佛，一是为了国家稳定，二是未尝全灭。魏太武帝坑杀一些僧人，也主要因为这些不法僧人淫乱、暴乱，必须处决。其他朝代废佛，也主要令其还俗，未尝坑杀。三是虽有异教（道教）的攻击力量，但微乎其微，况且北周武帝下令禁止的是佛、道两教。四是宗教之间从没有用战争去消灭或残杀对方。其实，朝廷也没有用战争去征伐宗教。

即便如此，仍不合中国"道并行而不相悖"的哲学。所以，宋以后再也没有大规模灭佛事件。宋元明清，儒道释三教愈来愈融洽和睦。四川大足佛教石窟中增加了儒家的孝道内容很多。明清大多数的佛寺、塔庙中雕刻佛像，也雕刻道家始祖老子骑青牛、儒家杏坛授学等等场面，真正做到三教合一。

中国很多名山，如甘肃崆峒山、湖南南岳山以及青岛等很多名山都一半是佛教，一半是道教。前举南岳大庙，一庙中安住佛道两教，而且每年两教合起来共同做法事，犹如一教。当然，中国的哲学讲"和而不同"，三教虽相"和"，而最终还是各自为教，并没有真正的合为一教。

至于"道士"谈佛理，僧人注道经，儒士读道佛、注道佛，更是常见的现象。总之，因为中国哲学之影响，三教最终和睦融融，并行而不相悖。

《红楼梦》一书中，经常出现"一僧一道"在一起，且行且谈，情好密切，论事一致的情节。如第一回《甄士隐梦幻识通灵，贾雨村风尘怀闺秀》中记：那石头"因见众石俱得补天，独自己无材不堪入选，遂自怨自叹，日夜悲号惭愧。一日，正当嗟悼之际，俄见一僧一道，远远而来，生得骨格不凡，丰神迥异，

南岳大庙内，佛、道两教信徒在一间大堂内联合共做法事。（左佛右道）

说说笑笑来到峰下，坐于石边高谈快论"。又记："士隐于书房闲坐……忽见那厢来了一僧一道，且行且谈。"西方的小说中绝无异教徒在一起亲密的情节。

　　西方宗教不许异教徒在一起论事共事。异教之间肯定互相排斥、攻击，直至残杀，即同一教内信奉同一神也必须完全一致。西方的教堂内，只供一个神，绝无第二个神。中国的各种教，比如佛教，你可以信奉释迦牟尼，也可以信奉阿弥陀佛，或毘卢佛、药师佛，或专拜观世音菩萨，或专拜地藏菩萨，或文殊、普贤菩萨、大势至菩萨，甚至可以专崇拜一位罗汉。而各佛寺中所塑的佛也非一佛，有七佛、三世佛、三身佛，也有西方三圣，有东方三圣、十六罗汉、十八罗汉、五百罗汉等等，有的佛殿中塑有近千尊"神"，都可供人崇拜，并行而不悖。

一个民族中可以信奉不同宗教，一家人中也可以信奉不同宗教，同一宗教中可以信奉不同的"神"（佛、道）。各方都相互无事，互相尊重，团结一致。

　　而且，佛寺中一般都有很多佛教的神像，道教的道观里也有很多神，元始天尊、灵宝天尊、道德天尊（玉清、上清、太清）、天官、地官、水官、玉皇大帝、玄天上帝、南极长生大帝、北极紫微大帝等等。我们看永乐宫、毗卢寺等壁画中的道教之神，成百上千，道教的最高殿堂供奉太清道德天尊、玉清元始天尊、上清灵宝天尊。山西永乐宫壁画中除了三清天尊外，还绘有南极长生大帝、东极青华太乙救苦天尊和玄元十子等；还有三十二天帝君、紫微北极大帝、天至大圣及北斗七星、十一曜、二十八宿及历代传经法师；还有太上昊天玉皇大帝、后土皇地、扶桑大帝、十二元神、五岳、四渎、地府诸神、青龙白虎等等三百多个神仙。这在西方宗教中是绝无的。

　　西方教堂里只有一尊唯一的神。更重要的是信奉基督教者，上帝是唯一的神，绝对排斥伊斯兰教及其他各种宗教的神。

　　信仰伊斯兰教者必须归顺唯一神安拉，他们心诚口服地念诵"万物非主，唯有安拉"。

　　据《世界文明史——信仰的时代》一书介绍，基督教自诞生以来，即为维护上帝唯一的神而斗争，而战争，不许其他的神存在，无论是外部，抑或是内部。自4世纪以来，"基督教徒们只有在一件事上意见是一致的，这一点便是：异教的殿堂应该关闭，财产应予以没收，基督教以往所遭受的迫害应施之于这些殿堂和异教徒。君士坦丁大帝曾经劝阻异教徒的祭祀和仪式，但未禁止；君士坦斯则处以违者死刑的办法来禁止；君士坦提乌斯下令关闭帝国内所有的异教殿堂，并禁止所有异教仪式，违抗命令者将被没收财产并被处决。没有尽职尽责地执行这项命令的各省总督也将受到同样的处罚。"①动辄便是关闭、处决。而且，那时候西方所有的斗争、残杀，都差不多是宗教的内外意见不一致所引起的。

众所周知，天主教、基督教、东正教、新教、清教等本来都是一教，有人又统称之为基督教。这些教都以《圣经》为经典，为指导自己的思想行为的准则，为宗教的法规，都同时遵行主的"十诫"，同时崇拜基督。也就是说，他们的根是一致的。按理他们应该是一家人，是兄弟才对。但这些教派之间只要在行政组织上和部分法规上稍有区别，便成为不共戴天的敌人，互相发动战争残杀，千余年不止。西方差不多的战争都和宗教不同有关，甚至是和一教中的内部稍有不同有关。

法国和英国，似有宿仇，百年战争之外，还有很多战争。原因很多，其中也有宗教因素。法国是信奉天主教的国家，中世纪全信天主教，现在也有信奉新教，但只占百分之三。英国本来是信奉基督教，后来信奉新教，新教就是改革后的基督教，又叫基督教新教，英国人完全脱离天主教，所以和信奉天主教的法国对立而成为世仇。

美国和英国为什么很友好、很团结？都信奉新教是一个重要原因。

基督教新教中还有一派叫清教。清教又是16—17世纪英国加尔文派的信徒，主张以英国国教形式从上层进行宗教改革，要求清除国教会中保留的天主教旧传统、烦琐礼仪和部分教规，提倡教徒们过简朴生活，因而被称为清教徒。清教徒中又分温和派和激进派，激进派清教徒因猛烈抨击英国国教制度，也受到新教和政府的打击迫害，乃至残杀，以至这部分清教徒在国内无法立足，而不得不逃往国外，大部分逃往北美。

----

① （美）威尔·杜兰特：《世界文明史——信仰的时代》，华夏出版社2010年版，第8页。

如前所述，欧洲的战争大大小小无数次，大多和宗教斗争有关。比如，16世纪法国的胡格诺战争，就纯粹属于宗教战争。胡格诺派（Huguenots）又被译为雨格诺派，或休京诺派。16世纪前期，胡格诺派受加尔文思想的影响，形成一种新的教派，但从形成之日起就受到法国传统的天主教派迫害，其后一直受到迫害。自1534年迫害加剧，由个别的被处死，发展到大规模的屠杀。1562年3月，吉斯公爵弗朗索瓦·德·洛林又对胡格诺派在瓦西镇（一说为西瓦镇）正举行礼拜时，忽然实行大屠杀。胡格诺派在各省起事，他们的两名统帅，一是孔代亲王路易一世，另一是海军大将科利尼，在奥尔良设立指挥部。战争进行了一年，结果双方上层人物大部分战死，孔代被俘，损失皆很惨重。

　　1567年至1568年，胡格诺新教徒对一次国际性天主教的计划感到惊恐，于是爆发第二次战争，这些新教徒劫持了国王，围攻巴黎。这次战争以1568年3月签订隆朱莫条约而告终。但仅隔9个月，第三次战争又起，这次战争中亲王路易一世孔代在1569年的雅尔纳克战役（Battle of Jarnac）中丧命。

　　1572年至1573年又爆发第四次宗教战争，因为后来有新教倾向的科利尼得到国王的宠信，但不为王太后所喜，因而成为天主教派的吉斯集团的仇人，于1572年科利尼被杀害，同时爆发了骇人听闻的1572年8月24日的圣巴托洛缪大屠杀，持续的大屠杀从巴黎扩展到其他城市，被称为历史上最污秽最残酷的大屠杀。双方对立仇恨情绪进一步激化。

　　接着于1574年至1576年，宗教中的两派又爆发第五次战争，1576年至1577年，双方又爆发第六次战争，1579年至1580年双方又爆发第七次战争。

　　1585年至1598年是第八次宗教战争，信仰新教的盟友荷兰人加入反抗西班牙的统治成为当时新教和天主教战争的转折点。当时天主教徒又和西班牙国王腓力二世联盟。1588年街垒日后亨利三世国王下令在布卢瓦刺杀天主教徒的领袖第三代吉斯公爵亨利一世德·洛林和他的兄弟第二代吉斯枢机主教路易二世德·吉斯。吉斯被刺杀后，亨利三世自己也因敌方的报复而遇刺身亡。所以，1589年，唯一生存的纳瓦拉的亨利便名正言顺地继承了王位，成为法国国王亨利四世，进入了巴黎。因为法国人基本上都是天主教徒，不能容忍新教徒做法国的国王，亨利四世只好在1593年加入天主教，但他曾经是胡格诺派教徒，所以他颁布了《南特敕令》，准许新教徒享有崇拜自由、信仰自由、甚至赋予他们武装自己的权利。所以，胡格诺派在法国的南部拥有二百多个城镇的武装自卫队。法王亨利四世还常提及他曾是胡格诺派。之后西班牙的腓力二世在1595年和1598年挑起战争，双方死伤无数。到了1610年，亨利四世遇刺身亡，法国再一次进入战争状态，很多法国人被战争害得无家可归，并时时有生命危险，于是纷纷逃到国外，有的人远逃到北美去避难。

1628年，胡格诺派的根据地拉罗舍尔（La Rochelle）被攻占，这是其后战争中最严重的一次。到了17世纪末，法王路易十四颁布《枫丹白露敕令》，废除《南特敕令》，新教又成为非法宗教，又遭到迫害，大约20万名胡格诺派教徒因此大举外迁，逃往英国、瑞士、荷兰、普鲁士等地。

30年的胡格诺战争，是十分残酷的。尤其是1572年前后的第四次战争，在皇太后凯瑟琳和国王查理九世的放纵下，吉斯家族的亨利率上帝教教徒封闭巴黎全城，以教堂钟声为号，实行对新教徒的大残杀。他冲入胡格诺派俊彦克里尼的家中，残忍杀死他后又分尸。很多胡格诺派的教徒和家族人员被人拖到街上杀死。住在卢浮宫的胡格诺贵族和官员也被召唤出一一杀死。大屠杀疯狂进行，导致一切失控。商人杀死竞争对手，长者被企图夺取家产的后辈杀死，变心的男女杀死其情侣，只要说被杀者是胡格诺派即可以了。一夜间被杀死的新教徒有2千到5千人，史称"圣巴托洛缪惨案"。之后全国很多城市竞相效仿，大约有2万新教徒丧命于屠刀之下。[1]

作为上帝教派的支持者，西班牙大使在一份申报中说："他们正在把新教徒完整杀光、剥光……即使孩子也不放过。"[2]其残忍到何种程度。

在德国等地也如此，那里发生了三十年宗教战争。即奥地利哈布斯堡王朝和德意志诸侯争取欧洲均势的一段战争（1618—1648），其中波兰和哈布斯堡王朝联合起来一起攻击瑞典和俄国，也是因为宗教的原因而互相残杀，死伤无数。

德意志由于宗教改革而长期分裂，其中天主教的皇帝依靠他的亲属西班牙王室，基督教新教则依靠瑞典、法国和荷兰；天主教的巴伐利亚以及科伦、列日、蒙斯特、帕德伯恩、希尔德斯海姆又倾向法国，攻击西班牙。宗教使他们之间或结派，或成仇敌，互相攻击，争战不止，当然也死伤无数。

西方宗教之间因互不能容忍，更不能并行，进而互相残杀并导致战争，最著名的就是前所述十字军东征，由教皇发起，连续200年。教皇乌尔班二世在法国的克勒芒召开会议，号召所有人拿起武器，投入战争，从异教徒手中夺回"主的坟墓"，并声称所有参加远征的人可以赦免罪孽，战死疆场的人灵魂可以升入天堂。东征的战争主要是针对伊斯兰教，其次也有基督教中的不同派别，如东正教。第三次东征，腓特烈一世也在途中坠水死去。第七次东征，路易九世被俘，1250年以大笔赎金赎回。第八次东征，遇上流行病，死伤无数，路易九世也染病身亡。

十字军东征，造成经济一片混乱，导致掠夺和屠戮，甚至屠

---

[1] 以上见《法国的胡格诺战争：天主教与基督新教的百年战争史》，中华网论坛，2014年7月3日。

[2] 以上见《法国的胡格诺战争：天主教与基督新教的百年战争史》，中华网论坛，2014年7月3日。

城。有的王国被灭亡了，有的王国被并吞了，有的民族被灭绝了，部落灭绝更是不可胜数。十字军死亡人数达30万，战争中被残忍地烧死，被箭射死，被捉住后绞死，有的被从高耸的城墙上扔下摔死，吃奶的婴儿被抓着脚从母亲怀中拖出来，摔死。第一次东征，侥幸活下来的犹太人被赶入会堂，活活烧死。[①]各种残酷的刑杀，无所不用其极。200年间的战争，死亡人数何止百万。这造成了基督教和伊斯兰教之间的对立和仇恨更加严重。直至2000年前后的海湾战争，美国、法国等被袭击，美、法的报复，世界不得安宁，其实都有宗教的因素。袭击者号称"圣战"，便是明证。

美国和苏联，一直是敌对的两个超级大国，本来人们认为一是资本主义民主制度，一是共产主义制度，是社会的制度不同引起的竞争而又形成敌对关系。可是20世纪90年代，苏联解体，也取消了共产党领导，也采取了民主制度，总统也由全民选举，制度也完全同于欧美，按道理，俄、美、欧应该是一家了，但是敌对关系并没有消失，恐怕还是宗教问题。俄罗斯信奉的是东正教，和美欧的基督教是不融的。

伊斯兰教中的逊尼派和什叶派，也都同样遵循《古兰经》，都信奉其主安拉，应该是一教，但因对个别问题看法不同，便水火不相容，以至互相攻击杀伐，死伤无数。

这世界上千余年的争战，无数人死于非命，无数部落、宗派被灭绝，无数人无家可归，这个世界一直不得安宁。如果要采取中国的哲学"道并行而不相悖"，各自发展，各行其道，相安无事，不都可以免除吗？那么世界将何等的安宁。

---

① 以上见威尔·杜兰特《世界文明史——信仰的时代》，华夏出版社2010年版，第615页。

第三章　亲和自然　征服自然

中国人对自然的亲和，在全世界是无与伦比的。世界上没有任何一个民族能像中国人这样的亲和自然，甚至尊重自然。孔子说："智者乐水，仁者乐山。知者动，仁者静。知者乐，仁者寿。"仁者知者都乐于山水，可见对自然的亲和。而且古代的帝王诸侯经常祭祀天地山川。像秦始皇、汉武帝这样具有雄才大略的皇帝，不可一世，但也去祭祀跪拜泰山和天地。这在西方社会是绝无的。西方的君王、贵族可以崇拜基督、上帝，绝不会崇拜山川大地。

"自然"有两种意思。其一是自然而然。比如一粒种子，掉入土壤里，发了芽，长成树苗，长成参天大树，老了，枯了，死了。新的种子又落入地下发芽，周而复始，没有任何人为的过程，这就叫自然。汉代王充《论衡·乱龙》篇有云："天道自然，非人事也。"又如一片森林，其中有的树高，有的树低，有的直，有的弯曲，高高低低，曲曲直直，或密或疏，或粗或细，皆是自然而然。像西方公园里的丛树，或一排树，修得一样高，选的一样直，那不是自然，而是人为加工挑选、剪修的结果。人为者伪也。《老子》十七章有云："太上不知有之……悠兮其贵言，功成事遂，百姓皆谓我自然。"又二十五章："人法地，地法天，天法道，道法自然。"这个"自然"就是自然而然的意思。后来,中国人把天地造化称为自然。"造"是从无到有,"化"是从有到无。比如山中本来没有这棵大树,因为树种落到地下,长出大树,这叫"造"。树老了,死了,枯烂了,又化到空气和泥土中去了,这叫"化"。从无树到有树,从有树又回到无树,由"造"到"化",都是自然的,非人为。《老子》第四十章有云"天下万物生于'有','有'生于'无'",就是这个道理。所以,"造化"又叫"自然"。"自然"含有这两层意思。中国人对"自然"的亲和也包括这两层意思。而且,古人说的"自然""天地万物""天道""朴素"等,皆有"自然"的意思。

《庄子·应帝王》中说:

> 游心于淡,合气于漠,顺物自然而无容私焉,而天下治矣。

其实《庄子》一书从头到尾全是讲人与自然和谐的好处。

第一篇《逍遥游》中说:

> 若夫乘天地之正,而御六气之辩,以游无穷者,彼且恶乎待哉。

"乘天地之正"即顺应自然之道,自然之性。"正"即今所谓规律、法则,亦即顺应自然的规律。"六气之辩"即六气的变化。以之游于无穷的境域,他还有什么依待的呢?

庄子还谈到藐姑射山上神人,广被万物,合为一体("将旁礴万物以为一"),外物伤害不了他("物莫之伤")。

第二篇《齐物论》论人与自然万物平等观。其中说"天地与我并生,而万物与我为一",并指出"人类自我中心"的错误。

第三篇《养生主》，谈人必须顺应自然，"依乎天理"（顺着自然的道理），"安时处顺"（安心适时而顺应自然变化）。

第四篇《人间世》谈"乘物以游心"（顺任事物的自然而优游自适）。

第五篇《德充符》宣扬"万物皆一也""物视其所一"。"万物"包括人，都是相同的。庄子更要人"常因自然"（经常顺任自然）。只有如此，才能保存自己的身体和本性。

第六篇《大宗师》，就是宗法大自然，开始便讨论人与天（自然）的关系。不但"天与人不相胜"（人和大自然不是互相对立的），"与天为徒"（天与人合一），而且还要"不以人损道，不以人助天，是之谓真人"（不用心智损坏道，不用人的作为去辅助天然），人与自然是平等的、亲和的。庄子还要人们认识自然的规律，但不是像西方人那样认识其规律后要去改造自然，而是要顺任自然，在自然中求得生命的安顿。甚至生与死也是自然的变化的必然现象，能安于所化，精神才能得到大解放。庄子大声高呼"伟哉夫造物者""伟哉造化""安时而处顺"。又云"物不能胜天"（人为不能胜过自然），甚至说大自然就是人的父母（"不翅（音ɡ_ 啻）于父母"），而且还要"惟命是从""安排而去化"（听任自然的安排而顺应变化）。

第七篇《应帝王》谈"顺物自然""胜物而不伤"。最后庄子说，南海之帝为儵，北海之帝为忽，中央之帝为浑沌，儵和忽对浑沌说，人皆有七窍，你为什么没有呢？于是每日为浑沌凿一窍，到第七天，浑沌死了。浑沌本来是自然的、质朴的，凿窍是想让他更好、更理想，结果死了。大自然本来很好，很有道理，你改造它，结果它死了。

庄子的"外篇""杂篇"也都是论述人要与自然和睦相处，不可改变大自然。而且要一任自然，不要干涉。《老子》最基本精神是"无为而无不为"："无为"就是人不要干涉，不要改造，不要增添，一任自然。"无不为"就是人不为，而自然自有作为，什么事都能完好的产生。老子说："道常：无为而无不为，侯王若能守之，万物将自化。"（万物就会自生自长）《庄子》一书更发挥了老子的"无为而无不为"的思想。

庄子借老聃之口说：

> ……无为而才自然矣，至人之于德也，不修而物不能离焉。若天之自高，地之自厚，日月之自明，夫何修焉？（《田子方》）
>
> （无为而自然，像天之高，地之厚，日月之明亮，有谁去增修的呢？）

庄子还在其《胠箧》一节中说："上层人物，如果喜好用智慧（扰乱自然），天下就会大乱。弓箭、鸟网、机关的设施，上空的鸟就要被扰乱了。钩饵、渔网、竹篓的设施，水中的鱼就要被扰乱了。木棚、兽栏、兔网的设施，草泽里的野兽就要被扰乱了……所以天下常常大乱，罪过便在喜好用智巧。还说因为喜好智巧，以致上面掩蔽了日月光，下面销毁了山川的精华，中而破坏了四时的运行，无足的爬虫，微小的飞虫，没有不丧失本性的。

这些都是人的智巧多，即西方的研究自然，拷打自然，改造自然的科学方法，以引起了天下大乱。包括世界大战，不也是因为人研制出先进的武器而导致的吗？

庄子还主张：

> 至德之世，同与禽兽居，族与万物并。（《马蹄》）
> （最好的时代，人与鸟兽同居，和万物并聚。）

这不仅是天人合一，人和禽兽、万物也合一了。人也要返朴归真。朴和真是天地万物的本真状态。其实大自然中，有些虽是自然，但还呈现出不自然的状态，比如中国云南的大理石，光滑整洁，虽自然也像人为加工过似的。所以还要"复归于朴"。《老子》说："道常无名，朴。""朴"就是自然的原始状态。《庄子》反复地称赞"朴""朴素"，要"既雕既琢，复归于朴"，"无为复朴"，"朴素而天下莫能争美"，不仅要自然，还要回到自然的原始状态——朴。而且"朴"和"朴素"也是天下最美的（这一问题在中国的艺术部分再作论述）。

《老子》六十四章有云：

以辅万物之自然而不敢为。

即以辅助万物的自然发展而不加干预。

老、庄的道家思想和主旨便是：自然是最高的境界，一切要遵从自然，人要亲和自然，与自然和睦相处。道家思想对中国的士人有巨大的影响。儒家思想虽然是"入世"的，但也是亲和大自然的。儒道思想深入中国士人心里，士人又影响一般民众。所以，中国人对自然的亲和是根深蒂固的。

所以，中国士人真正的隐居都要到山林中去，和大自然在一起，尽情地享受大自然的美。隐士又称山林之士。人死后，也埋葬在野外大自然中，无论帝王，抑或是贫士，如秦始皇、唐宋元明清历代皇帝，乃至普通小民，都是入土为安。土都在大自然中，无一埋葬在宫殿等建筑群中。而且，帝王诸侯以及经济能力较优越的人家，在坟墓周围广植松柏，大的形成陵园，充分地大自然化。西方的名人往往埋葬在教堂中、大型建筑中，像法国的先贤祠，历代帝王、教会头领、著名哲学家、诗人、文学家、艺术家等都安葬在大教堂中、宫殿中，这就和大自然隔离了。

中国人把春夏秋冬形象化，必是牡丹代表春，荷花代表夏，菊花代表秋，梅代表冬。而西方必用四个美女代表春夏秋冬。这在意大利、法国等大型建筑中到处可见。

西方人不是不热爱大自然。其一，亲和自然的程度，远远不如中国人；其二，在哲学上，他们绝不认为人和自然平等、一体。尤其是他们要改造自然，征服自然，利用自然，叫自然变为人的"奴隶"，最后破坏了自然。

根据卡普拉《转折点——科学·社会·兴起的新文化》中转述：

> 按照培根的观点："对自然必须'在她漫步时穷追不舍'，'令她提供服务'，使她成为'奴隶'。她应当被'加以强制'，科学家的目的就是'拷打出自然的奥秘。'"[1]

这简直把自然看成敌人、奴隶，和中国人尊重自然的态度完全不同。

有时西方人也谈"顺从自然"，但"顺从自然"的目的是为了了解自然，最终支配自然。培根《新工具》中说："人类知识和人类权力归于一，因为凡不知原因时即不能产生结果。要支配自然就须服从自然。因为我们若不服从自然，我们就不能支配自然。"

培根所以认为科学知识能为帝国的政治服务，是因为他将自然法则与政治法则等同起来。他认为，政治法则与自然法则同出于上帝之手，二者十分相似，认识了自然法则同时也就掌握了政治法则。他说："无疑，一点点哲学使人倾向于无神论；但是，深究哲理则使人心回归宗教。"[2]培根这里说的无神论者，

---

[1] （美）卡普拉：《转折点——科学·社会·兴起中的新文化》，中国人民大学出版社1989年版，第38页。
[2] （英）培根：《培根论说文集》，商务印书馆1983年版，第57页。

不是指那些不相信上帝存在的人，而是指德谟克利特、伊壁鸠鲁等人所代表的哲学流派。他们否认有超自然的神，把神与宇宙内部的基本原则等同起来。相反，在培根看来，上帝是宇宙的统治者，用政治家的术语说，神是宇宙的行动长官。培根的神是一个绝对君主，是最高的立法者和法官，他的法律支配整个世界。培根在1630年的一封信中指出："自然法则与真正的政治法则之间有惊人的相似与一致：一个不过是统治世界的秩序，另一个则是治理国家的秩序……我断言，自然的原则与政治的原则之间有一致性。"[1]

这样，征服自然也就成为政治家的目标，也就成为人类的目标了。

培根是文艺复兴时期的哲学家，是实验科学以及近代归纳法的创始人。他的思想在当时很有进步性，开创了一种全新的唯物主义式的对自然关系。但是培根生活在宗教神学还占据主导意识的时代，虽然培根的自然观摒弃了宗教神学的不可知论影响，但是培根无可避免的留有神学系统的尾巴。实际上培根将国家运行机制与自然机制等同起来，认为二者之间有一致性，并且由此认为可以通过对自然规律的研究，也就是对上帝统治自然的方式研究，加强君主对国家的统治研究。因此，培根所谓的对自然研究实际上是将人世间的国家统治上升到哲学层面，为君主的统治法理性以及统治方式寻求认证与规范。通过对自然规则的研究，进一步发现政治规则，并为统治国家服务，这是培根的根本出发点。正是出于这个原因，培根才不断强调"知识就是力量"，在此power也可被翻译为权力，也就是知识就是权力，这种知识因而代表了人对自然的一种权力与对国家的统治权力之间的一致性。

---

[1]Bacon，Letters 3，London，1861–1874，pp.90–91.

培根的实验哲学体现了近代哲学的基本特征，因为实验不仅仅是一种方法，其内涵深刻表明主体与客体的关系。实验需要条件，但这种条件往往不是天然的，更多的需要人（主体）为地设立，使事物能在理想状态下运动，显示自己的必然过程。这实际上说，实验本身已经设立目标，已经怀有企图。人已经事先预谋着去统治自然，谋求认识日常经验难以达到的原因和结果，并借此控制自然的力量和运行过程。主体通过实验把自然对象化，使事物不再是天然的、原初的，而是经过了加工和改造，贯彻了技术的意图。因此，现代科学的行为并非中立的，而是对自然的严重干涉和支配，是人按照自己的意图对周围世界的统治。实验就是统治自然的一部分。[1]

　　培根对自然规则的研究是通过实验达成的，当然这其中最根本的目的是通过获得这些知识实现对国家以及自然的控制。因而在实验中就先行地设立了人自身对自然的企图，人对自然的设想通过实验获得肯定或者否定，并将实验的结果当作自然本身加以接纳。这就使得本真的自然在人思维以及实验的转换下变成了知识，变成了知识上的自然。其哲学内涵就在于它们能把自然和世界构造成可预测、可统治的对象。这正是培根心目中的"科学"的本质。这实际上是后世笛卡尔二分论以及今天工具主义泛滥的前身，实际上所谓工具以及科学中贯彻的是人类本身的意图。

　　　　在培根那里，国家权力的概念与支配自然力密切相关……培根的"知识就是力量"并非单纯号召人们努力掌握科学知识，提高自身的工作能力，更重要的则是提出人类征服自

---

① 尚新建：《论"知识就是力量"——培根对人与自然关系的重新界定》，《中国青年政治学院学报》2007年第6期，第85页。

然、统治自然的科学纲领，重新规定人在自然中的地位以及人与自然的关系，从而改变知识的性质，让知识为社会和政治服务，将知识与力量（权力）合一。[①]

前面说过，在培根的思想中，上帝—自然，君主—国家之间的同构关系。"知识就是力量"实际上是指知识在国家统治权力中扮演的角色，这不仅体现在对知识的占有所具有的社会地位的优势，更体现在国家对自然的控制与征服。在知识—国家—权力（力量）—自然之间建立起联系。

培根的哲学直接导致了后来人与自然严重对立的思想，成为人为制造自然与人对立的理论基础。

西方学者认为人类是宇宙的中心，自然是被人统治的。

人类中心论：只有人与人之间才存在直接的道德义务，人对非人存在物只负有间接的义务；人与自然的关系不具有任何伦理色彩，之所以要把道德关怀施与人之外的存在物，是因为把自然当作履行人与人之间的义务的中介或工具纳入了道德视野。换言之，我们人类对环境问题和生态危机负有道德责任，主要源于我们对人类生存和对子孙后代利益的关注，并非对自然事物本身的关注。只有在人类利益的基础上，而不是从所谓的自然权利或自然价值出发才可能建立生态伦理学。

仅满足感性偏好而不考虑伴生后果的理论是强势人类中心论。它以感性的意愿为价值参照系，把人的欲望的满足作为价值的圭臬，而自然则是达到这种目的的工具；"征服自然"、"控制自然"是这种理论的主题，当代的环境问题与其不无关系，它不是真正的"人类"中心主义，因为它只以人的直接需

---

① 尚新建：《论"知识就是力量"——培根对人与自然关系的重新界定》，《中国青年政治学院学报》2007年第6期，第86页。

要、当前利益为导向，在根本上放弃了人的长远利益、整体利益或共同利益，其实质是个人中心主义或人类沙文主义。

以上两段来自现代学者Norton G. Bryan的Environmental Ethics and Weak Anthropocentrism[①]，这两段话表明了现代西方自然伦理思想中的一种倾向，即是将人与自然的关系限定为利用与非利用的关系，人保护自然的出发点在于对自己的后代有利，将自然视为满足人类偏好的资源。这种西方自然伦理观谈不上人与自然之间在生命层次上的联系，自然本身没有权利，仅仅为一种资源，人对自然的道德感来源于对人的利益考虑。

人类中心论的要点是：一、人不可能脱离自身的利益而存在，人理所当然是以人为中心，正如蜘蛛只能以蜘蛛为中心。二、并非只有人才是所有价值的源泉，每一造物均有工具价值和内在价值。作为工具价值，它是按照自然物对于人种延续和良好存在等有益于人的特性而赋予的价值；作为内在价值，它是自然物自身就是目的性因素，是建立"有效的自然伦理"的基础，但是人类评价自身的价值高于自然物的价值。三、当前的生态问题并不产生于人类中心论的态度本身，在人类进化过程中生态问题是不可避免的现象，它产生于人类关于自然的知识超过了正确运用这些知识的知识以及人口迅速而无节制的增长。四、人类对未来的可预测性和认识能力的无限性决定了人类存在着主动摆脱生态危机的现实性和可能性，人类保护自身利益包含着保护人类自然环境的利益。

[①]Bryan G.Norton，Environmental Ethics and Weak Anthropocentrism，*Environmental Ethics*，Volume 6，Issue 2，Summer 1984，pp.131-148. 此文无中译本，这是我的博士生方汀翻译的。

上文是另一位现代西方自然伦理学者W. H. Murdy的Anthropocentrism: A Mordern View①，这段话说明了人自身的价值高于自然本身的价值，自然的价值要符合人类价值的判定。在这个过程中不可避免地出现人与自然的冲突，在这个作者看来，人保护自然是由于人对自然利益的需要。西方自然伦理学中的人类中心论与中国传统哲学中人是万物之灵的思想完全不同，在传统儒家思想中，人能作为万物之灵在于人之德可配天之德，生发万物，所谓："夫君子所过者化，所存者神，上下与天地同流。"(《孟子·尽心上》)

> 科学的目的在于造福人类，使人成为自然界的主人和统治者。(《笛卡尔的人类哲学》)

这句摘自《笛卡尔的人类哲学》，他坚持认为，在精神的东西和物理世界的东西之间，本质上存在绝对的差别。在笛卡尔的这种二元论世界观中，人与他们的环境的有机的——我们现在应称之为生态的——联系被忽略了，自然被看作是被剥夺的对象，而不是被亲和的对象。

> 理智的（先天）法则不是理智从自然界得来的，而是理智给自然界规定的。②

康德的这个观点是他形而上学的出发点，康德认为自然不是目的，而人才是目的，人的理性要给自然立法。这是康德人类

---

① W.H. Murdy，Anthropocentrism: A Modern Version，Susan J. Armstrong & Richard George Botzler ed.，*Environmental Ethics*，New York: McGraw-Hill，1993.

② （德）康德：《未来形而上学导论》，商务印书馆1978版，第93页。

中心主义的论调。虽然康德强调人对自然的认识是被先验过滤的，自然的本质也就是物自体的存在，是不能被人的理性所认识，但是这也导致了人类中心主义，并给人类的自然立法提供了理由。

机械唯物主义的生态观就是指断言自然界乃是一个毫无理智与生命的组合体的观念。在这种观念看来，自然界当然只是一架机器而已，它虽由各种机器零件构成，但是由于这架机器始终是由外在的人们所控制的，因此它的功能的发挥完全取决于既定的目标。①

机械唯物主义的这种将自然看作机械，而人操控这台机器。这种观念所凸显的天人对立的理念是深埋在培根、笛卡尔主客二分的认识论观点之中的种子。随后的德国唯心主义哲学传统将其培育，并在黑格尔的哲学体系中长成成熟的果实。

在黑格尔哲学中，自然根本就是理念的产物，是理念的外在形式。在黑格尔眼里，所有自然的千奇百怪、万紫千红的事物根本离不开绝对理念。这是黑格尔哲学中天人对立思想以及对自然的持有的贬低态度的根源。黑格尔将自然的规定性视为"外在性"，"外在"一词是相对于绝对理念的自足性说的，是绝对理念的异化。因而自然对绝对理念只能产生扭曲的反映，是绝对理念的所产生的残次品，不完全品，正如恩格斯所说的"观念（绝对理念）的下降"。因此黑格尔在绝对理念、人、自然三者之间就做出了割裂：绝对理念是完满自足的存在，而自然只能以异化的方式展示这种存在，而人却可以用理性达到这种存在，因此人实际是世间万物的主宰。在这一过程中，人把自然

①（英）柯林伍德：《自然的观念》，华夏出版社1999年版，第6页。

界作为自己认识和改造的对象,通过理性观念把握自然,自然因此成为人的本质力量展现的对象。因而自然在黑格尔看来就是低级的、异化了的绝对理念。

什么是自然呢?

> 我将把产生一切自然现象所必需的那些不同异质物质称为元素,而把这些元素组合起来的那个现实的总结果或那些相继出现的总结果称为自然。[①]

狄德罗主张把哲学建立在自然科学的基础上。而自然科学观念中的自然呈现为机械唯物主义的形式,当时的人们就是用这种机械的观念将自然看作一部巨大的机器。

> 自然变化多端、以无穷的方式配合着的物质,不断接受并且传导着各式各样的运动。这些物质的不同的特性、不同的配合,这样变化多端的活动方式(这些方式是活动的必然结果),给我们构成了事物的本质;就由这些多样化的本质产生出不同的秩序、等级,或这些事物所占处的种种体系,它们的总和就形成我们所称的自然。[②]

18世纪欧洲的自然观普遍是这种机械形式的,将自然视为各种运动以及事物之间的传导与配合,展现出不同的等级秩序。

以培根、笛卡尔为代表的机械唯物主义自然观,18世纪实践法国唯物主义的自然观,以及以费尔巴哈为代表的直观唯物

[①] 北京大学哲学系外国哲学史教研室:《十八世纪法国哲学》,商务印书馆1979年版,第342页。
[②] (法)霍尔巴赫:《自然的体系》上,商务印书馆1999年版,第10页。

主义自然观，尽管内容各不相同，但存在一些共同的特征：割裂了自然与人、自然与社会、自然科学与人文社会科学的联系，以抽象孤立的思维模式审视两者的关系，因而都是旧唯物主义抽象自然观。

> 不承认自然界，不承认被物理科学所研究的世界是一个有机体，并且断言它既没有理智也没有生命，因此，它就没有能力理性地操纵自身运动，更不可能自我运动，它所展现的以及物理学家所研究的运动是外界施予的，它们的秩序所遵循的自然律也是外界强加的自然界不再是一个有机体，而是一架机器：一架按其字面本来意义的机器，一个被在它之外的理智设计好放在一起，并被驱动着朝一个明确的目标去的物体各部分排列。①

这段话是对18世纪欧洲自然观的总结：

> 从伽利略开始，自然便作为一个无色无声无嗅无味的寂静冷漠的世界，作为一个上帝创造的按照数学规律而运行的世界，上帝和人都站在自然的对立面。②

但在古希腊哲学中，"自然"并不如此。

> 在古代的希腊，与"自然"相当的词是physis，它意指自然而然地生成、生长、衰老、死亡。用亚里士多德的话来说，physis意味着"运动变化的原理包含在事物本身之内"。显

---

① （英）科林伍德：《自然的观念》，北京大学出版社2006年，第6页。
② 吴国盛：《追思自然：从自然辩证法到自然哲学》，辽海出版社1998年版，第101—102页。

然，这里的自然是具有内在生成发展法则的、有生命的、有机的自然。于是，人类不仅不和自然对立，而且是这个有生命的力的自然整体的一部分，甚至连上帝也内在地从属于自然而不能超越自然。从罗马时代开始，nature这个名词尽管来源于动词nascor，与希腊语的physis相近，但是自从它被引进中世纪基督教社会之后，其意义和地位都发生了变化。神、人、自然一体性被神、人、自然之间的等级秩序取代。无论人类还是自然，都是上帝创造的，上帝凌驾于一切创造物之上。此外，人类与自然也不是同格的，由于人类从上帝那里取得了支配自然、利用自然的权利而超越于自然。[①]

这段内容说明了西方自然概念在基督教的作用下发生了转变。从原初包含性的、整体性的概念转变为差序格局、等级性的概念。在这个等级秩序中，自然处于最低等级，受到高等级人类的支配。

实际上，自文艺复兴以来，工业的发展和科学的发展密切相关并密切地相互作用。它们是互相受益的。但是，倘若我们问这种相互作用是如何发生的，我的回答是这样的。它从开始就必然发生，因为它来源于一种新的哲学观念或宗教观念：关于哲学家即有知识者也应是行使权力者的柏拉图学派观念的一种独特的新变体。那种理论的这一独特的新变体在知识就是力量——支配自然的力量——这句名言中得到表达。自文艺复兴以来出现的工业发展和科学发展都是这种哲学观念——人类征服自然的观念——的实现。我认为，征服自然的观念是认识论的乐观主义的文艺复兴的变体。我们在新柏拉图主义

---

① 李醒民：《论作为科学研究对象的自然》，《学术界》2007年第2期。

者列奥纳多那里发现了它，在培根的有些哗众取宠的形式里发现了它。①

这段内容来自波普尔（1902—1994）《走向进化的知识论》。这部分内容有些复杂，作者说明了西方现代人支配自然的行为根源在于西方哲学传统在文艺复兴期间发生的转变。这一转变使得原初所具有的古希腊世界观被打破，使得哲学家、知识所有者在法理上成为权力的所有者。这就为新的世界观的来临扫清了障碍，这种新的世界观也即是培根所表述的"知识就是力量"的权力表现，人获得知识是为了支配自然、利用自然、改造自然。这和中国人认为人和自然一体，人要亲近自然，甚至尊重自然完全不同。

与古希腊不同，基督教《圣经》的生态观却具有自身的特点，由此决定了两者对中世纪生态观的不同的影响。第一，自然并不具有神性，上帝是唯一可以声称对自然万物的统治权的神。上帝不受任何限制，上帝从无中创造了世间万物。第二，上帝并没有赋予自然万物以固有的规律，而是将一切规则"常用他权能的命令托住万有"。第三，自然物不能被崇拜，因为一切自然物皆仰仗于上帝，受上帝意志制约。第四，作为上帝的委托者，上帝赋予人类以管理自然万物的权力。地球上的一切物质，无论是海里的，还是空中的，无论是牲畜，还是地上的一切动植物，这些都归他们管理。②

---

① （英）波普尔：《走向进化的知识论》，中国美术学院出版社2001年版，第102页。
② 王艳：《马克思主义生态观研究》，南京航空航天大学2011年博士论文，第27页。

此段是对《旧约·创世纪》的转述，表明早期基督教中上帝、人、自然三者的关系，在这里自然失去了古希腊观念中的神性，转而成为最低级的存在。

> 上帝创造各有差别的宇宙万物，在创造的过程中，上帝显然赋予了必须积极地彰显善的目的，为此上帝将善隐藏于万物之中。而万事万物的美与善都是片面的，只有上帝作为终极的善和唯一的善。人们可以发现，宇宙作为整体享有总体的善。[①]

基督教的宇宙观使得全部的美与善被归结于上帝，自然中只存在片面的美。

> 基督教的本质就在于确立人在宇宙万物中的中心地位，这不仅在事实上造成了人与自然相互分离的二元论的观念，而且由于对自然的无限贬低从而极易导致对自然的极端仇视、冷漠。[②]

美国的卡洛琳·麦茜特在其《自然之死》中说：

> 科学的新人绝不会认为"对自然的讯问会在某处被禁止或拒绝"，自然必须作为一个"奴隶"来"服役"，它将在"强制"中被机械技术所"铸造"。自然的研究者和侦探们将会发现她的阴谋和秘密。[③]

---

① （意）托马斯·阿奎那：《神学大全》第2册，中华道明会、碧岳学社联合发行，2008年版，第46页。
② （美）林恩·怀特：《我们生态危机的历史根源》，《科学》1967年第155期。
③ （美）卡洛琳·麦茜特：《自然之死》，吉林人民出版社1999年版，第169页。

科学方法与机械技术相结合，将创造出一种"新工具"，一种新的研究体系，它使知识和物质力量结合在一起。在学术、战争和航海领域中，印刷术、火药和指南针的技术发现，"帮助我们去思考一直闭锁在自然深处的秘密"。"它们不像那些旧式技术对自然过程给予温文尔雅的引导，而是施用力量去占有和征服她，直到动摇她的整个基础"，在机械工艺下，"自然会比在享受她的悠然自在时出卖更多的秘密"。①

由于西方的奴隶自然、控制自然、拷问自然，"拷打出自然的奥秘"之思想，并对自然毫无亲和之意，且有奴役、敌视之心，这一方面强化加速了他们对自然科学的研究，另一方面也加速了自然资源的枯竭，缩短了地球的寿命，尤其是对自然生态环境的破坏。人的生存环境遭到破坏后，人的健康也损失无穷。各种新的疾病层出不穷，科学家又要研制新的治疗方法，新的方法（药品等），又产生新的疾病，循环往复，直至毁灭人类。

且看西方学者的论述：

> 资本主义生产使它汇集在各大中心的城市人口越来越占优势，这样一来，它一方面聚集着社会的历史动力，另一方面又破坏着人和土地之间的物质变换，也就是使人以衣食形式消费掉的土地的组成部分能回到土地，从而破坏土地持久肥力的永恒的自然条件。这样，它同时就破坏城市工人的身体健康和农村工人的精神生活。②

这就是说，西方资本主义的运作是以对人精神的破坏与对自然的消耗为基础的。

---

① （美）卡洛琳·麦茜特：《自然之死》，吉林人民出版社1999年版，第169页。
② （德）马克思：《资本论》第一卷，人民出版社2004年版，第579页。

伦敦的空气永远不会像乡间那样清新而充满氧气。250万人的肺和25万个火炉集中在三四平方德里的地面上,消耗着极大量的氧气,要补充这些氧气是很困难的,因为城市建筑本身就阻碍着通风。呼吸和燃烧所产生的碳酸气,由于本身比重大,都滞留在房屋之间,而大气的主流只从屋顶掠过。住在这些房子里的人得不到足够的氧气,结果身体和精神都萎靡不振,生活力减弱。因此,大城市的居民患急病的,特别是患各种炎症的,虽然比生活在清新的空气里的农村居民少得多,但是患慢性病的却多得多。[①]

蒸汽机的第一需要和大工业中差不多一切生产部门的主要需要,都是比较纯洁的水。但是工厂城市把一切水都变成臭气冲天的污水。[②]

桥底下流着,或者更确切地说,停滞着艾尔克河,这是一条狭窄的、黝黑的、发臭的小河,里面充满了污泥和废弃物,河水把这些东西冲积在右边的较平坦的河岸上。天气干燥的时候,这个岸上就留下一长串龌龊透顶的暗绿色的淤泥坑,臭气泡经常不断地从坑底冒上来,散布着臭气,甚至在高出水面四五十英尺的桥上也使人感到受不了。此外,河本身每隔几步就被高高的堤堰所隔断,堤堰近旁,淤泥和垃圾积成厚厚的一层并且在腐烂着。桥以上是制革厂,再上去是染坊、骨粉厂和瓦斯厂,这些工厂的脏水和废弃物统统汇集在艾尔克河里。[③]

文明是一个对抗的过程,这个过程以其至今为止的形式

---

① 《马克思恩格斯全集》第二卷,人民出版社1957年版,第380—381页。
② 《马克思恩格斯全集》第二十卷,人民出版社1971年版,第320页。
③ 《马克思恩格斯全集》第二卷,人民出版社1957年版,第331页。

使土地贫瘠,使森林荒芜,使土壤不能产生其最初的产品,并使气候恶化。[①]

这四段是恩格斯对资本主义工业扩张带来的环境问题的生动描述。

> 一句话,动物仅仅利用外部自然界,简单地通过自身的存在在自然界中引起变化;而人则通过他所作出的改变来使自然界为自己的目的服务,来支配自然界。[②]

这个支配自然,使自然为自己服务,实际上也破坏了自然,等于"饮鸩止渴"。大自然对人类的报复也是毫不留情的。

以下内容选自蕾切尔·卡逊所著的《寂静的春天》[③]：

> 在人对环境的所有袭击中最令人震惊的是空气、土地、河流以及大海受到了危险的、甚至致命物质的污染。这种污染在很大程度上是难以恢复的,它不仅进入了生命赖以生存的世界,而且也进入了生物组织内,这一罪恶的环链在很大程度上是无法改变的。在当前这种环境的普遍污染中,在改变大自然及其生命本性的过程中,化学药品起着有害的作用,它们至少可以与放射性危害相提并论。在核爆炸中所释放出的锶90,会随着雨水和漂尘争先恐后地降落到地面,居住在土壤里,进入其上生长的草、谷物或小麦里,并不断进入到人类的骨头里,它将一直保留在那儿,直到完全衰亡。同样地,被撒向农田、森林、花园里的化学药品也长期地存在于土壤里,同时进

① （德）恩格斯：《自然辩证法》,人民出版社1984年版,第311页。
② 《马克思恩格斯选集》第四卷,人民出版社1995年版,第383页。
③ （美）蕾切尔·卡逊：《寂静的春天》,上海译文出版社2007年版。

入生物的组织中，并在一个引起中毒和死亡的环链中不断传递迁移。有时它们随着地下水流神秘地转移，等到它们再度显现出来时，它们会在空气和太阳光的作用下结合成为新的形式，这种新物质可以杀伤植物和家畜，使那些曾经长期饮用井水的人们受到不知不觉的伤害。（第9页）

新的化学物质象涓涓溪流不断地从我们实验室里涌出，单是在美国，每一年几乎有五百种化学合成物在实际应用上找到它们的出路。（第9页）

由科罗拉多州某制造工厂排出的有毒化学药物必定通过了黑暗的地下海流向好几里远的农田区，在那儿毒化了井水，使人和牲畜病倒，使庄稼毁坏……（第24页）

农药的喷洒不仅计划不周，而且如此滥用。在新英格兰南部的一个城镇里，一个承包商完成了他的工作后，在他的桶里还剩有一些化学药粉。他就沿着这片不曾允许喷药的路旁林地放出了化学药物。结果使这个乡镇失去了它秋天路旁美丽的天蓝色和金黄色，……在马萨诸塞州乡镇的官员们从一个热心的农药推销商手中购买了灭草剂，而不知道里面含有砷。喷药之后道路两旁所发生的结果之一是，砷中毒引起十二头母牛死亡。（第36页）

当人类向着他所宣告的征服大自然的目标前进时，他已写下了一部令人痛心的破坏大自然的记录，这种破坏不仅仅直接危害了人们所居住的大地，而且也危害了与人类共享大自然的其他生命。致使鸟类、哺乳动物、鱼类，事实上使各种类型的野生物直接受害。（第42页）

环境健康的一系列新问题的产生原因是多方面的——一是由于各种形式的辐射,二是由于化学药物在源源不断地生产出来,杀虫剂仅是其中的一部分。现在这些化学药物正向着我们所生活的世界蔓延开来,它们直接或间接地、单个或联合地毒害着我们。(第87页)

以下内容选自卡洛琳·麦茜特所著的《自然之死》[①]:

> 如今,无机氮肥和化肥杀虫剂留下的是持久破坏土壤的残余物和难以预见的副作用;追求高产出的单一耕种导致的是病虫害大规模肆虐;市场激励着持续不断地把新的"处女地"变为耕地,整个儿破坏了已建立起来的生态平衡。其次,增长、扩张和积累的倾向作为资本主义的遗传品性,把依靠土地维系生计的农民逐出了历史舞台,破坏了人地合作的传统模式。(第52页)

> 资本主义生产方式对森林的影响,远远超过了纯粹的人口压力所产生的影响。以无机的、不可再生的钢铁资源为基础的技术进步和经济扩张,增强了人们开发林地的能力。尽管在14世纪的人口锐减之前,人口压力已经使森林生态系统受损,待生态系统恢复后,16世纪的商业资本主义导致了木材资源戏剧性的衰落。(第62页)

> 12至13世纪欧洲人口飞长,迎来了个大开荒时期,林地变成了耕地,沼泽成了役畜的草场。英国、法国、德国和意大利的森林面积都明显缩小了。英国森林地带的钢铁工业靠橡树烧出

---

① (美)卡洛琳·麦茜特:《自然之死》,吉林人民出版社1999年版。

的木炭来炼铁,从13世纪就开始侵蚀森林了。围绕着人口稠密之地,木柴的短缺引发了一场能源危机……已经有必要由纽卡索(Newcastle)进口海煤(sea coal)。海煤是一种含硫量高的软煤,燃烧时产生黑烟灰和呛人的烟雾。(第63页)

　　作为英国的木材开采的一个后果,采煤业指数般地兴起。……煤的输入量增加了20倍至25倍之多。哪里烧海煤,哪里就留下厚厚一层黑烟灰和呛人的烟云。据说伊丽莎白女王"让海煤烟味搞得太烦心太伤心",以至在1578年要求伦敦的酿造商和其他工业不要使用任何类型的煤,完全用木柴做燃料。由于木柴只能通过高价获得,这一要求没能得到响应。17世纪,对海煤的抱怨戏剧般地上升了。1627年的一项反对明矾工的请愿声称,海煤之烟腐蚀了草地并毒死了泰晤士河中的鱼。伦敦的妇女抱怨"这个城市的煤烟气味"。(第67页)

恩格斯在《自然辩证法》中说:

　　我们不要过分陶醉于我们对自然界的胜利。对于每一次这样的胜利,自然界都报复了我们。每一次胜利,在第一步都确实取得了我们预期的结果,但是在第二步和第三步却有了完全不同的、出乎意料的影响,常常把第一个结果又取消了。美索不达米亚、希腊、小亚细亚以及其他各地的居民,为了想得到耕地,把森林都砍完了,但是他们做梦也想不到,这些地方今天竟因此成为荒芜不毛之地,因为他们使这些地方失去了森林,也失去了积蓄和储存水分的中心。阿尔卑斯山的意大利人,在山南坡砍光了在北坡被十分细心地保护的松林,他们没有预料到,这样一来,他们把他们区域里的高山畜牧业的基础给摧毁了，他们更没有预料到，他们这样做，竟使山泉在一年中的大部分时间内枯竭了，而在雨季又使更加凶猛的洪水倾泻到平原上。[1]

这表明对自然的破坏加速了人类生存环境的恶劣。

我们再看中国学习西方研究自然、改造自然的后果。

长江两岸本来森林、树木浓密，后来一些人要改造自然，向山要粮，向河要粮，把树木砍掉，种上庄稼。似乎多收了一些粮食，结果山上因树林被砍，泥土流失，堵塞河流。河堤因无树木，也就不固不保，造成长江决堤，洪水泛滥，淹没万亩良田，亿万人受灾受难，不仅损失了财产，更损失了生命，损失大大超过了增产的一点粮食。结果又不得不退耕还林，又要恢复原来的状态，这样才能使洪水的灾难减少。

如果不学习西方，不去改造自然，顺任原来的森林、树木自然的发展，山上水土得以保持，河堤巩固，便不会有那么多灾难。后来的退耕还林，在几十年、上百年中，也不可能恢复到原来的自然状态，损失是很难弥补的。

前几年电视上播放某发达省一个发达村庄和落后村庄的比较，很有意义。两个村庄本来差不多。一个村庄离大城市较近，他们中有些有文化和科学知识的人要改变自己的生活，要发家致富，必须改变以种田为主的方式，于是便请来一些科学家，从事研究，在他们的村庄建成了很多工厂，其中有很多是化学工厂。很快他们的产品畅销全国，甚至出口国外，他们获得巨大利润，于是农田再无人去耕种，几乎家家参与工业生产。二十年不到，这个村庄家家巨富，亿元户有之，千万元户更多，百万元户就不值得一提。于是家家建有洋房、别墅，家家有汽车，而且大

---

① （德）恩格斯：《自然辩证法》，《马克思恩格斯全集》第20卷，人民出版社1971年版，第519页。

多是进口汽车，至于吃、穿、用甚至超过国外发达国家的水平。也是二十年不到的时间，这个村庄原来的青山绿水早已不复存在。农田早已荒芜，到处是臭水沟、臭水塘，河流鱼虾早已死光，连鸟雀都没有了。更严重的是，几乎家家有癌症病人，有的一家有几个癌症病人。他们又把赚到的钱投进医院，治疗癌症。电视采访中，家家的癌症病人痛苦之状，以及家人为治疗癌症病人的痛苦之状，皆十分悲惨。部分有知识的人认识到这是环境污染的结果，开始把家人迁到别的村庄或城内，但疾病却无法迁移，而且死亡最多是孩子。他们花尽了自己的积蓄，但人仍然死了。二十年间，这个村庄的人平均寿命下降到四十岁。他们高档的别墅、高档的汽车并没有给他们带来幸福。自然环境的破坏，反而加速了他们的痛苦和死亡。

另一个是贫困的村庄。他们没有请来科学家，没有研究如何改变自然以发家致富，没有改变自己村庄的自然环境，他们依旧是耕种为主。二十年来，他们村庄没有百万元户、千万元户，更没有亿元户，没有别墅，没有小汽车，只有落后的小型的运输车和拖拉机。采访中，这个村庄大多数农民仍然是粗布棉衣，和那个富裕村庄人家的西服洋服相比，落后太多。至于富裕村庄晚上灯红酒绿，少女翩翩起舞，更是没有。他们早睡早起，农忙时耕种收获；农闲时晒晒太阳，三五老人聚在一起聊天，偶尔打打牌，过年过节，自己组织一些文艺爱好者，唱唱歌，舞动几下。生活虽不富足，但吃饭穿衣尚且不愁。但他们村庄青山绿水依旧，每日悠闲自得，河塘有鱼虾，树上有鸣鸟。而且二十年过去了，树又都长高长大了，更加郁郁葱葱。因为基本上没有竞争，人与人之间关系也十分融洽淳朴。但这个村庄没有一个生癌症的病人，绝大多数人说不知道医院是什么样，他们从未进过医院，有几个人还幽默地说，不知生病是什么滋味，不知吃药是什么滋味。他们平均寿命是80岁，寿命是那个富裕村庄人的两倍。更重要的是，他们很清闲，不但身闲，心更闲，没有钩心斗角、尔虞我诈，没有天天为赚钱而绞尽脑汁的痛苦，没有生癌症进医院的痛苦。

这也许是两个极端的例子，但也颇能说明问题。

数年前，笔者受邀去广西写生，任务是画一批广西的山水。我们到了世界上有名的长寿地区——河池市。这里是联合国重视的长寿地区，联合国多次派人来考察研究此地人为什么长寿。我第一次到这个地方，看到的是到处都很原始，到处是山地，当然遍地青山绿水。村前村后，房屋四周，沟塘两边，路旁垄上，全是绿色的丛竹、芭蕉、大小树木。除了有的家中有一台电视机外，没有任何工厂。以人种玉米为主，每家主食以玉米居多，青菜都是自己家前后地里长的，吃的时候临时去地里拔几棵，洗一洗就下锅，或生吃了。那里95岁以上、百岁以上老人到处可见。而且虽然百岁左右，眼睛视物看人、耳朵听声音都很清楚。我遇到一位老太太，96岁，走路不用拐杖，走得很快。我赶上去和她讲话，我的方言很重，她居然全部听懂，而且她回答我的提问也十分清晰。没有老年人那种哼哼唉唉的迟钝感。她走到自己家门口，我一看是一个很陈旧的木门、木墙，她迅速进去，马上拿出两个小板凳，让我坐，又迅速进去，拿出一个大筐，一大串玉米棒。她一面拧着玉米棒，把玉米剥下来，一面和我说话。原来她不愿闲着，和客人讲话，手里也不停地干事。她的灵敏、迅速、清晰、勤劳，完全不像一个老人，更不像一个96岁老人。说话当中，隔壁一个老太太出来，她指着那位老太太说："她比我还大两岁呢！"

我去的是长寿地区中最长寿的巴马县，这里山多地少，有"八山一水一分田"之称。因为原始，没有污染，空气中负氧离子含量每立方米20000个以上。据联合国统计，这个人口很少的县，百岁以上老人所占比例之多，居世界前五名。90岁以上老人就更多，而且都很健康地活着。其根本原因，就是这个县的人自然地生活着，和当地大自然和谐相处。他们不去研究、拷问自然，不去征服改造自然。他们不知道负氧离子有多少，不知道用化肥、农药，不建工厂，不建试验所，甚至有点像《庄子》所说的"抱瓮灌园"的意思。我一向对《庄子》"抱瓮灌园"和《老子》"鸡犬之声相闻，民至老死不相往来"持否定态度，但看到这里的情况，似乎也很有道理。

这个县中的人都很安分，不大和人来往。如果不是联合国把它列为世界长寿县，引来很多人参观调查、投资，这个县会一直保持其质朴状态，人们会一直宁静的美好的生活下去，悠闲自得，无病无灾。

可惜我第二次去这个地方，因为参观的人多，投资者也出现了，这个本来十分质朴的地方，已建造了很多公路，以方便来参观的人行驶汽车，又建造了很多旅店，很多世代务农的人也开始经商。如果不控制，这个长寿地区很快就会被破坏。

但是如果中国人都这样不研究自然，不从自然中索取而发展自己，或者如《老子》六十四章所说："以辅万物之自然而不敢为"，这固然对人类、对地球有好处；但作为世界竞争中的一个国家，那就会落后。其他国家研究自然，向自然拼命地索取，发展自己，强大自己，强大到一定程度就会从"拷打自然"到"拷打落后"。他们的资源挖掘光了，就会来挖我们的资源。所以，中国就必须适当放弃自己的哲学，而学习西方的哲学，也从自然中索取来发展自己，强大自己。当然，这也加速我们自己的资源枯竭，也会污染自己的环境，破坏自己的生态平衡。只是可以抗衡西方的强势吞并。但如果全世界都用中国的哲学，不去过分的"拷打自然"，奴役自然，而和自然和睦相处，那么，人类就会更长久，这个世界就会十分美好。

当然，适当的研究自然，不是破坏自然，不是过速地利用资源，而是研究如何保护自然，避免自然中部分对人类有威胁的因素。不要竞争着去利用自然，改变自然，发明并生产化肥、农药、各种化工污染、核污染、转基因，等等，拼命地破坏自然；而是随着自然的发展而发展，根据自然的需要，做出适当的调理，也就是荀子"制天命而用之"的哲学。那么这个地球会更美好，更长久。

这里要补充说明的是：

在20世纪50年代，中国有一部分学者为了迎合当时政治的需要，提出，虽然中国古代哲学家庄子、老子、孔子、孟子等所有儒家学者提倡"天人合一"，人与自然和睦相处，但也有人提出，要征服自然，例如《荀子·天论》便提出"制天命而用之"。他们举出的唯一一处中国人主张征服自然的便是荀子这句话，他们把"制"理解为制裁、强制、改造的意思。其实，这个"制"是遵从的意思。《商君书·更法》中有："知（智）者作法，而愚者制焉；贤者更礼，而不肖者拘焉。"《淮南子·氾论训》有云："夫圣人作法，而万物制焉。"高诱注："制，犹从也。""制天命而用之"的意思是遵从天命而用之。古今真正的有学之士并无异见，荀子的哲学思想也是儒家的一部分，未曾出离"亲亲而仁民，仁民而爱物""民胞物与"以及"天地与我并生，万物与我为一"的范畴，也都是主张人要和自然亲和、和睦相处。

西方发达国家也认识到人和自然对立以及征服自然、拷打自然的危害性，也提出保护生态平衡，保护大自然，甚至保护部分动物，又宣布某些动物是人类的朋友。这都有意无意地回到中国的哲学中去，但还远远不够。西方还应该认真学习研究中国的哲学，以保护这个地球。

第四章　天人合一　天人二分

一、释"天人合一"

"天人合一"最为中国现代学者所乐道，一直被中外学者论为最能代表中国哲学或中国精神的特色，甚至是中国文化的一个主要特征。但古代学者却很少提到"天人合一"，只有在注解阐说《正蒙·乾称》篇时提到，其他地方也没有人把"天人合一"作为十分重要的理论命题提出。到了现代，不知多少名家大家大谈"天人合一"。按理，"天人合一"是什么意思，早应该有一个明确的答案才是。但对于这句话的理解，却有很多种，有的很含糊。历史上任何一种重要的理论命题，正确的解释只能是一种。解释的不同越多，说明错误越多，或者根本就没有正确的理解。

"天人合一"的解释很多种。尽管都出自名家之口，说明不知何意的还是居多。因此，还有再研究的必要。

在众多的解释中，除去很含糊的，很明确的解释有两种。

其一，中国的"天人合一"，从优点讲，是人和自然和睦相处，万物一体，"民吾同胞，物吾与也"，物都是我的同类，这就和谐了。但中国传统的天人合一有两种，一种是儒家的，一种是老庄的。天人合一共同的特点是不要把人和物分开，不要强调人和物的区别，要强调天地与我并生，万物与我为一……"①季羡林也认为："我主张'天人合一'。天，就是大自然；人，就是人类。合就是互相理解，结成友谊，不能相视为敌人。""东方文化的中心，我认为是'天人合一'。意思就是人与自然要成为朋友，不能成为敌人。"②很多学者的看法基本同于此。

其二是《汉语大辞典》上解释："天人合一，中国哲学中关于天人关系的一种观点。与'天人之分'说相对应。认为'天'有意志，人事是天意的体现；天意能支配人事，人事能感动天意，由此二者合而为一体。战国时的子思、孟子首先明确提出这种理论，汉儒董仲舒继承此说发展为'天人感应论'。"

前者主要说："天人合一"是人和自然和谐相处，万物一体，这个"天"是无意志的，不是神，其实是天地万物。后者主要说："天人合一"是天和人互相感应。而这个"天"是有意志的神。区别很大。而持后一说法的人往往是研究"天人合一"的专家。所以《汉语大辞典》采取了他们的说法。

持后说者，如余英时就认为："在'绝地天通'时期，只有地上人王以全民代表的名义拥有与'帝'或'天'的直接交通的特权……但他必须通过一种特有的神奇法术才能和'帝'或'天'取得直接联系，这便是所谓'巫术'。王或者以'群巫之长'的身份，或者指派他所信任的巫师主持天人之间的交通。所以我称这种交通为集体方式的'天人合一'，即由地上的'余一人'，代表人民的集体与'天'合一。"③在这里，余英时显然认为"天"是有意志的人格神。"天人合一"也显然是有意志的天和人的交通感应。他还认为："'天人合一'"的初源在"绝地天通"时期

---

① 见张世英《在诗与哲的屋檐下》，载《中国艺术报》2016年1月27日第3版。
② 池田大作等：《畅谈东方智慧》，（香港）商务印书馆2004年版，第38、40页。
③ 见余英时《论天人之际》，中华书局2014年版，第163页。

'群巫之长'的降神经验……""'天人合一'完全仰赖巫作中介，以建立'人'、'神'之间的交通'管道'。"①

以上两种对"天人合一"的解释是对立的，都出于大专家笔下，二者必有一错，或者都错。

此外，金岳霖应该是有点实力的哲学家。他在《中国哲学》一文中也指出：

> 多数熟悉中国哲学的人大概会挑出"天人合一"来当作中国哲学最突出的特点……我们把"天"理解为"自然"和"自然神"，有时强调前者，有时强调后者，……"天人合一"就是主体融入客体，或者客体融入主体，坚持根本同一，泯除一切显著差别，从而达到个人与宇宙不二的状态。②

还有北京大学楼宇烈所著的《中国的品格》中专列"天人合一"一节，他说：

> 首先可以考察一下，天人合一的思想是从哪儿来的？起源于什么地方？我们发现，这种思想跟中国原始文化中的自然崇拜，或者说天地崇拜，就是以天地为生物之本这样一种思想是相关的，同时又跟中国原始文化中的祖先崇拜相关联。
> ……
> 天人合一中的天，其实就是自然之天、天命之天结合在一起的，后来人们又认为自然之天和天命之天跟人都是密切

---

① 见余英时《论天人之际》，中华书局2014年版，第171页。当然余英时认为各个时期的"天人合一"形式和内涵都不同。
② 季羡林、张光璘编选：《东西文化议论集》上册，经济日报出版社1997年版，第250页。

相连的，因此就有了天人合一的概念。[①]

另外，秦家懿"推断'天人合一'的想象最初始于远古降神的经验，即人在一种神秘和发狂的精神状态中，感受到'和神合而为一'……这其实是巫师的经验……"[②]

当然，如前所述，"天人合一"的解释还有很多，不再一一列举了。

必须首先查清"天人合一"是谁最先提出来的，他的意思才是唯一正确的解释，以经解经，才是正经。其他各家在此基础上阐发和发展，或另作别释，那是另外的事。

"天人合一"的说法，首先是宋代的理学家张载总结出来的（注意不是他个人首先创造出来，而是总结出来），他在其著作《正蒙·乾称》中先是说：

> 浮屠明鬼，谓有识之死受生循环，遂厌苦求免，可谓知鬼乎？以人生为妄见，可谓知人乎？天人一物，辄生取舍，可谓知天乎。孔孟所谓天，彼称谓道。

接着下一段中，他又说：

> 释氏语实际，乃知道者所谓诚也，天德也。其语到实际，则以人生为幻妄，以有为为疣赘，以世界为荫浊，遂厌而不有，遗而弗存。就使得之，乃诚而恶明者也。儒者则因明致诚，因诚致明，故天人合一，致学而可以成圣，得天而未始遗人。
>
> （《正蒙·乾称》）

①楼宇烈：《中国的品格》，四川人民出版社2014年版，第52—53页。
②转自余英时《论天人之际》，中华书局2014年版，第170页。

前段是说佛家讲鬼，认为人死之后，灵魂进入六道轮回，生死循环，因而把生死看作苦事，希望通过修行摆脱轮回（张载认为精气聚则为人，散则渐灭而为鬼）。这种认识难道是对鬼的真实了解吗？以人生为虚妄，这是对人生真实的认识吗？"天人一物"，天和人是一物，亦即天人同一理。

熊刚大说："天与人同一理，今乃弃人事以求天性，是不知有天之理。"（《性理群书句解·正蒙》）王夫之《张子正蒙注》云："天之用在人，人之体无非天……声色、臭味、父子、君臣、宾主、贤愚，皆天理之所显现而流行，非空之而别有天也。""辄生取舍"，即舍人生而求天性。怎能知天之理呢？

明吴讷《正蒙补注》中释此文中"天人一物，辄生取舍"说：

> 佛氏指浮生幻化，是不知人之理也。天人同一理，人乃弃人事以求天性，是不知天之理也。

明刘玑《正蒙会稿》中释此云：

> 盖"天人一物"，气聚则生，气散则死。死生，人鬼之常，辄舍人而取天，则既不知鬼，亦不知天矣。

清华希闵《正蒙辑释》释此谓：

> 天是大底人，人是小的天，何取何舍？舍人求天，非天也。孔孟未尝不言天，只是以道为天，非以虚空为天也。

熊刚大则认为：

> 天人一致，何所取舍？

这里说的"天人一物""天人一致""天人同一理"，实际上就是下面说的"天人合一"。

　　下一段说"释氏语实际"，这"实际"即佛家语中指的真如、法性境界，这是儒家所说的"诚"也，"天德"也。其说到实际，则以人生为幻妄，有所作为为疣赘。以世界（佛家语，宇宙）为阴浊，对人世厌弃，要抛弃现实生活，佛教对世界的认识实际是对天理的错误认知。

　　"诚而恶明"，简单地说，即知之而恶之，知道实际而厌恶实际。因为佛以空为宗，以天地万物皆为幻，为空，为"疣赘"，"以世界为阴浊"，所谓"厌世"。这对于人生、世道皆无补益。既然世界是空的，"万法皆空"，人生又有什么意义呢？"诚"属于天道，"明"属于人道，"诚"与"明"应该一致，而释氏"诚而恶明"，则天人不是一物，天人不合一了。

　　从这里已经可以看出："天人合一"即天理、人道是一致的意思了。

　　刘玑《正蒙会稿》中云："诚而恶明，天而不认，……圣何尝不成于善信哉？天而人也。本语其始也，归其终也。'二本殊归'者，天人本合一，释氏歧而二之，则始终皆不同矣。"

　　儒者则因明致诚，因诚致明。自诚而明，生而知之也，皆天德清明，曰良知。张载在《正蒙·诚明》曰："诚明所知乃天德良知，非闻见小知而已。"王夫之说："诚者，天之实理。明者，性之良能。性之良能出于天之实理，故交相致，而明诚合一。必于人伦庶物，研几、精义、力行以推致其极，驯致于穷神知化，则天下之理得，而成位乎其中矣。"（《张子正蒙注》）实际上张载这句话出自《中庸》："自诚明，谓之性。自明诚，谓之教。诚则明矣，明则诚矣。"张载自己说"'自明诚'，由穷理而尽性也；'自诚明'，由尽性而穷理也。"性就是事物的本质。又谓："性与天道不见乎小大之别也。"性虽在人而小，道虽在天而大，以人知天，体天于人，则天在我而无小大之别也。是天与人一也。"性与天道合一存乎诚"，"尽性然后知生无所得，则死无所丧"。"天人异用，不足以言诚；天人异知，不足以尽明。"（以上见《正蒙·诚明》）"明诚"和"诚明"都是穷理和尽性，不过一先一后的问题。人能尽性而知天，天能尽性而知人，二者也是合一的。从张载这些论述中可知，他的"天人合一"即"天人一物"。天指"天理"，人指"人道"，即天理、人道为一物，天理、人道合一。道和理的区别是：一事一物的具体的规律，叫理；万事万物总的规律，叫道。天理的综合即天道，以理见道，以道统理，道和理在一定场合下是一回事。"天人合一"即天理、人道合一，即天道、人道合一。也就是上面说的"天人同一理"。

张载这种"天人合一"即天道、人道合一之思想处处有显示。

张载另一句名言："为天地立心。"[①]人为天地立心，则人心即天地之心，人心又来自天地，则天地之心亦人心，也是天道人道合而一，即天人合一也。

张载又说："天无心，心都在人之心。"（《经学理窟》）《朱子语录》中有"天地间非特人为至灵，自家心便是鸟兽草木之心"。《易经·复卦》又云："复，其见天地之心。"朱子又云："天地以生物为心，而所生之物因各得夫天地生物之心以为心。"（《四书章句集注》）"人得之遂为人之心，物得之遂为物之心，只是一个天地之心尔。"（《朱子语类》）由是观之，天地以生物为心，生物又以天地之心为心，人得之以为人之心，天心又是人心，人心又是天心，故"天人合一"，即天道、人道合而为一也。

---

① 张载此语为："为天地立心，为生民立命，为往圣继绝学，为万世开太平。"其《近思录》中为："为天地立心，为生民立道，为去圣继绝学，为万世开太平。"见《张载集》，中华书局1978年版，第376页。

张载《正蒙·天道》中说："天视听以民，明威以民，故《诗》《书》所谓帝天之命，主于民心而已焉。""天视听以民"出于《尚书·周书·泰誓》："天视自我民视，天听自我民听。"天之视听，皆因于民之视听，则天、民（人）一也，也就是天道、人道一也，亦即"天人合一"。前所言"天人一物，辄生取舍"，即天道、人道为一理，怎么能舍人道而求天理呢？亦即天人合一。

王夫之说："道一也，在天则为天道，在人则有人道。人之所谓道，人道也，人道不违于天。"熊刚大说："天与人同一理"，即"天人合一也"。接着张载又说："故天人合一，致学而可以成圣，得天而未始遗人。"简单地说：诚属于天道，明属于人道，"因明致诚，因诚致明"即天道与人道互为因果，故"天人合一"，即天道与人道是合一的。诚，天之实际，天理也；明，性之良能，明其理也。所以，"致学可以成圣"。"《易》所谓不遗、不流、不过者也。"（《正蒙·诚明》）这句话典出《易经》卷九《系辞传上》：

> 《易》与天地准，故能弥纶天地之道。仰以观于天文，俯以察于地理，是故知幽明之故。原始及终，故知死生之说。精气为物，游魂为变，是故知鬼神之情状，与天地相似，故不违，知周乎万物而道济天下，故不过；旁行而不流，乐天知命，故不忧；安土敦乎仁，故能爱。范围天地之化而不过，曲成万物而不遗……

这是说《易》的作成也与天地同一（准拟天地），所以才能包涵天地间的道理……"不违"即不违背天地自然规律，"不过"即不偏差，"不流"即不流溢淫滥，"不遗"即不使遗漏。

这就更说明"天人合一"之天即天理，人即人道，所以致学可以成圣，足以拟范周备天地的化育而不致偏失，足以曲尽细密地助成万物而不使遗漏……

明人刘玑《正蒙会稿》解释这一段说：

> 释氏有"实际"之语，即吾儒所谓"诚"也，"天德"也，……天即天道，人即人道，天人合一，致学而可以成圣……天而人也……二本殊归者，天人本合一……

这里讲得更清楚，"天人合一"即天道、人道合而为一。

所以前述那些名家说："合就是相互理解，结成友谊，不能相视为敌人"，"天有意志，人事是天意的体现，天意能支配人事"，"王或者以'群巫之长'的身份……主持天人之间的交通。所以我称这种交通为集体方式的'天人合一'"，"'天人合一'完全仰赖巫作中介"等等的解释，全是错误的。

清李光地在《注解正蒙》中说：

> ……自明而诚，人合天也。得天而不遗乎人者；诚无不明，天合人也，惟天人合一，故"易"谓之……

"人合天"，"天合人"，亦即天人合一也，亦即天道、人道合一也。

张载是唯物论者，他的"天"绝不是有意志的人格神，他认为天地一切皆气所化，他在自己的著作中多次说明：

> 太虚无形，气之本体，其聚其散，变化之客形尔。(《正蒙·太和》)
>
> 天地之气……气之为物，散入无形，适得吾体，聚为有象，不失吾常。太虚不能无气，气不能不聚而为万物……(《正

蒙·太和》)

　　气之聚散于太虚,犹冰凝释于水,知太虚即气,……（《正蒙·太和》)

　　一物两体,气也。（《正蒙·参两》)

　　神天德,化天道,德其体,道其用,一于气而已。（《正蒙·神化》)

　　凡可状皆有也,凡有皆象也,凡象皆气也。气之性本虚而神,则神与性乃气所固有。（《正蒙·乾称》)

　　历来研究张载的学者也都认为张载心目中的"天",绝不是有意志的人格神。

　　如是看来,《汉语大辞典》解释"天人合一",认为"天有意志"、天能支配人、人事能感动天意云云,是不符张载原意的。

　　而另一种解释,认为"天人合一"是人与自然和谐相处云云,也和张载的意思并不十分吻合。

　　张载的"天人合一"如前所述,是天理（或天道）、人道二者合一。这些理论在先秦哲学中是常见的。如《周易》卷一"夫'大人'者,与天地合其德,与日月合其明,与四时合其序,与鬼神合其吉凶";《庄子·德充符》"万物皆一也";《礼记·乐记》"大乐与天地同和,大礼与天地同节";《尚书·泰誓中》"天视自我民视,天听自我民听";比比皆然。

二、"天人合一"与自然

　　从张载的"天人合一"理论中,可以引述出人和万物一体,人和自然和谐的理论。天理、天道中也有万物一体,人与自然和谐的理论,则人道也要遵循。郢书燕解,也给世界带来了好处。

真正通晓天理、人道，也就达到了万物一体的境界，能够了解万物一体，也必定体悟到天理和人道。但从张载的"天人合一"理论中，却引述不出天是人格神，而可和地上的人交通的"合一"理论。而且，张载还在《正蒙·乾称》中提出"民胞物与"的命题，他提出"民，吾同胞；物，吾与也"，要求爱一切人如爱同胞手足样，并进一步扩大到"视天下无一物非我"的认识。他又依据《中庸》"诚"者"合内外之道"的表述，把"合内外"确立为实现"天人合一"的基本模式。由是观之，他的"天人合一"是最终实现天人之间的统一，即是天理、天道与人道的统一。综合他的其他思想，也有人与自然万物的统一的意思。

翻阅典籍，清代以前的学者无不把"天人合一"理解为"天人一理"，天是天理或天道，人是人道。像现代学者那几种解释，在古代典籍中都没有查到。而且，也只是在解说张载《正蒙·乾称》时提到"天人合一"。其他地方也很少提到"天人合一"。张载有时提到"天人合一"，有时又说"天人一物"，有时又说"以合天地之心"等等，也没有把它作为十分重要的哲学命题提出，只是在比较释儒理论区别时淡淡一说，远没有他在《西铭》中提到的"民，吾同胞；物，吾与也"的命题重要。而且张载把他的理论最重要部分书写在他讲学学堂的西墉上，后人称为《西铭》，这就是他的《正蒙·乾称》第一段；他把另一段重要内容书写在学堂东墉上，被称为《东铭》，这就是《正蒙·乾称》最后一段。"天人合一"的理论，既不在《西铭》中，也不在《东铭》中。从宋到清800多年间，也没有人把它作为十分了不起的命题论说。到了现代学者，因为没有弄清其本义，反而十分重视，大加张皇。

但是，如果抛却张载"天人合一"理论命题的本意，学者们当然可以作各种各样的解释。其一是《尚书·吕刑》中说："乃命重、黎绝地天通，罔有降格。"孔传："重即羲，黎即和，尧命羲和世掌天地四时之官，使人神不相扰，各得其序，是谓绝地天通。言天神无有降地，地祇不至于天，明不相干。""绝地天通"，地上只有巫师或人王通过祭祀、占卜的礼仪，与天交通。这是一种"天人合一"。其二是"天人感应"，即天意与人意的交感相应，天能干预人事，预示灾祥，人的行为也能感动天。例如元代戏剧《窦娥冤》，窦娥受冤，写的是：窦娥本是善良孝顺的女性，却被官府判为狠毒的杀人犯。临刑前，她为自己的冤许下三愿："血飞白练，六月降雪，亢旱三年"，证明自己无辜。后来，果然血飞白练，六月天正炎热，却降下大雪，而且干旱三年。这说明人冤，天亦感应，以示其冤。其三是"天地与我并生，而万物与我为一"。《庄子·知北游》中说："汝身非汝有也。"人的身体也是天地所委付的形体（"是天地之委形也"）；人的生也是天地所委付的和气，人的性命也是天地所委付的自然；子孙也是天地所委付的蜕变。所以"万物与我为一"。"天地一体"，人与自然和谐相处。其四，即我们前面所说的天理、人道合而为一。天理即人道，人道即天理。无论是哪一种解释，天、人都是不分为二的，都对人的行为有所约束。《尚书·泰誓中》在"天视自我民视，天听自我民听"后便有一段传："传言天因民以视听，民所恶者，天诛之。"民意即天意也，这不就是"天人合一"吗？《尚书·泰誓》云："惟天地万物父母也。"张载《乾称》篇开始即说："乾称父，坤称母，……民，吾同胞；物，吾与也。"天地生万物包括人，所以，民是我的同胞，物是我的党与，亦即《庄子》所说"万物与我为一"。若从"物，吾与也""万物与我为一"来看，人都应该是维护自然，尊重自然，不可破坏自然。更不可像西方哲学那样视自然为"奴隶"。

此外，中国哲学文化中的"天人感应"说，也有人认为是"天人合一"的内容。这也很有积极价值。

《易经》是中国的群经之首，其《系辞传上》有云：

天垂象，见吉凶，圣人象之。

这是说，天垂示之象，可以预示吉凶，圣人效法（贤人传播，普通人遵从）。这也属于"天人感应"说的一种。圣人都要效法天，都要遵从天，可见天的伟大和崇高。"天人感应"即是天和人互相感应。天能影响人事，预示灾祥，人的行为也能感应上天。如果君主或主政大臣做了危害人民的事，不仁不义的事，上天就会降下灾异进行谴责或警告。如果君主和主政大臣行仁义之道，利国利民，政通人和，上天也会降示祥瑞以加褒奖和鼓励。所谓"其本在地，而上发于天"，"政失于此，则变于彼"。如是则促使君主、大臣，时时检讨自己的行为，是否上符天意，下合民情，时时注意，"饬身正事"改掉错误，至少不敢作恶以害民。

有些官员之所以会贪腐，尤其像"四人帮"那样无恶不作，缺少监督和约束，也是原因之一。而古代有了"天人感应"说，对君主、对主政大臣，就有了无形的约束，督促上至君主，下至百姓，多行仁义之事、善事，不可作恶。这在中国古代典籍中到处可见。

《汉书·天文志》有云：

……慧孛飞流，日月薄食，晕适背穴，抱珥虹霓，迅雷风祅，怪云变气：此皆阴阳之精，其本在地，而上发于天者也。政失于此，则变见于彼，犹景之象形，乡之应声。是以明君睹之而寤，饬身正事，思其咎谢，则祸除而福至，自然之符也。

二十四史中记载，历代王朝，遇到天灾或天文地理之异相，必检查朝廷内外，做了哪些不合民情的坏事。或罚治那些贪官污吏，或诛杀不得民心的官员，或帝王亲自谢罪，这起到警示帝王、约束帝王之作用。因为"政失于此，则变见于彼"，这就时时警告帝王官僚不可失政。人君及主政的大臣都要检查自己犯了什么过错，有哪些对不起国民的事。如果有，改正了，向上天谢罪，自然"祸除而福至"。这是"自然之符"。可见，自然的作用，足以约束人君和主政的大臣。

《汉书·天文志》记：

> 元光中，天星尽摇，上以问候星者，对曰："星摇者，民劳也。"

《五行志》又记：

> ……汉七国同日众山溃，咸被其害，不畏天威之明效也。

帝王不畏天威，不改正，便遇到大灾难。

又记：秦始皇时，因"燔诗书，阬儒士，奢淫暴虐……后十四年而秦亡"。

《宋史》卷四十八《天文》有云：

> 夫不言而信，天之道也。天于人君有告诫之道焉，示之以象而已，……而述天心告诫之意，进言于其君，以致交修之儆焉。《易》曰："天垂象，见吉凶，圣人则之。"又曰："观乎天文，以察时变。"

这里强调天示象以告诫人君。

二十四史中还记载很多大臣被诛杀前，皆有天文预兆。

如《后汉书·天文中》：

> 太白入舆鬼，为将凶。后中郎将任尚坐赃千万，槛车征，弃市。

"孝顺永建二年……八月乙巳，荧惑入舆鬼，太白昼见。"于是几位大臣因"相与交通"或"斗争"被斩首。类似的记载十分多，也从反面说明大臣如果干了坏事，上天必有应。这也约束大臣少干坏事。

皇帝即位也要祭祀告天。《后汉书·祭祀上》记，汉光武帝刘秀即位做皇帝时云：

> 建武元年，光武即位于鄗，为坛营于鄗之阳。祭告天地，……其文曰："皇天上帝，后土神祇，眷顾降命，属秀黎元，为民父母，秀不敢当……群下曰：'皇天大命，不可稽留。'敢不敬承。"

历代皇帝即位都要先祭祀天地，上告于天。《明史·太祖本纪》记朱元璋扫荡群雄之后，"李善长帅百官劝进，表三上，乃许。甲子，告于上帝"。

> "洪武元年春正月乙亥，祀天地于南郊，即皇帝位。定有天下之号曰明，建元洪武。"

"告于上帝""祀天地"即在地上设祭品，跪拜于天（对空而拜）。皇帝有至高无上的权力，无人敢管他，但有上天管他。他还是惧怕天，惧怕大自然的，这对皇帝便有了约束。这也说明在中国文化中，对自然的崇敬，以及自然的地位之高。像西方哲学中把自然视为"奴隶",视为"被拷打的对象",在中国是绝无的。

在欧洲,皇帝即位,是由主教加冕,即在君主即位时举行一个仪式,由教会的主教把王冠加在君主头上,这位君主才正式成为皇帝,他们不会拜告天地。

把天的位置、自然的位置放在最高,则可对帝王将相作最大的约束,所谓"人在做,天在看","人有千算,天只一算"。不但明里不敢作恶,暗里也不敢作恶。这样才能"慎独",才能"暗室不欺"。中国文化历来把天放在最高的位置。《尚书·誓中》有:

> 惟天惠民,惟辟(君王)奉天。(惟天爱惠民众,君王恭奉上帝)

即使是一般人,对天也十分敬重。所谓"对天发誓",便不敢违反。戏剧《四郎探母》中,四郎杨延辉在金国和金国公主结了婚。后来,宋金交战,他的母亲押送粮草,到了交战地宋营,延辉要去探母,公主同意。延辉索要出金营的令箭,公主怕他去而不回,便要他"发盟誓,你对苍天表一番"。杨延辉"对天发誓",公主便放他回宋营。杨延辉发誓后,也必须回来。

"对天发誓""天佑下民""惟天地万物父母""天有显道""上天孚佑下民""天乃赐王勇智"等等,以至五代、宋时,帝王作的《官箴铭》中仍有"下民易虐,上天难欺"。这在维护民众的利益,淳化社会道德方面,价值是无限的。

中国传统文化中,即使被今人称为封建迷信的内容,其实大多也都有提升社会道德,体贴民情的积极意义。

三、"天人二分"与自然

而西方人没有"天人合一"的思想，主张天人二分，天是天，人是人，人要改造自然，征服自然，实际上是破坏自然，结果是自然对人类报复，加速地球和人类的灭亡。

科学家曾做过一个实验：人对着一瓶水喊"我爱你"，对另一瓶水喊"我恨你"。结果用显微镜观察，前者呈现出美丽的结晶体，后者呈现出丑恶凌乱的结晶状。再用各国语言在纸条上写"我爱你"、"我恨你"，贴在瓶上，瓶内的水显现出的结晶状，与前面实验一样。这个实验足以说明，大自然、人，应该存在什么样的关系。[①]

西方哲学强调人的作用，强调人与自然对立，人与社会对立，但自然、社会必须为人服务。如前所述，亚里士多德在《形而上学》中强调"求知是人的本性"。培根更提出"知识就是力量"。"求知"目的是什么呢？中国人认为是"为己"。孔子、荀子皆说：

> 古之学者为己，今之学者为人。[②]

《颜氏家训·勉学》云：

> 古之学者为已，以补不足也；今之学者为人，但能说之也。

《北堂书钞》引《新序》云：

----

① 日本江本胜《水知道答案》，海南出版公司2009年版。
② 见《论语·宪问》。又见《荀子·劝学》，《北堂书钞》引《新序》、《后汉书·桓荣传论》。

齐王问墨子曰："古之学者为己，今之学者为人，何如？"
对曰："古之学者，得一善言，以附其身；今之学者，得一善言，
务以悦人。"

　　为己，即充实自己，涵养自己，使自己的修养提高，履而能行
之，身正言正，为德、为政、为文、为艺皆正，无为恶也。
　　而西方学者"求知"，"知识就是力量"，目的是为了支配自
然，改造自然。他们通过对知识的学习，对自然的研究，认识自
然，改造自然。他们一直把人与自然分离作为一种精神。人们学
习知识，就是为了在行动中支配自然。到了费希特更是将人与自
然对立的精神发扬到极致。他认为人生存的目的就是要行动，
要实践，要克服"非我"的限制，这就是要征服自然。西方也有
学者如恩格斯就批判过那种"把精神和物质，人类和自然，灵魂
与肉体对立起来"的荒谬性，但也认为这种"对立"使人获得个
体独立性，明确地确立人的主体性，以及发挥人的主观能动性，
使人能进一步认识自然、研究自然、支配自然，改造自然。
　　西方的这种思想，促进了西方的科学技术革命和工业的发
展，促进了社会的物质发达和政治进步，甚至有能力来侵略东
方，奴役东方。

四、结论

　　中国强调"天人合一"，人和万物一体。《庄子》一书中多
次谈到："万物与我为一"（《齐物论》）、"万物皆一"（《德
充符》）、"旁礴万物以为一"（《逍遥游》）。书中又说"天地
者万物之父母也"（《达生》），天地是包括人在内的万物之父
母。"四时得节，万物不伤"（《刻意》），"常因自然而不益生"
（《德充符》），是说常顺任自然而不用人为去增益。书中更说：

"天与人不相胜也"（《大宗师》），即天与人不是互相对立的，也就反对和利用自然和改造自然。《庄子》书中还讲述了一个"抱瓮灌园"的故事，说子贡南游至楚，又回到晋，途经汉阴，见到一个老人（一丈人）在菜园子里，挖地道到井中，抱着瓮（相当于陶罐一类器皿）取水灌园，用力甚多而见功甚少。子贡便说："有一种机械，一日可以灌溉一百畦田园，用力甚少而见功多，你为什么不愿用呢？"老人说："怎么？"子贡说："凿木为机械，后重前轻，提水如同抽引，快速如同沸汤，涌溢，名叫桔槔。"灌园老人面起怒色，但还是笑着说："……有机械者必为机事，有机事者必有机心，机心存于胸中，则纯白不备，则神生不定，神生不定者，道之所不载也。吾非不知，羞而不为也。"（《天地》）庄子认为这种简单的机械都不能用，因为"有机事者必有机心"，而主张抱着瓮去取水灌园。这也就反对研究自然、改造自然，真正做到"天人合一"了。但若依这种"抱瓮灌园"的思想，中国的科技就不会发展。那么在这个世界上，中国必然落后，必然遭受外人侵略，必然挨打。所以，中国人必须暂时放弃自己的哲学，转而利用外国的哲学"天人二分"，发扬人的主观能动性，去认识自然，研究自然，发现自然的规律，适当的改造自然。而且自然界也存在一些威胁人类安全的因素，需要人去发现和调和。

尤其是西方人反对"天人合一"而主张"天人二分"，加强研究自然规律，发展科学，改革技术，造出无数机械和高科技产品，更造出威胁人类安全的新式武器。如果我们还是和大自然和睦相处，还是"抱瓮灌园"，不去研究自然，发展科技，我们必然落后，甚至无法立足于这个地球之上。

其实，中国也不是反对研究自然，也不反对发展机械，子贡介绍的那种机械——槔，也是当时先进的科技产品。只是中国的"天人合一"哲学，限制过分的发展征服自然的思想，推崇适可而止，而且这种机械仍是物理性质。

如果全世界都按照中国的"天人合一"哲学去发展，尊重自然，与大自然和睦相处，只是适当的利用一些无损于大自然的机械，调和人与自然的关系，不去发展那些损坏大自然的核武器、化学农药、转基因、克隆技术等等；那么，这个世界必将更美好，更纯朴，人的幸福指数也就更高。

实际上，西方人现在也已认识到人类和自然对立的危害性，有的已有控制，有的已无法控制。若早早采取中国的哲学，何至于有那么多对抗自然、征服自然、破坏自然的发明创造呢？这些发明创造，虽然有的起到"饮鸩止渴"的作用，但都对人类社会带来不可估量的损失。因此，必须从中国"天人合一"以及其延伸的思想加以研究并付诸实践，才能有益于人类。

第五章 "爱物" "役使"

——中西人和物的关系

亚里士多德在《政治学》中认为:

> 植物活着是为了动物,所有其他动物活着是为了人类。[1]

亚里士多德的哲学在西方影响很大。但他这段话还是有点问题。植物活着不光为了动物,五谷杂粮、蔬菜瓜果也为了人类,而且为了人类似乎更多一些。有些动物如虎狮豹狼等也是吃肉的,并不吃植物。除了逻辑和事实上问题外,更大的问题,他没有讲人对动物、植物应尽的义务。

西方人对待物的态度是"役使",不负义务。

在托马斯·阿奎那说:

> (对于动物)根据神之旨意,人类可以随心所欲地驾驭之,可杀死也可以其他方式役使。[2]

---

[1] 转引自(美)戴斯·贾丁斯《环境伦理学——环境哲学导论》,北京大学出版社2002年版,第106页。此段译文略异于吴寿彭译文。吴译见《政治学》,商务印书馆1965年版,第24—25页。

[2] 转引自(美)戴斯·贾丁斯《环境伦理学——环境哲学导论》,北京大学出版社2002年版,第106页。

从这里看出，他对动物缺少平等心和同情心。

康德认为，世界上只有理性的人，也只有人才能成为被尊重的对象。他在《道德形而上学》中说：

> 在理性判断的限定内，人只对人自身（对自己或他人）负有义务……除人自身之外，我们无法知道还有别的义务对象。所以，人对人以外的任何存在都不负有义务。

他在《道德哲学讲义》中还说："人……对动物没有任何直接义务……"

关于人对物的态度，西方和中国大不相同。中国传统哲学中认为，人和物是平等的，人要爱物，甚至敬物。

李可染《米芾拜石》

中国人爱物近于爱人。米芾是宋朝一代官员，又是书法家、鉴赏家。他见到好的石头便下拜，称为"石兄"。宋代以后画家画"米芾拜石"者有很多。中国的皇帝拜名山、拜天地，西方绝无。

宋代有一位官员兼书法家、诗人米芾见到好的石头就下拜，呼之为"石兄"。因为石头不依不靠，冷热如常，且有节，"耿介如石"，人从石头当中看出君子仁人的品质气节，故下拜。从宋代至今，画家画《米芾拜石》题材不可胜数。中国还有一位高级官员廖承志，多次拜自己的毛笔。至于见到古老的槐树、松树、庙宇等物下拜者更多。前面说过，连皇帝都要拜名山。西方人则不会跪拜一块石头，也不会拜大树。西方人可以拜神，不会拜物。

　　中国人认为人和物为一体。人必须爱物、节用的思想更是普遍的。

　　《孟子·尽心上》认为：

　　　　亲亲而仁民，仁民而爱物。

　　董仲舒在《春秋繁露》中说：

　　　　质于爱民，以下至于鸟兽昆虫莫不爱。不爱，奚足谓仁？

　　郑玄在《周礼注疏》中说：

　　　　仁，爱人以及物。

　　北宋的张载是宋理学中"关学"代表人物，他的学说是继承古代儒学而有所发展的学说，他的《正蒙·乾称》中提出：

　　　　民，吾同胞；物，吾与也。

　　他并把这句话作为《西铭》之一，书写在他讲学学堂的西牖上，意思是，人民是我的同胞，天地万物是我的党与。"党与"也就是同胞类。

张载还在《张子语录》中说："理不在人，皆在物，人但物中之一物耳。"

宋张九成《西铭解》云：

> 既为天地生成，则凡与我同生于天地者，皆同胞也；既同处于天地间，则凡林林而生，蠢蠢而植者，皆吾党与也。

朱熹《朱子全书》中《西铭解》讲得更全面：

> 人、物并生于天地之间，其所资以为体者，皆天地之塞；其所得以为性者，皆天地之帅也。然体有偏正之殊，故其于性也，不无明暗之异。惟人也，得其形气之正，是以其心最灵，而又以通乎性命之全，体于并生之中，又为同类而最贵焉，故曰"同胞"。则其视之也，皆如己之兄弟矣。物则得夫形气之偏， ……然原其体性之所自，是亦本之天地而未尝不同也。故曰吾与。则其视之也，亦如己之侪辈矣。
>
> 惟其同胞在，故以天下为一家，中国为一人，如下文所云。惟吾与也，故凡有形于天地之间者，若动若植，有情无情，莫不有以若其性、遂其宜焉。此儒者之道。

朱熹的意思很明白，人和物并生于天地之间，人（民），是我的同胞；物，是我的党与依靠，也是同胞朋友类。物包括"若动若植"，则动植物都是我的同胞。

朱子又说：

> 万物虽皆天地所生，而人独得天地之正气，故人为最灵，

故民吾同胞,物则亦我之侪辈。(《西铭解》)

《孟子》谓:"亲亲而仁民,仁民而爱物。"(《尽心上》)
《孟子》认为对民要仁,对物要爱。这更是儒家的一贯观点。
王夫之《张子正蒙注》云:

> 繇吾同胞之必友爱,交与之必信睦,则于民必仁;于物必
> 爱之理,亦生心而不容矣。

清罗泽南《西铭讲义》中又有解释曰:

> "物与"之中,也有一个理一分殊,如牛、马、犬、豕则
> 蓄之,虎、豹、犀、象则远之,嘉谷则种之,稂莠则芟之。爱
> 之之心虽同,处之之道则异也。……是以君子之于物也,亦
> 必有以爱之,不杀胎,不殀夭,不覆巢,"数罟不入洿池,
> 斧斤以时入山林",无不欲有以遂其生,而若其性。取之必
> 以其时,用之必以其节,……以天地之心为心者,无不爱之
> 民物。

儒、道都主张爱物,也要节物,节物也是爱物的内容之一。
既然"万物与我为一","物,吾与也",人要不要吃肉吃
鱼,吃粮食蔬菜呢?吃了,又如何体现出"仁人爱物"之心呢?这
就是儒家说的"理一分殊","理一"就是爱,爱人、爱物;"分
殊"就是不同的对待各种事物。孟子提出,"数罟不入洿池",
"斧斤以时入山林"(《梁惠王上》)。不要用细密的渔网去大
池沼里捕鱼。古代规定:网眼一定要四寸以上,四寸以下的网不
得到湖泊中捕鱼,以保护小鱼。山林也不可随便砍伐,冬天斩阳
木,夏天斩阴木,以保护山林的主体。而且,不杀胎,不殀夭,

不覆巢。诚如清人罗泽南在《西铭讲义》中释"物，吾与也"时所说：

> 天地之心，父母之心也。人以父母之心为心者，无不爱之兄弟。以天地之心为心者，无不爱之民物。虽其施有差等之殊，而其一视同仁之心实无有间。害虐烝民，暴殄天物，是不啻贼骨肉之恩，而伤父母之心者。至诚尽己之性，以尽人物之性。至于"参天地，赞化育"，诚有不忍隔膜视之故耳。

西方的哲学大多受柏拉图主义影响，其次是受亚里士多德的影响。他们崇尚超感性的概念，"理念的世界"，因而，他们认为："物质则是次要的、迟钝的、非理性的和反对性的力量，是理念的不情愿的奴隶，……物质既辅助理念，又阻碍理念，是自然和道德上的恶的根据。"又云："非理念的物质就必定是恶的原因……""物质则是较低级和次要的基质。"[1]

斐洛（前30—50，出生于亚历山大）的哲学中也认为"世界的缺陷和恶就必定源于物质"[2]。

中国人认为人的肉体也同样是神圣的，发肤受之于父母。要孝顺父母，首先要保护自己肉体，包括发肤，绝对要保护，不容否认。古人绝不理发，剪掉头发是犯罪的。中国本土宗教——道教，头发也是蓄起来的，绝不剪削。僧人剃发是外来的规定，后来中国人剪发都是外来的影响。而斐洛认为："肉体是人的恶的来源。"[3]

西方哲学中所说的"物质"和中国传统哲学中所说的"物"有一定区别，但最基本的部分还是相同的。世界万物包括人的

---

[1] 见（美）弗兰克·梯利《西方哲学史》，光明日报出版社2014年版，第75页。
[2] 见（美）弗兰克·梯利《西方哲学史》，光明日报出版社2014年版，第134页。
[3] 见（美）弗兰克·梯利《西方哲学史》，光明日报出版社2014年版，第135页。

肉体都由物组成，中国的《伊川语录》中说："天地万物为一体。"物并不是恶的来源，也不是次要的，更不是奴隶。

西方人对物的态度，是利用、改造、征服，物是人的奴隶，绝不是和人一体的。因而，只要能为人利用，不惜损毁物，改造几近于消灭。

不但物可改造，人体也可以改造，男人可以改变成女人，女人可以改变成男人。这种改变，是违反自然的，也是毫无意义的。

大自然是十分有道理的。地球上有人类几万年、几十万年，没有任何人分配、改造，历年历代出生的男女比例总是一样多。凡有男女比例失调者，皆是人为的。所以，自然不会错。而且，改造过的男女也是不能生育的。

在中国古代，不但人不可以变性（那时候当然没有这种技术，哲学上也不准许创造这种技术），连不是正当时间生长出来的菜蔬也不准食，因为它违反自然。西瓜、部分蔬菜，冬天不生长，如果用改造自然的方法使之生长出来了，也是不能食的，而且必须禁止。《论语》中记载孔子："不时，不食。"（《乡党》）即是说，不是该吃的时候的食物，不食。《吕氏春秋·季春纪》："食能以时，身必无灾。"即按食物的生长季节去食用，身必无灾害。

如现在的大棚菜，能在严冬季节生长出西瓜、青菜等。中国古人不是不能，中国在两千多年前的汉代就有这个技术，《汉书·循吏传·召信臣传》记载："大官园种冬生葱、韭菜、茹，覆以屋庑，昼夜燃蕴火，待温气乃生，信臣以为此皆不时之物，有伤于人，不宜以奉供养，及它非法食物，悉奏罢。……"这些蔬菜冬天因天寒，本不能生长，但他们上面覆以"屋庑"，下面燃烧炭火以加热，地上产生温气，冬天也生长出来了。召信臣奏说："这些不是时候的东西，有伤于人，不能吃。"后来便不再生产了。两千多年前，中国就有这种技术，可以在冬天把本不能生产出的菜蔬生产出来。再晚一千年，西方人也没有这种技术。如果中国的哲学准许或提倡这种改造自然的方法，至今不知先进到什么程度。

《盐铁论·散不足》卷七亦载："古者谷物、菜果，不时不食；鸟兽鱼鳖，不中杀，不食。""不时"即违反自然规律，也就"不食"；吃了，身必有灾。据现代科学研究，凡这些不时之食，对身体皆有害处，也是不提倡食之的。

西方在改造自然，物为奴隶的哲学指导下，总要伤害物，创造出违反自然的物。转基因也是违反自然的，科学证明也是有害的。甚至造成人不能生育，最终将灭绝人类。

当然，中国人也砍柴，也伐树，也打猎，也宰杀牛羊等等，但这都是在生态平衡的原则下，也是自然的方法，未尝改造物之种，更不可能毁灭物种，未尝违背大自然的生态平衡法则。即使如此，在有知识的人中，伤害生命的事也是不准许的。《孟子·梁惠王上》有云"君子远庖厨也"；又云："数罟不入洿池（细密的渔网不入大池捕鱼）……斧斤以时入山林"，都是要对大自然取保护措施；《论语·述而》记"子钓而不纲，弋不射宿"等；皆如此。

凡是违反自然的，其结果皆对人有害。只有采用中国人和自然和睦相处的哲学，才是正确的。

我们看看《庄子》一书中谈人和物的关系。

《庄子》内篇第二篇，即《齐物论》，谈的是人与物的平等，物与物平等。郭象注曰："是非虽异，而彼我均也。"其中名言：

天地与我并生，而万物与我为一。（《齐物论》）

"万物与我为一"即人与万物不仅是平等的，而且是一体了。可见伤害了物，便是伤害自己。这和西方的对于物的观点完全不同。

庄子又在《应帝王》和《秋水》中说：

> 圣人之用心若镜，不将不迎，应而不藏，故能胜物而不伤。（《应帝王》）

> 明于权者，不以物害己。（《秋水》）

前句是说圣人要在承受物、驾驭物时而不伤害物，后句是说人也不要让物伤害自己。既不伤害物，也不被物所伤，这就是庄子的哲学，其实也是中国古代人与物关系的哲学，也就是我后面要谈到的和睦相处，和谐发展。

> 藐姑射之山，有神人居焉……其神凝，使物不疵疠，而年谷熟。（《逍遥游》）

不但不伤害物，而且还要保护物，使物不受灾害，谷物丰熟。

> ……之人也，之德也，将旁礴万物以为一，……物莫之伤……（《逍遥游》）

这是说广被万物合为一，外物伤害不了他。庄子还认为世上的物，没有无用的，只有人不会用罢了，而且"物无害者"。

> 物固有所然，物固有所可。无物不然，无物不可。故为是举莛与楹，厉与西施，恢恑憰怪，道通为一。……凡物无成与毁，复通为一。（《齐物论》）

庄子还提出"物化"的观点。他梦到自己化为蝴蝶，"栩栩然胡蝶也，自喻适志与，不知周也"（《人间世》）。醒后又不知道是庄周梦为蝴蝶，还是蝴蝶梦为庄周。这就是"物化"，即物我界线消解。他虽然举的是蝴蝶与庄周的例子，实际上是说世界上物与我界限是不存在的，万物可融化为一。

乘物以游心。（《人间世》）

其意思是顺任事物的自然而悠游自适。

庄子在《人间世》中还借大木的口吻说："若与予也皆物也。"（你和我这个大木一样的都是物）

《庄子·大宗师》："若夫藏天下于天下而不得所遁，是恒物之大情也。"（如果把天下付托给天下，就不会亡失了。这乃是万物的真实情况，把物同等于天下了）

庄子又说："物不胜天"，这里的"物"又指人力，人力不能胜过天。

夫至德之世，同与禽兽居，族与万物并。恶乎知君子小人哉。（《马蹄》）

庄子认为，最好的时代，人与禽兽同居，人群和万物并同，而无所区分。这就是庄子对物的态度。庄子又说：

故至德之世，……万物群生，连属其乡，禽兽成群，草木遂长。是故禽兽可系羁而游，鸟鹊之巢可攀援而窥。（《马蹄》）

这也是说人与万物禽兽平等相处，互相尊重，互相狎玩。

《老子》还谈到"万物将自化"（认识万物），"万物作而弗

始，生而弗有。"（让万物兴起而不加倡导，生长万物而不据为己有）

《庄子·齐物论》中说"……与物相刃相靡"（拷问、摩擦）是可悲的。而西方哲学就是要"拷问"自然，要人与物"相刃相靡"。《庄子》接着还说"凡物无成与毁，复通为一"。

《庄子·天运》还提出："涂郤守神，以物为量。"（凝守精神，循任自然）

《庄子·秋水》认为："以道观之，物无贵贱。"物与物也是平等的。

庄子还说："物物者与物无际，而物有际者，所谓物际者，不际之际……"《知北游》即大智之人支配物的和物没有界线，这还等于人与物为一了。

《知北游》更说："圣人处物不伤物。不伤物者，物亦不能伤也。"（圣人与物相处却不伤害物，物也不会伤害他）

庄子还说："通于万物，此之谓天乐。天乐者，圣人之心，以畜天下也。"（《天道》）

又云："万物一府。"（《天地》）

庄子更提出："游心于物之初。"（《田子方》）

"浮游乎万物之祖。"（《山木》）

《庄子》一书中谈到人和万物平等，物与物平等，人与物和平相处而互不相害。而且还要尊重物的地方还有很多。"物之初"更是指物的本始状态，"万物之祖"是万物的根源。

前面说过，爱物就要节约用物。儒道都主张节约用物，不可浪费资源。《墨子》一书有三篇专论节约用物。《节用》《节葬》《非乐》都是力主节俭。《节用》中反复说"用财不费"，"去无用之费，圣王之道"，并阐述了饮食、衣服、安葬之节用法。《节葬》一文大谈"厚葬"的害处，反对大棺中棺、文彩等"靡民之财"，主张棺三寸、衣三领则可以了。《非乐》中，他反对浪费很多资财制造乐器，又"处高台厚榭"而观之。《史记·太史公自序》中总结墨子："要曰强本节用。"荀子书中也有专门论"节用"的章节。"节用"即是节约用物，反对浪费物。"节用裕民而善臧其余……故知节用裕民，则必有仁圣贤良之名，而且有富厚丘山之积矣。"这把"节用"提高到"仁义圣良"的地步。这与西方人为了竞争发展，可以恣意浪费资源而无所惜者的思想，不可同日而语也。

中国传统思想中，有时借用迷信的色彩宣传"节用"，反对浪费物，糟蹋物，"鞭打青苗，洒泼清水，抛粮弃物，不敬字纸"等都是犯天条的。传说有一个年轻人，途中用鞭抽打青苗（小麦苗），未打完便被雷击死。写字用的纸，如果不加节约，也会影响士人的功名。还有"惜福"，人要惜福，就是要少用物，不要浪费，人才会有福报等等，皆是中国人对物敬惜的思想所致。

若按西方人的思想，物是"恶的根源"，物是不值得敬惜的。地球上的物是可以随便使用，甚至浪费。如是则资源浪费无禁。地球上的物是有限的，如不加敬惜，势必加速资源的枯竭。世界经济三大要素——资本、劳动力、自然资源。资源用完了，资本和劳动力也无所用了。所以必须按照中国的哲学，敬惜物，节用物，按时生产和按时利用物，不要违反自然的规律，才能对人类有好处。

第六章 "爱人""兼爱" 殖民掠夺

一、"爱人""兼爱"

日本在"明治维新"之前，其文化多来自中国，是个非常谦卑温顺而讲究礼仪的民族。"明治维新"学习西方之后，则开始发动战争，侵略很多国家。

日本学者一直承认，日本传统文化是中国的子文化。日本一直学习中国的儒道文化，也一直是一个讲仁义、守道德的国家。但到了明治（始于1868年）时代，开始了著名的"明治维新"，一切改学西方。首先是富国强兵，用西方哲学代替中国哲学。不久日本就开始了史无前例的扩张和侵略的道路。原处于中国东、日本南的琉球国从1372年起，历代琉球新王都要遣使向中国请求册封，向中国进贡。但日本明治维新后，即侵扰琉球。1879年4月4日，强行把琉球并入日本版图，改为冲绳县。然后日本又进攻朝鲜，攻打台湾，向中国开战，向俄国开战，向德国开战；再后全面侵华，偷袭美国的珍珠港，侵占东南亚——菲律宾、马来西亚、新加坡、泰国、关岛、威克岛，以及英国的占领地中国香港等，到处烧杀淫掠，并施行细菌战、毒气战，强迫本国和东亚、东南亚各国妇女组成"慰安妇"，无恶不作。这一切在其学习西方文化之前（追随中国文化时）是绝对不会有的。中国的文化是以"仁义""爱人"为宗旨的。

孟子说："仁者爱人。"（《离娄下》）这句话本于孔子《论语》中记："樊迟问仁，子曰：爱人。"（《颜渊》）《论语·学而》说："节用而爱人。"（节约费用，爱护人）《论语·阳货》又云："君子学道则爱人。"（学习了则有仁爱之心）

孟子还说："爱人不亲，反其仁。"（《离娄上》，意为：我爱别人，可是别人不亲近我，那么就要反问自己，自己的爱还够不够？）不但要爱人，还要爱得彻底。

孔、孟等儒家主张"爱人""仁爱"，当然也是爱世上一切人。但其爱有区别，有等级。对君主之爱，对父母之爱，对兄长之爱，皆不同。其主张由亲情出发，推而及他。"老吾老以及人之老，幼吾幼以及人之幼"，"亲亲而仁民，仁民而爱物"，最后也达到"泛爱众"。"民，吾同胞；物，吾与也。"这也有一定的道理。总之，最终是爱世上一切人，乃至爱世上一切物。"博爱之谓仁"，儒家把"爱"，而且"博爱"归入"仁"的范畴，仁者必爱人，爱人者即仁也。

若以儒家的"仁者爱人"之哲学，则天下就不会有战争，不会有大乱。而且孟子在"仁者爱人"之后还说："爱人者人恒爱之。"你爱人，人也常爱你。这样，天下就互相友爱了，就没有尔虞我诈、互相攻击了。那样，天下就大同了。

孔子之后，墨子更提出"兼爱"，影响更大。

《韩非子·显学》篇有云："世之显学，儒、墨也。"墨子是战国时鲁国人，"学儒者之业，受孔子之术"，但感到儒学有不足之处，"故背周道而用夏政"，创"墨学"。《吕氏春秋·似顺》记"孔墨之弟子徒属，充满天下，皆以仁义之术教导于天下"，可见墨学之影响。

《墨子》主旨"兴天下之利，除天下之害"，提出：尚贤、尚同、节用、节葬、非乐、非命、兼爱、非攻、天志、明鬼十大主张，而以"兼爱"为本。因为"兼爱"才需要"尚贤""尚同"，才必须"非攻"等。墨子的"兼爱"是主张平等的爱，没有等级的爱。爱一切人，爱一切家庭，爱一切国家。他在《兼爱上》中分析天下一切乱皆起于"不相爱"。子自爱，不爱其父；弟自爱，不爱其兄；臣自爱，不爱其君；父自爱，不爱其子；兄自爱，不爱其弟；君自爱，不爱其臣；以致于乱，"皆起不相爱"。贼自爱自家，不爱别人之家。诸侯只爱自己的国家，不爱别人的国家；"攻异国以利其国"，故攻打其他国家以利自己的国家；天下之大乱也，"皆起于不相爱"。墨子认为"若使天下兼相爱"。国与国不相攻，家与家不相乱，盗贼无有，君臣父子皆能孝慈。若此，"则天下治"。他的结论："天下兼相爱则治，交相恶则乱。故子墨曰，不可以不劝爱人者，此也。"

在《兼爱中》，墨子分析了不兼爱的坏处：

> 今诸侯独知爱其国，不爱人之国，是以不惮举其国，以攻人之国。

> 是故诸侯不相爱，则必野战。

> 天下之人，皆不相爱，强必执弱，富必侮贫，贵必敖贱，诈必欺愚。凡天下祸篡怨恨，其所以起者，以不相爱生也。

他要求"视人之国，若视其国"，并说：

> 兼相爱，交相利，……夫爱人者，人必从而爱之；利人者，人必从而利之；恶人者，人必从而恶之；害人者，人必从而害之。

不为大国侮小国，不为众庶侮鳏寡。(《兼爱中》)

结论是："今天下之君子……当兼相爱，交相利，此圣王之法，天下之治道也，不可不务为也。"(《兼爱中》)

墨子在《兼爱》中又一次论说：

若大国之攻小国也，大家之乱小家也，强之劫弱，众之暴寡，诈之谋愚，贵之敖贱，此天下之害也。

因为要"兼爱"，墨子提出"非攻"，即反对攻伐战争。因为战争"夺民之用，废民之利"，"贼虐万民"，"饥寒冻馁疾病而转死沟壑中者，不可胜计也。此其为不利于人也，天下之害厚矣。而王公大人乐而行之，则此乐贼灭天下之万民也，岂不悖哉"(《非攻下》)。墨子提出"兼爱"的思想后，后世儒家也极力赞成。张载在其《正蒙·诚明》中则说："立必俱立，知必周知，爱必兼爱，成不独成。"

根据儒家"仁者爱人"的理论，尤其是墨家"兼爱"和"非攻"的理论，还有后世儒家"爱必兼爱"思想，爱自己的国家，也爱别人的国家。大国、小国、强国、弱国"兼相爱"。你爱我，我也爱你，那么世界上就不会有侵略他国的战争。中国在战国之后，只有内部的统一战争，或者为了保卫祖国的战争，而没有侵略他国的战争。

秦以后，中国的疆域虽然也逐渐扩大，但那不是侵略他国。其一是开拓，相当于开荒，把本来无人过问或与本国相连的土地开拓出来，自然的成为中国的领土。比如海南岛，在战国至秦时，就是一个荒岛。虽然在中国的南部，但隔着一道水，无人管理，无人开发，也可能没有居民。到了汉代，就有人去管理而自然成为中国的领土。其二是民族大融合。少数民族尚武，经常打到汉人统治的内地，统治了内地。但内地汉文化先进，文明高于他们，他们自动融合进来。以汉人为主的中国每一次被少数民族打败赶走了，领土一时变小，不久反而扩大了。比如匈奴汉国，原本在中原（中国）之西北，因为其尚武，把文化先进的晋打败。晋室南迁，成为东晋，东晋的领土变小了。但北魏孝文帝深知中原文化的先进，主动汉化，语言、文字、服饰、习惯全部改学汉人，又和汉人通婚，一切都汉化了。这样，整个北中国便永远属于中国了。所以领土反而扩大了。清后期，中国领土缩小了，是被外国武力夺走或以其武力强大强行划出的。

中国从来不会去武装侵略其他国家，也不会因为武力强大强行把周围的国家划入自己的版图，只有自然融合者。

原本在中国东边的琉球岛国，清朝时如果划入中国的版图，那是十分容易的，而且琉球岛上的居民也会十分乐意。但清朝没有那样做。后来，日本国学习西方，强兵后，马上强行把琉球岛划入日本的版图。中国不但没有出兵干涉，李鸿章是写信给当时日本首相，也只是指摘他以大欺小，把琉球小国强行划入日本版图，不仁义。中国的仁义，失去了琉球岛；日本的不仁义，得到了琉球岛。中国如果当时放弃自己的哲学，采取西方的强兵哲学，先于日本把琉球划入自己的版图，则今天就不会有钓鱼岛之争了。日本人既得陇，又望蜀，得到了琉球，又望我们的钓鱼岛、台湾岛。西方的强势文化就体现在这里。

二、"四海一家"

明初永乐三年（1405）起，明成祖派总兵太监郑和率大型船队下西洋，那时中国海军力量在世界上首屈一指。至宣德八年（1433），二十八年间，郑和率船队七次下西洋。所率240多艘海船27000多人，还带有杰出的画家和翻译家各数十人，从江苏太仓的刘家港起锚，经福州闽江口至虎门到马六甲海峡，西行由太平洋到印度洋，造访30多个国家，到达东非、红海。郑和下西洋早于并超过近一个世纪之后的葡萄牙、西班牙等国的航海家，如麦哲伦、哥伦布、达·伽马等人；更比马汉早500年提出海权论。

前几年，又有英国皇家海军潜水艇指挥官、海军中校加文·孟席斯花了14年时间，历尽千辛万苦，追踪考察郑和船队的遗迹。其根据考古等资料，以及搜集到的古地图、东西方的断简残篇、郑和下西洋时留下的村庄及留下的船员后代，还有留下的中医等，撰写了《1421：中国发现世界》一书[①]，论述了明成祖永乐十九年正月三十日，在总兵太监郑和率领下，各种船舰100多艘，海员28000余，历经两年，环游地球一周。这次航行比哥伦布早70年，并发现了美洲新大陆。而且哥伦布航海的地图也是中国人绘制的。比麦哲伦早100年便已环地球航行。而且中国人更比库克船长早350年发现了澳洲与南极洲，并且领先欧洲人300年就解决了很多测量问题。

仅和哥伦布相比吧：郑和首航是1405年，哥伦布是1492年；郑和船只240艘，哥伦布是3艘；郑和大船长151.8米，宽61.6，米。哥伦布是24.5米，宽6米。明朝的先进可知矣。

据学者们研究，当时明朝所拥有的海船比欧洲海船的总和还要多得多，据英国学者李约瑟博士经研究得出的结论：

> 明代的海军在历史上可能比任何亚洲国家都出色。甚至同时代的任何欧洲国家，以致所有欧洲国家联合起来，可以说都无法与明代海军匹敌。[②]

美国Louise Levathes所著《中国称霸海上》中谈道："到了

---

① （英）加文·孟席斯：《1421：中国发现世界》，京华出版社2005年版。
② 转引自马来西亚郑和下西洋博物馆内说明词。

明代，中国的海军是世界史上空前的大舰队……没有任何一个国家的舰队可以与之匹敌。""当欧洲刚刚摆脱蒙昧，中国以其强大的海军，已经具备成为16世纪的殖民强权的条件，全球的财富唾手可得。"但是中国没有侵略奴役任何一个国家，而且自己把强大的海军毁掉了。

中国的先进，在当时世界上首屈一指。郑和凭借自己的武力，完全可以把30多个国家都打下来，变为中国的殖民地；把中国附近的国家划入中国的版图，也是很简单的；甚至打到欧洲去，在欧洲发展殖民地，掠夺一些财产回来，也很简单，但中国的海军没有这么做。郑和七次下西洋，只遇到三次战役。一次是帮助一个小国家平息内乱，一次是某国想偷袭郑和船队，一次是海盗侵扰。郑和所立的碑上有铭文说："及海外邦、番王不恭者生擒之，蛮寇之侵略者剿灭之，由是海道清宁，番人仰赖。"这说明郑和船队的武力之强大，足以赶走这三十多个国家的国王，足以把这些国家变为自己的殖民地，至少可以把他们的财富夺走部分。但中国人没有凭仗自己的武力去侵略别国，也没有夺取别人的财富，而且还调解海外各国之间的纷争。饱受强国欺凌的满剌加国（今马六甲），也是在郑和帮助下获得独立的。

郑和第一次下西洋时，到了今印度尼西亚爪哇岛。这个国家的东王、西王正在打内战。东王战败，其属地被西王的军队占领。郑和船队的船员上岸购买东西，被占领军误认为是东王派来援助的部队，于是被西王军队误杀了170多人。郑和部下一致请战，要为死去的将士报仇。郑和当时要歼灭西王及其势力是很容易的事。西王闻之，十分害怕，急派使者请罪，愿赔偿六万两黄金以赎罪。郑和见西王已诚惶诚恐并愿意受罚，且又是误杀，于是便赦免了西王。而且又放弃了六万两黄金的赔偿费。西王十分感动，两国从此和睦。

国外研究郑和下西洋的学者也一致认为，郑和的船舰虽然武力强大，但却传播"以和为贵"的中华传统礼仪，以及"四海一家""天下为公"的中华文明。这就是儒家的"仁者爱人"和墨家的"兼爱"思想在起作用。"兼爱"也爱这些弱小国家。

郑和下西洋，所到之国，首先向当地国王或酋长宣读大明皇帝的诏书（郑和带有各种语言的翻译官），然后又向这些国家赠送礼物。赠送礼物中有黄金、瓷器、陶器、丝绸和一些珍宝等物；还传授给他们航海造船技术、指南针的使用方法，以及印刷术等；另外，郑和还带有医生为各国病人治病，甚至把一些好的医生留在当地。至今东南亚很多国家仍有中医用针灸、中草药为当地人医病。这些医生都说是郑和下西洋时，船队中留下来的医生后代。没有向当地索取任何财物。史称郑和下西洋是"厚往薄来"，即带有很多财物赠送给沿岸各国，赠完而回。这些财物皆是大明政府的财政支出，是相当巨大的。郑和之后，大明王朝之所以不再派人下西洋，财力不足也是原因之一。美国著名华裔历史学家黄仁宇计算，永乐年间郑和下西洋所费约在白银600万两，相当于当时国库年支出的两倍。并且不包括造船等费用。造船又要几十万两银子，仅造船就要花费"天下十三省的钱粮"。

郑和六次下西洋回来后，每年来向明朝进贡的国家有60多个。凡进贡者，"赏赐厚宜"，明王朝以贡品的价格的1至20倍左右赏赐给他们，赏给各国国外的丝绸动辄便是数千匹，另有瓷器、珍贵物品等，数量皆很惊人。1405年明政府赐给日本国王铜钱150万枚，次年又赏赐1500万枚，王妃500万枚，以至日本自己不需要铸铜钱。明王朝对周围的小国大方如此。此外，各国贡使来回车船、住宿吃用等费用也由明政府负担。有的贡使在明京城生活舒适，一过就是半年乃至三年，费用也由明政府支给。有时明王朝政府又派船把他们送回。

而且郑和下西洋所经国家中，多有华侨居住。这些华侨闻听明朝来使，又武力强大，都希望郑和支持他们在当地提高地位，甚至让他们掌握政权。但郑和都劝他们遵守当地法规，搞好关系，共同建设所在国，以致很多华侨对郑和十分失望。直到现在，华侨的后代仍然说郑和到来，并没有给华侨特别的照顾。郑和所施与当地的好处，华侨和当地人是一视同仁的。郑和所到之处，都是维护所在国的利益，促进所在国的团结和发展。

总之，郑和秉承明政府的旨意，继承中国"仁者爱人""兼爱"的传统。虽然船队武力强大，首居世界一流，但却并不去奴役他国，更不把他国变为自己的殖民地，也不搜刮他国的财产，而且还赠送给这些国家很多财产，帮助他们稳定、发展和团结，这就是中国的"仁者爱人"和"兼爱"的表现。

而西方的航海家航海是为了他们的政府开拓海外殖民地，为了建立海上霸权，为了掠夺当地的财富，为了流放罪犯，总之都是损人利己。中国人何尝损人利己？

三、中外比较

但不懂"仁者爱人"的西方国家则不然。1511年，西方葡萄牙王国发现满剌加（马六甲）港口之重要，有利可图，便以其武力之强大，出兵打进了满剌加，赶走了满剌加国王；并且大肆屠城、杀人无数，继而统治了满剌加，使之成为自己的殖民地，大量占有殖民地的财富。中国帮助了满剌加恢复巩固了地位，发展经济，而西方却夺取其政权，掠夺其财富。一帮一夺，中国和西方对待他国的态度何其鲜明。葡萄牙人占领了满剌加后，又继续东侵，乃至占有了中国的澳门。

西方后来科技发展，船坚炮利，便到处征战。葡萄牙、西班牙、荷兰、英国、法国、德国等等，都在世界各地发展殖民地，争夺殖民地，搜刮殖民地的财富以利己。中国在船坚炮利居世界之首时，没有去征服、奴役、殖民任何一个国家；西方在继中国之后，船坚炮利了，反而攻打中国，强迫中国签订不平等条约，强迫中国割让领土供他们殖民，完全没有中国"仁者爱人"和"兼爱"的思想。

《论语》一书中两次提到"己所不欲，勿施于人"，这是唯一的一次一句话提到两次。一是《论语·卫灵公》篇：

> 子贡问曰："有一言而可以终身行之者乎？"子曰："其恕乎，己所不欲，勿施于人。"

一是《论语·颜渊》篇：

> 仲弓问仁。子曰："出门如见大宾，使民如承大祭。己所不欲，勿施于人。"

"己所不欲，勿施于人"，意思是：自己不想要的或不喜欢的任何事物，都不要强加给别人。"恕"和"仁"的主要内容都是如此。

孔子又说仁的另一面是：

> 仁者，己欲立而立人，己欲达而达人。（《论语·雍也》）

朱熹在《四书章句集注》中注此语："以己及人，仁者之心也。于此观之，可以见天理之周流而无间矣。状仁之体，莫切于此。"又云："程子曰：……仁者以天地万物为一体，莫非己也。"

自己要成立了，也要别人成立。自己实现了愿望，也要别人实现。反之，自己认为不好的事，也不要加于别人。比如鸦片伤害人的身体，耗尽人的钱财且不能自已。如果一国人都吸鸦片，那么这个国家就弱了、垮了。所以，自己不吸鸦片，也就绝不能让人家吸鸦片。

19世纪前后，西方国家知道吸鸦片的害处。尤其是英国，深知鸦片对人乃至国家的害处，于是严禁自己国家的人吸鸦片，凡吸鸦片者，抓到必处死。而且处死前必示众，以警告他人千万不可吸食鸦片。但是以英国为首的西方国家，却把大量的鸦片用船运到中国以及东方其他国家，毒害这些国家的人民。英国并在他的殖民地设立公司，专门种植贩卖鸦片。其目的，一是毒害这些国家的人民，使之变弱，变成病夫，无力反抗他们；二是牟取暴利。

英国学者蓝诗玲（Julia Lovell）现任教于伦敦大学伯贝克学院，撰写了一本《鸦片战争》，其中谈道："今天，大多数英国人对自己国家过去的殖民行径感到非常尴尬，有太多令人震惊的帝国扩张活动令我们感到羞耻。……英国帝国主义有一件不可告人的丑事被视而不见，这就是鸦片——一种令人十分容易上瘾的毒品，它在整个18世纪和19世纪给英帝国提供了滚滚财源。""19世纪，维多利亚时代的英国扩张得如此之大……它的一大半建立在从毒品赚取的金钱上。"一个国家靠毒品发达，其道德可想而知。如果在中国，大臣和儒生必以孔孟"仁义之道"及"己所不欲，勿施于人"等道理制止这种害人和损人利己的行为。"18世纪后期英国得到孟加拉后，迅速在那里建立起鸦片制造垄断制度，强迫当地印度农民签订种植罂粟的合同。到收获季节，鸦片汁原液在英国开办的工厂里加工成产品，装进芒果木箱子，然后以极高的利润卖给中国。""英国不光是从事鸦片贸易赚取利润，还为鸦片发动战争。……英国在亚洲从事鸦片贸易及为之发动战争的历史，是明显的机会主义和伪善行为……""鸦片对英帝国都很重要。在华南，鸦片换成白银，白银为英国公司购回茶叶，因而，鸦片扭转了英国在亚洲的贸易逆差，为英国人的茶叶嗜好提供了资金，相应地，茶叶交易的税收，又为皇家海军提供了很多费用。1850年代以后，向中国出售鸦片的收入，实际上负担了英国统治印度时期的大部分费用，并为英国在印度洋沿岸的贸易提供了白银。"

作者还多次承认英国向中国强行出售毒品鸦片，是不道德的；承认既向中国售出了毒品，又打了两次鸦片战争，而且还"得到了那个岛（香港）"。英国"很多船上装满用印度鸦片换来的中国茶叶"，"从各地运来的奇珍异宝，香料、靛蓝、丝、波斯地毯、烟草、咖啡……"

蓝诗玲在书的正文开始便以切实的数据证明英国政府如何用鸦片毒害中国人。"1820年代，英国人认为他们发现了一个解决他们的困难的完美办法。这就是鸦片。""1752年到1800年之间，有1.05亿万银元（大约合2625万英镑）流入中国，而1808年到1856年之间，则有3.84亿银元反向流动，贸易的天平显然由于繁荣的鸦片输入而倾斜了。从1800年到1818年，鸦片每年平均输入量稳定在大约4000箱（每箱140磅），到1831年达到将近2万箱。……到1830年代末，鸦片销售再次翻了一番多。""鸦片贸易的利润绝大部分落入了英国政府的口袋。""……把毒品运往中国，它只是委托、安排印度数以千万英亩的罂粟种植、监管鸦片的制造……把鸦片运到中国海岸……"[1]他们损人利己，完全没有道德约束。

中国抵制他们贩卖鸦片以毒害中国人民的行为，他们又发动鸦片战争，强迫中国人订立了不平等条约，强迫中国赔款、割让香港等。

这些事在讲"仁义"、讲"己所不欲，勿施于人"的中国，绝不会发生。中国绝不会把自己认识到的毒害人的鸦片大量地卖

---

[1]以上引文皆见蓝诗玲《鸦片战争》，新星出版社2015年版，第1—5页。

到国外。中国从古至今向西方输出的是丝绸、陶器、瓷器、印刷术、指南针、造纸技术等，全是有利于西方国家的物质发展和文化发展的内容。"己欲达而达人""仁者爱人""兼爱"，这就是中国哲学的实践。

中国少数商人在19世纪后，也出现了一些"唯利是图"的商业行为，这都是受了西方商业行为和思想影响的结果。古代的"丝绸之路"以及"海上丝绸之路"，中国向西方输入一件有害的物品吗？没有。反之，中国向西方输入的丝绸、陶瓷等，有一件不利于西方人的健康和美好的生活吗？没有。这就是"仁者爱人""己所不欲，勿施于人"以及"己欲达而达人"的具体表现。

四、殖民、掠夺及其他

当中国的航海事业以及武力之强大，足以压倒西方时，却没有去侵略西方，更没有把任何一个国家变为自己的殖民地，而是去帮助、资助这些弱小的国家。但当西方强大时，他们成为海上霸权者，又争夺海上霸权，然后就用武力征服弱国、小国。英国曾称为"日不落大英帝国"，即是说全球到处都是他们的殖民地。英国的富裕，大部分依靠的是从海外掠夺来的财富。

以马来西亚（1963年前被称为马来亚）为例。马来西亚分东西两部分，被称为"东马"、"西马"。首都吉隆坡在西马，但东马疆域更大。东马原来很落后，是华人（大多是中国东南的福建广东地区农民、上海人和部分小知识分子）漂洋过海到了这里开发发展起来的，稍后也有部分印度人前来参加开发。在华人带动下，当地马来人也出来参与开发。原来的马来西亚当地土著基本上住在山上，过着采集式的生活，近似于原始、蛮荒。华人来后才有所改变。在华人开发稍具规模后，被英国人发现了此地有利可图。这个英国人便写信给英国女王，要求英皇室支持。女王回了信，大意是说：给你派去一支部队（按，大约只五六十人，都配备先进的枪支弹药。但那时候，马来西亚大约连一支新式武器也没有。这几十个人的武器也足以对付很多马来人和中国人）你在那里获得的利益，六成归你自己，四成交给我（英国皇室）。这个英国人有了这支武装队伍，先是干了一点好事，给当地人看看病或在交通要道建一座小桥，当地人对他们开始印象很好。然后这个英国人在其武装队伍支持下便强行向当地华人及其他有钱人征税。征税多了，便建总督府，又从英国招人来帮助他收税、管理。税越收越多。华人交钱太多，十分不满。但中国政府绝不会派武装队伍来用武力征服别人，相反会本着"仁者爱人"以及平等思想，劝说那里的华人以"仁义"待人遵守当地风俗习惯，好好地和当地人团结，共同建设发展当地经济和文化，更不会教唆当地华人把搜刮当地的利润四六分成上交中国政府。

英国人收税太多，当地华人损失太重，便组织起来，把英国人赶走了。华人占领了总督府，但华人只知道劳动、生产、做生意，不知组织武装力量保护自己，更不会去建立政权以统治一个地区或国家。于是英国人便出来，挑拨马来人和华人关系。原来当时的土著人处于野蛮状态，有"猎人头"的习惯，即砍人头以炫耀自己强而有力。他们把砍来的人头挂在自家屋前，砍的人头越多，女人越愿意嫁给他。英国人便说服他们专砍华人头，砍一个华人头可以去英国人那里领取很多赏钱。于是当地土著人便大肆袭击砍杀华人，华人伤亡惨重。本来当地土著十分尊重华人，华人来开发，他们也得益。现在变为仇人，当然他们完全是为了获得优厚的赏钱，其实内心并不仇华。这时候，英国人又出来调停，华人只好退出总督府，只好如数交纳税钱给英国人。英国人才停止了教唆当地人袭杀华人。英国人又统治了这个地方，但靠的不是仁义道德，而是残忍、凶杀、诈力和武力。

马来人以及华人后来也承认英国人在这里管理，也促进了当地的发展和进步。其实他们这种"促进"还是为了自己获取更多更大的利益。鸦片战争之后，中国来人更多，他们便拿钱去英国政府那里买一块土地，或租一块土地。其实这些土地并不是英国的，但英国人却以政府名义发给华人（或印度人或马来人）一个土地使用证，这块土地便永远属于使用者，使用者可以安心开发利用这块土地，发展生产。除了交租之外，自己生活也很富足。英国人在当地人不影响他的利益外，也带来了自由、民主等制度，也建医院或学校，传播英国文化，至少要学英文。这一切都给当地带来了发展，但是发展的目的，还是为英国人征更多的税收，更有利于英国。

英军总司令帕西瓦尔（Arthur Percival，一译为白思华），带领13万英军，手举降旗向日本军总司令山下奉文屈膝投降，把英人统治140多年的马来西亚、新加坡奉献给日本。图中左二手擎降旗者为英军总司令帕西瓦尔，左三（当中着黑衣挂军刀者）为日军总司令山下奉文。英军不会为保护自己的殖民地而牺牲的。英军有13万人，而日军只有3万人。

中国人在自己强大时，是资助弱国，帮助弱国，仍然支持当

日本画家宫本三郎（1905—1974）油画作品

　　根据英军总司令帕西瓦尔向日军总司令山下奉文签订投降书的照片画的一幅油画，现藏日本东京国立现代美术馆，新加坡国立美术馆长期陈列其复制品。

　　英军总司令帕西瓦尔签订投降书的第二天，便和司令部其他军官，在日本人刺刀下举起投降的双手，带领13万英军，走进日军的俘虏营。英军可以为自己的国家和法国打了一百多年战争，但不愿为保护自己的殖民地而战。

地人管理自己,绝不把当地变为自己的殖民地,绝不会出卖别人的土地。英国人不是支持当地人管理自己,而是由英国人来管理,变当地为他们的殖民地。一是"仁者爱人""兼爱";一是利己、殖民。二者区别太大了。

"路遥知马力,日久见人心",英国人在这里统治了140多年。到了第二次世界大战期间,日本人打进来了。马来西亚人认为以英国的强大,足以保护自己不受日本侵略和奴役。但事实并非如此。1941年12月8日,3万日军从泰国进攻马来西亚,英国约13万守军一路溃败,几乎没有做任何抵抗就逃跑了。①跑到新加坡,日本打到新加坡,仅60多天,于翌年2月15日,英军总司令白思华手举白色降旗向日军总司令山下奉文屈膝乞求投降,日军傲慢地接受了投降。次日,白思华带领13万英军进入日军的俘虏营。马来西亚、新加坡全落入日本人手中。英国首相丘吉尔在其回忆录中哀呼:这是英国历史上最严重的灾难和最大规模的投降。

英国可以和法国打116年的战争(史称"百年战争",实自1337年至1453年),那是为了自己的国家。但为了保护自己的殖民地,他们连一年甚至连一个月也不打。因为这不是他们的国家,他们只要在这里取得利益,而不愿牺牲自己的利益。中国的香港被英国占领,日本人打到香港,英国人也逃跑了,并没有为了保护自己的占领地而坚持和侵略者血战。中国人坚持抗战,马来西亚人坚持抗战,牺牲流血,代价惨重。抗战胜利了,英国人又跑回来了。可见他们无"仁者爱人"之心,而只有殖民利己之意。好在马来西亚人、新加坡人认清了英国完全没有保护自己的心意,然

---

① 据拉曼大学历史学者黄文斌副教授研究和考查,英军曾在马来西亚怡宝和金宝之间的务边镇旁山上挖战壕,构筑工事,准备抵抗日军。但英军只在工事里坚守不足三天,并没有作战,日军一来,英军还是逃跑了,现工事战壕犹在;但没有弹壳等战斗遗迹。这是仅有的一次准备抵抗但未抵抗的行为。

后决定独立，不再受其殖民了。①

　　中国人"己所不欲，勿施于人"，而英国人对自己"不欲"的罪犯却送到北美洲新大陆去；北美独立后，他们不能再把罪犯投放到北美，于是又投放到澳大利亚去。中国人从来不会把自己"不欲"的罪犯投放到别的国家。这就是爱自己也"兼爱"别的国家的意思。

　　中国政府也把中国人送到国外去，但不是罪犯，而是"华工"。二战时，欧洲战争使英法等国男人死伤太多，他们缺少大量的劳动力，中国政府派遣数十万华工去支持他们。这些华工绝对没有一个是罪犯，他们都是经过挑选、身体健康、年轻力壮、能从事重体力劳动的优秀工人、农民。而且凡是有过不良行为的人，一律不准派遣，恐怕影响别国的风气和建设。当然，中国的建设也需要这些年轻力壮的优秀工人、农民，但中国人"己欲立而立人，己欲达而达人"，"仁者爱人"，还是把这些优秀的年轻人送到欧洲去，帮助他们建设，恢复生产。而且，这批"华工"去到欧洲都是从事最艰苦、最劳累的工作，却为欧洲的恢复发展作出了巨大的贡献。

　　19世纪前后，中国遭到列强的侵略，贫困了，很多中国人下南洋，自发到了国外。他们也都是能建设能生产的优秀人才。他们出苦力，凭自己的智慧、力气去开发、生产。东南亚很多国家的发展，华人起到重要的作用，这是事实。华人为很多国家带去了劳动力、智慧、技术、文化，唯独没有把这些国家变为自己的殖民地。

　　美国前总统奥巴马多次在电视新闻中向全世界宣布："美国

---

①但英国人培植的势力仍在，这些人得到英国的好处，仍会歌颂英国。

绝不做世界第二"。也就是说美国必须做世界第一,那么第二、第三就让别人去做,自己不愿做的事为什么要让别人做呢?

英国人在离开香港之前,把香港纳税人的钱花得光光的,又把香港大学教师工资忽然提高很多,超过英国教师的几倍,给后来的政府带来困难:这些事都和中国传统道德背道而驰。从"兼善"的思想来看,理应留下一批钱给新的政府,以示友好。大学教师工资提高与否也应留给新政府去处理,但西方人缺乏中国"仁者爱人""兼爱"以及"己所不欲,勿施于人"的哲学,所以,才会留给世界很多麻烦。

如果中国人早一点用西方人的办法,尤其是在明代,海军足以压倒全世界时,采用西方人的办法,中国早已强大了,也不至于会有今天的领土之争。西方人崇尚强国、强兵,就会以强欺弱,世界上很多次划分殖民地,甚至把中国的领土强行划分出去,都是少数强国几个人决定的,不给中国政府知道就瓜分了、划分了。中国是主张"弱德"的国家,德而弱,就不会强行损害人家,强反而处下。孔子说:

　　贫而乐,富而好礼。(《论语·学而》)

富了更要以"处下"的身份对人更有礼貌,更不要扬言"不做天下第二",这就不会以强欺弱,更要"仁者爱人""兼爱""己所不欲,勿施于人"。所以,如果全世界都有中国的传统道德,那么这世界就必然十分安宁,十分文明,而到处充满友爱。

第七章　去兵、去食　富国强兵

西方人一直要富国强兵，欧洲学者亚当·斯密还写了一本《国富论》，强调国家对军队的建设、强军的原则，又谈了财政政策，如何使国家富裕。中国近代的"富国强兵"理论就是从西方引进的。诚然，中国古代的当权者也要强兵，也要富国，并有具体的措施，但在理论上，中国是反对强兵的，也很少谈富国。而且儒、道都是主张"去兵"，去除或减少军队的作用，而只倡导仁义。

《论语》中记子贡和孔子一段有名的对话：

> 子贡问政。子曰："足食，足兵。民信之矣。"子贡曰："必不得已而去，于斯三者何先？"曰："去兵。"子贡曰："必不得已而去，于斯二者何先？"曰："去食。自古皆有死，民无信不立。"（《颜渊》）

这段话意思是，子贡问怎样治理国家，孔子回答：充足的粮食，充足的军备，人民对政府的信任。子贡说：必不得已，要去掉一项，于这三者中间，先去掉哪一项？孔子说：去掉军备、军队（兵指军备武器，也指军队）。子贡又说：必不得已再去掉一项，于这二者中间，先去掉哪一项呢？孔子说：去掉粮食。（没有粮食，不过是死亡）自古以来，谁都免不了死亡，但如果人民对政府不相信，国家就不行了。

当然，孔子也不否认"足食，足兵"的作用，但"民信"更重要。"去兵""去食"都不要紧。

孟子的思想也如此。《孟子·离娄上》有云：

> 城郭不完，兵甲不多，非国之灾也；田野不辟，货财不聚，非国之害也。上无礼，下无学，贼民兴，丧无日矣。

这里明白地说，城墙不坚固，军队军需不充足，并不是国家的灾难。这和孔子的"去兵"思想一致。又说经济不富裕等，也不是国家的灾难，这等于孔子的"去食"。但是如果上层的人没有礼义，下层的人没有教育，违法乱纪的坏人多了，国家的灭亡也就快了。这和孔子说的"民信"意近。

可见儒家对军队、军备是最轻视的。也就是说，儒家不主张用军队维持国家。当然，也更不会主张用军队去侵略其他国家。否则，怎么能要"去兵"呢？其次，粮食、经济固然重要，但更重要的是"民信"，可见"民信"比死亡更严重。

《老子》曰：

> 夫兵者，不祥之器，物或恶之，故有道者不处。

这里的"兵者"，也是指武器，同时指用于作战的军队。老子认为是不祥的东西，大家都厌恶它，所以有道的人不需要它（或不使用它）。这证明老子是反对战争的，当然也反对军备。

《老子》接上一句后又说一遍：

> 兵者不祥之器，非君子之器，不得已而用之，恬淡为上。胜而不美，而美之者，是乐杀人。夫乐杀人者，则不可得志于天下矣。

这一段话意思是说：军队兵革是不祥的东西，非君子所要使用的东西，万不得已而用之，要淡然处之（不可过分）。胜了也不要高兴，如果是高兴者，就是喜欢杀人的人。喜欢杀人的人，就不能成功于天下。

《老子》显然是反对战争的，自然"兵者不祥之器"，当然也要去除。这一点也和孔子的"去兵"思想是一致的。

《庄子》更要"去兵"，更反对战争，并主张人类要回复到结绳记事之前，人与麋鹿动物杂处时代。更不要说军备军队了。《老子》主张：

> 小国寡民……虽有甲兵，无所陈之。使民复结绳而用之。
>
> 甘其食，美其服，安其居，乐其俗，邻国相望，鸡犬之声相闻，民至老死，不相往来。

《庄子》引用了这一段话，只是把"民结绳而用之"（《胠箧》）置在最前。

但《庄子》还要回复更古：

> 夫至德之世，同与禽兽居，族与万物同。（《马蹄》）
>
> 神农之世，卧则居居，起则于于，民知其母，不知其父，与麋鹿共处，耕而食，织而衣，无有相害之心，此至德之隆也。（《盗跖》）

《庄子》认为人要回复到母系社会阶段，这才是至德至盛的时代。人"无有相害之心"，当然也不可能有军队建设。他还主张：

> 日出而作，日入而息，逍遥于天地之间而心意自得。（《让王》）

《庄子》更说：

> 唯无以天下为者，可以托天下也。（《让王》）

即只有不以天下为己所用者，才可以把天下托付给他。《吕氏春秋·贵生》篇则说："惟不以天下害其生者，可以托天下。"

所以庄子更是主张"去兵"的，连兵器、军队都不需要了。

孔子主张去兵，其次去食，他的理想社会是什么呢？《论语·颜渊》记载孔子和他的几位学生的对话，"在各言其志"中，子路则主张强兵，"千乘之国，摄乎大国之间，……"孔子听后，微微一笑而已。冉求则主张富国，"可使足民"。公西赤希望穿着礼服，戴着礼帽，做一个小司仪。最后曾点说：暮春三月，春天衣服都穿定了，我陪同五六位成年人，六七个小孩，在沂水旁边洗洗澡，在舞雩台上吹吹风，一路唱歌，一路走回来。（"浴乎沂，风乎舞雩，咏而归"）孔子表示同意曾点的主张（《论语·先进》）。

孔子要"去兵"、"去食"，不提倡"强兵"，也不要求"富国"，只要老百姓安居乐业，每日洗洗澡，吹吹风，唱唱歌，这就行了。这绝对是和平思想，安民思想，其实也应该是世界大同的最理想社会的思想。要"富国"，看看西方的《国富论》，那就必须竞争，人与人之间便有矛盾，便有斗争。要"强兵"，就像西方的理论那样，就要人民出钱来养军队，就要准备打仗，遭殃的、受苦受贫、死亡的还是老百姓。

孟子反对用兵更甚于孔子。他在《离娄上》篇说：

> 善战者，服上刑。（好战的人应该服最高的刑）

而且孟子一生提倡仁爱，他是著名的"不忍心"者。当齐宣王不忍心一头牛被宰杀，孟子表扬他的仁爱之心。

> ……是乃仁术也……君子之于禽兽也，见其生，不忍见其死；闻其声，不忍食其肉。是以君子远庖厨也。（《梁惠王上》）

孟子连禽兽之死都不忍见，不忍食其肉，何况用兵去杀人？

墨子尤其是反对战争的。《墨子》一书列《非攻》三节，"非攻"即反对攻伐战争。他反复阐说攻伐战争给国家人民带来的危害，对社会发展的损失。他认为杀一人，谓之不义，必有一死罪，杀十人，十重不义。但攻伐却是数十万、百万的死人。人民的财产和生命，国家的建设都遭到巨大破坏。"攻伐，此实天下之巨害也。""贼虐万民，以乱圣人之绪。"但墨子却主张备战以反对不义之战，这就更正确了。

当然，中国也有兵法，尤其是《孙子》，又叫《孙子兵法》。不但是中国千古名著，也是世界上最有名的兵法。其实，中国古代的兵法都是反对敌我双方厮杀式的战争，而重道、重民、重信义，减少用兵。如《孙子兵法》卷上第一篇《计篇》，一开始便谈到兵家五事：

> 一曰道，二曰天，三曰地，四曰将，五曰法。

并解释:"道者,令民与上同意也。"张预注曰:"恩信使民。"又云:"以恩信道义抚众。"是说战争的第一个条件是行道义,平时恩信于民。

第二篇《作战篇》,首先计算费用,言"国之贫于师者远输,远输则百姓贫""近师者贵卖,贵卖则百姓财竭",也是警告作战者,使其知战争的费用,会使百姓贫困。

第三篇《谋攻篇》很重要,孙子说:

> 凡用兵之法,全国为上,破国次之。全军为上,破军次之,……是故,百战百胜,非善之善者也。不战而屈人之兵,善之善者也。

也是主张不要直接的以兵刃相接进行战争。怎么作战呢?孙子又说:

> 故上兵伐谋,其次伐交,其次伐兵,其下攻城;攻城之法为不得已。

伐谋是用计谋,取胜于不战。伐交是以外交孤立之,使其不敢战。两者都不是两军兵刃相接的战争,都不伤害人的生命,不损失人民的财产。

"伐兵"是武器,是对阵,以兵器之先进,以兵阵之高明,使对方不敢战。但已不是太高明的方法。《太公》曰:"争胜于白刃之前者,非良将也。"

当然,攻城的战争就更下了。所以《孙子兵法》虽然是谈如何战争的,但仍以得道、抚民、伐谋、伐交为上。以两军对刃之战为下,为不得已。

现存中国四川成都的诸葛武侯祠,有一副清人赵藩撰并书写的对联：

> 能攻心，则反侧自消，从古知兵非好战；
> 不审势，即宽严皆误，后来治蜀要深思。

也是把"攻心"作为战争的最高境界。而且明确地说"从古知兵非好战"。

三国时蜀汉诸葛亮善战，其谋士马谡告诫他："攻心为上，攻城为下；心战为上，兵战为下。"诸葛亮接受了他的建议。

这些都是中国历来对战争的态度，都和儒家的"去兵""善战者服上刑"是一致的。

宋代儒学地位又升高，其臣子对皇帝说："愿陛下二十年不言兵。"宋人生活富裕了，文化提高了，发展了。尤其是宋代的理学，阐述发挥孔孟儒学，讲仁义，讲道德，讲诚明，"存天理，灭人欲"，更是反对用兵。也不谈富国，更不谈强兵。

其实，世界上只要没有战争，所有的国家都"去兵"，国家正常的发展，不谈富国，国必贫。北欧很多国家为什么十分富裕？人均收入超过美国，而且免费医疗，免费接受各种教育，人民的幸福指数居全球首位。其中原因之一就是这些国家不大规模地参与军事竞争，不过分地加强"军备"，不过分地"强兵"。因为不过分地"强兵"，所以他们也基本上不发动战争，国就富了。如果把钱都用在"军备""强兵"上，国必穷。我没有研究过军备和战争的费用问题，但一位将军告诉我，20世纪40年代，一颗炮弹价14两黄金，用100万发炮弹的钱补助农民，足够1亿农民1年生活得很好，但100万发炮弹几次就打完了。战争消耗的钱何其巨大。所以，儒家强调"去兵"是对的。

西方则强调"强兵""富国"，强兵更在富国之先。《君主论》一书中就反复强调"以武力相逼"；"一旦他的信仰发生变化，新君主就能借助武力来迫使其就范"；"一个不留统统杀掉"；"因此占领者在夺取一个国家的统治权时，要考虑哪些残暴行径是必需的，并且要在施暴时一次性完成，避免日后持续不断的做损害之举。这样，占领者日后可以安抚人们，并且通过一些小恩小惠把民众争取到自己身边来"；"所以残酷的行为，必须毕其功于一役，……而施与恩惠，则应细水长流，一点一点地给，这样可使恩惠对人们的影响持久一些"。①这些"理论"根本缺少"真诚"，更缺少"仁义"，在中国绝对不会存在。

孟子说：

> 行一不义，杀一不辜，而得天下，皆不为也。（《孟子·公孙丑上》）

虽然中国的统治者未必能做到不杀无辜，或者像《君主论》中说的那样残暴，但中国的哲学，中国的先哲们绝对不会教唆统治者去杀人。即使做一件不义之事，杀一个无辜的人，也是不准许的，而且必须施仁义。施仁义也要真正的仁义，而不是像《君主论》中说的小恩小惠，而且是假仁假义，又"一点一点地给"。这是教唆人卑鄙。

《君主论》还说："所有的君主国……其执政之基在于良好的法律和优秀的军队。"②而中国理论中君主的执政基础定是仁义道德。

《君主论》中又说："任何一个君主国如果没有自己的军队，它都是不稳固的。"③另外，他们不但不谈仁义，不谈亲民，还大谈"军事艺术是统治者的唯一艺术"。这门艺术的效力，

---

① 以上皆见（意）马基雅维里：《君主论》，商务印书馆1986年版，第43页。
② 以上皆见（意）马基雅维里：《君主论》，商务印书馆1986年版，第57页。
③ 以上皆见（意）马基雅维里：《君主论》，商务印书馆1986年版，第68页。

不仅能够使天生为君主的人保持住自己的地位，还多次使许多平民出身的人登上君主之位。……若想夺取一个国家的统治权，你必须得精通这门艺术。"如果不整军经武，就会被人轻视……"①

中国的文化谈战争首先谈仁义，谈民心。而西方军事理论从来不谈仁义和道德，倒是有很多反道德、反仁义的所谓理论。

德国克劳塞茨的《战争论》是西方的最重要的军事理论著作，其中从头至尾大谈战争是一种暴力。"战争是迫使敌人服从我们意志的一种暴力行为。""暴力用技术和科学的成果装备自己来对付暴力……暴力，即物质暴力……是手段，把自己的意志强加于敌人是目的。""暴力大限度的使用，有些仁慈的人可能很容易认为，一定会有一种巧妙的方法，不必造成太大的伤亡就能解除敌人的武装或者打垮敌人，并且认为这是军事艺术发展的真正方向。这种看法不管多少美妙，却是一种必须消除的错误思想。""从仁慈产生的这种错误思想是有害的。"②这和中国的军事理论书完全相反。中国的兵法以及一切关于战争的学说都主张少杀人，"不战而屈人之兵，善之善者也"。"故善用兵者，屈人之兵而非战也"，"拔人之城而非攻也"。而且，历来各种文献记载中都会给"好杀"的将领安排一个悲惨的结局，认为这是他"好杀"的报应。例如《史记》中记秦大将白起、楚霸王项羽最后失败被杀，都是因为他坑杀降卒所得到的报应。三国时诸葛亮用火攻杀蛮兵，他见到蛮兵被烧死的惨状，自叹"折吾寿也"。这些思想都警告打仗的将领，不可多杀，不可残酷。

中国的现代理论中也强调革命，战争是暴力，不必讲仁义，都是从西方学来的，传统理论中是没有的。

①以上皆见（意）马基雅维里：《君主论》，商务印书馆1986年版，第69页。
②（德）克劳塞维茨：《战争论》第一卷，解放军出版社1997年版，第1页。

西方的《战争论》中还反复地说：

> 战争是一种暴力行为，而暴力的使用是没有限度的。[①]

> 不受限制的行动，是暴力的绝对表现……[②]

亚当·斯密的《国富论》中就强调：

> ……（战争法）要求国民随时准备赴死的权利和毫不犹豫消灭敌人的权利。

他更反复强调：

> 战争仍然由武器的力量来决定。（《国富论》）

而中国传统理论，都是在强调战争前的准备，能否进行战争，要看统治者是否有仁心道德，战前为人民做哪些好事。《左传·庄公十年》记载著名的《曹刿论战》，虽然齐军背盟侵略是非正义的，但曹刿仍问鲁庄公："你凭什么打这场战争？"意思是，你能打赢这场战争的基础是什么。庄公说："生活上的必需品，我从来不敢专享，必分给人民。""我很诚实。""国中大大小小的诉讼案件，我都明察，不使有冤案。"曹刿说："这是你忠实于人民，为人民办好事的表现。有这个基础，可以作战。"结果曹刿帮助他打赢了战争。

《孙子兵法》第一篇《计篇》中认为计量能否战争的"五事"，第一是"道"，而不是武器。

---

① （德）克劳塞维茨：《战争论》第一卷，解放军出版社1997年版，第3页。
② （德）克劳塞维茨：《战争论》第一卷，解放军出版社1997年版，第8页。

《左传》中还记载一则宋楚交战的著名战例。强楚攻打弱宋，宋襄公列阵以待，部下告诉他："楚军正渡水，我们一打，他们就败了。"宋襄公说："人家正在渡水，我们这样打不仁义。"楚军渡水上岸，部下又说："楚军刚上岸，还没来得及排成阵势，我们趁机一冲，他们就败了。"但宋襄公说："人家没有排成阵，冲人家，不仁义。"结果楚军渡完水，也排成阵，两军正式开战，宋兵败了。近现代有人受了西方人思想的影响，认为："这是蠢猪式的打法。""打仗还讲什么仁义。"可是中国古代，这种打法一直受人称赞，认为这是讲仁义的打法。战争是政治的手段，政治才是目的。宋襄公虽然打了败仗，因为讲仁义出了名，却被很多国家尊为"霸主"（领袖）。春秋五霸（齐桓公、宋襄公、晋文公、秦穆公、楚庄王），齐、楚、晋、秦皆是大国强国称霸，而只有宋是小国称霸，就是因为宋讲仁义，最终宋还是胜了。胜不在打仗，而胜在实行仁义。

《孟子·公孙丑下》论战争："天时不如地利，地利不如人和。""威天下不以兵革之利，得道者多助，失道者寡助，……故君子有不战，战必胜矣。"决定战争的胜利是"人和"，是"得道者"，是"君子"，而不是武器。

到了现代，西方的战争思想和战争都引到了中国，西方人公然声称，战争就是残暴，杀人无限，就是武器决定胜败，不必讲仁义。于是在这种理论指导下，西方拼命发展战争的武器。武器的发展也十分快。早在一战时，在德军猛烈的火力攻击下，对方死伤无数。当时还是少尉的法国夏尔·戴高乐说："勇气战胜不了炮火。"英国的丘吉尔说："人的肉体无法与大炮和机关枪竞争。"

后来西方更发明了细菌战、化学战、毒气战，杀人更是残忍，更无仁义、道德可言。再后来，日本的毒气战、细菌战也是学西方的。

在武器不发达时代，战争的胜负确实在"人和"，在"得道者"一边。但武器发展到一定程度，武器确能起到决定战争的胜负作用。所以，中国人受西方理论战争的影响，也认为政权是由枪杆子决定的："枪杆子里面出政权。"

所以，中国人如果还坚持"仁义"，"得道"而能打胜仗的道理，而无法发展武器和大搞军备，那么在西方发达的武器攻击下，必然失败。其实宋人主张仁义，"二十年不言兵"，国家富了，也文明了，但却被北方野蛮民族打败了。所以，中国人也必须像西方那样发展武器，扩充军备，提出"强兵富国"的口号。富国必须强兵，不强兵只富国，就会被强兵者侵略。国越富，被人抢的越多，国也就不富了。

但如果全世界都像中国这样，讲仁义，讲道德，战争便不会如此残酷，更不会有毒气战、细菌战等。

如果全世界都像中国传统理论那样"去兵"，即去除军备、去除军队，把军备的钱用于建设，那么全世界必然和平相处，生活富裕。世界将是何等的美好。

若按照马克思的理论，到了共产主义时代，世界上没有军队，没有战争。其实，中国早在2600年前已有了这样的思想和理论。当然，孔子时代不可能知道有欧洲、美洲。他周游列国，那时中国境内有几百个小国家（诸侯国），他以为这就是天下了。所以，他的理论是对的，如果天下都"去兵"，天下就确实太平了。

如果天下人都像孔子说的那样，行仁义，不打仗，不钩心斗角，不尔虞我诈，都去水里游游泳，吹吹风，唱唱歌，其乐融融，那么天下也太美好了。

第八章　礼义和技艺

一、科技和"奇技淫巧"

西方人重视技艺，重视科学。所以，其技术和科学发展都较快。

中国人重礼义，而轻技艺。中国人的"技艺"不仅指技术，也包含西方人的科学意思在内。重礼义是对的，轻技艺则影响科技的发展。古代中国上层人物不但轻技艺，甚至对技艺及发明者采取打击的态度，称之为"奇技淫巧"。

《尚书·泰誓下》有云：

> （商王）郊社不修，宗庙不享，作奇技淫巧，以悦妇人。

唐孔颖达疏曰："奇技，谓奇异技能；淫巧，为过度工巧。"（《尚书·泰誓下》疏）"奇异技能"，本应该发扬、提倡、鼓励和支持才对；但后世却认为这是惑乱民众的心，应判处死刑，处于"杀"之列。

儒家的经典著作《礼记》中云：

作淫声、异服、奇技、奇器，以疑众，杀。(《王制》)

《礼记·月令》还记："命工师效功，陈祭器，案度程。毋或作为淫巧，以荡上心，必功致为上。物勒工名，以考其诚。功有不当，必行其罪，以穷其情。"不作"淫巧"，即不可过度工巧（所以，西方的器物都做得越工巧越好；而中国的器物，不准许过于工巧，大都大而化之。这在雕塑石刻上，却形成了一种东方风格）"物勒工名"即作品上必须注上工匠的姓名。"不当"之处（即过于工巧）必治其罪。

古文献中提到"奇技淫巧"地方很多，都是被贬斥的。如《续资治通鉴》卷一百一十四："当时蔡京外引小人，内结阉官，作奇技淫巧，以惑上心，所谓逢君之恶。"《续资治通鉴》卷一百九十六："以蹴鞠而受上赏，则奇技淫巧之人日进，而贤者日退矣，将如国家何？"（其实"蹴鞠"是最早的足球，起于战国，虽然盛于欧洲，但联合国通过考查，证实了足球起源于中国，即古代的蹴鞠，是中国人发明的）

宋吕公著《进十事·去奢》："是以先王制法，作奇技淫巧以荡上心者，杀无赦。"

这就大大影响了中国科技的研究和发展。尤其是汉代"独尊儒术"之后，艺术被视为"小道"；科技作为"奇技淫巧"，一直被抑制。

汉字的"幾"字，是上面两个"幺"，一面一个"戍"，"幺"是细小、细微的意思，即对细小细微的东西要保持警惕，要防卫。其实科学研究就是要从细微的地方下工夫。这也是中国科学不发展的原因之一。

汉代的石刻艺术，很少有细微的刻画，人称"汉八刀"（只刻八刀），而西方的雕刻是细致入微的，科学研究需如此。

元代是开放的朝代，技术发展，大胜于前。《明太祖实录》

卷三十四徐达给朱元璋上的平元都捷报中所云："惟彼元民始自穷荒，……逮乎后嗣尤为不君，耽逸乐而荒亡，昧乎兢业作奇技而淫巧，溺于骄奢……兵连寰宇，祸结中原。"他认为元的灭亡，是"兢业作奇技而淫巧"所致。

《明史·天文志》记："明太祖平元，司天监进水晶刻漏，中设二木偶人，能按时自击钲鼓。太祖以其无益而碎之。"

明太祖平元，实际上是他派大将徐达北上，打进大都，赶走了元统治者。然后从元宫廷中取来"水晶刻漏"，就是自鸣钟。这个自鸣钟是用发条，还是用水漏，不得而知。总之，到了一定时间，二木偶人就会自动击钲鼓以报时。这是很好的科技产品，但朱元璋仍以其为"奇技淫巧"，"无益而碎之"，即砸坏扔掉了。但当明末，西洋人送来自鸣钟时，朝廷上下皆十分惊奇，其实已晚于明初的"水晶刻漏"二百多年了。

清初的戴梓发明了"连珠铳"，其实就是机关枪，造出了蟠肠枪，这是何等先进的武器。若继续研究下去，到了鸦片战争时，我们的武器就会十分先进，而不至打败仗。但当时的统治者认为这是"奇技淫巧"而抛弃了，发明者戴梓也被判刑流放。《清史稿》、清昭梿《啸亭杂录》、清阮元《畴人传》以及近人写的《清代人物传稿》等，还有很多笔记体著作，都记载这位畴人。皇帝召见他也只是"喜其能文"。他的发明，竟"当时未通用，器藏于家"，后遭人迫害，流放到黑龙江，后赦还，以卖画卖字为生，"人共惜之"。

还有很多人发明了重要的先进武器，因受传统文化影响，认为这是杀生，是奇技淫巧，便自己销毁，不再制造。

中国这一哲学——重礼义，轻科技，打击从事科技研究的人才，导致中国科技的落后。如果继续下去，落后了就要挨打，中国有灭亡的危险。所以，中国必须用西方的哲学，发展科技。尤其要发展军事科技，以保卫自己的国家。但如果全世界都像中国这样重礼义，轻科技，主要是轻军事科技，都不再花重金用于军事、战备，尤其是军事技术的研究和制造，那么，世界将更加安宁、美好。

二、人心和技艺

中国是讲仁义、礼义的国家，从不侵略其他国家，从来没有把军队开到欧洲去。但西方国家科技发达后，便利用船坚炮利打进中国。他们用大炮轰开中国的大门，进来抢掠了。中国打败仗的原因固然有人的因素、制度的因素，但武器落后也是一个重要因素。

1840年的鸦片战争前后，中国人目睹西方的"船坚炮利"以及其他方面的科技优势，认识到自己不重视科技的后果。魏源首先提出"师夷长技以制夷"的著名论点。他在1842年出版的《海国图志》的《原叙》中叙说著书目的："是书何以作？曰：为以夷攻夷而作，为以夷款夷而作，为师夷长技以制夷而作。"魏源指出："夷之长技三，一战舰，二火器，三养兵练兵之法。"魏源这一思想是近现代中国向西方学习的思想源头，是后来的洋务运动、维新变法乃至辛亥革命等一切革新运动的思想基础。

鸦片战争之后，尤其是在清政府镇压太平天国运动中，曾国藩、李鸿章等目睹英、法等国的洋枪、洋炮之威力。李鸿章说："中国但有开花大炮、轮船两样，西人即可敛手"，"中国永无购铁甲之日，即永无自强之日"（《李文忠公朋僚函稿》卷三）。曾国藩说："目前资夷力以助剿济运，得纾一时之忧，将来师夷智以造炮制船，尤可期永远之利。"（《曾文正公全集·奏稿》卷十二）

中国在19世纪60到90年代，兴起了"洋务运动"，于是建同文馆以学习外文，翻译外国著作、书报，派留学生出国学习外语和外国的科技知识，购买洋枪洋炮，使用机器，开办厂矿，兴建铁路、轮船、雇佣洋人，按"洋法"操练军队，建立新式陆海军等等。在军事上"求强"，在经济上"求富"。曾国藩、左宗棠、李鸿章以及后来的张之洞等人皆是"洋务运动"的重要人物。张之洞提出的"中学为体，西学为用"是洋务派的指导思想。

洋务运动期间，在清政府洋务派主持下，三十年间，共创办19个军事工业，其中于1865至1867年间就创办了沪、宁、闽、津四大兵工厂。

1865年李鸿章在上海创办江南制造总局，生产枪炮、水雷、小轮船等。

1865年李鸿章创办金陵机器局，生产枪炮弹药。（请英国人马格里帮助制造的）

1866年，左宗棠创办福州（马尾）船政局，制造轮船。（由法国人帮建的）

1867年崇厚创办天津机器局，生产枪炮弹药，后由李鸿章接办并扩建。

后来张之洞还在汉阳创办大型的湖北枪炮厂，"汉阳造"枪炮盛行一时。

还有更多的规模较小的军火工厂等，再后来，又创办了很多民用工业等企业。

这些都是违反中国传统的"去兵""去食"哲学的，而是利用西方"富国强兵"的哲学。曾国藩在指出"轮船之速，洋炮之远，在英法则夸其独有，在中华则罕于所见"之后，力主"访募覃思之士，智巧之匠，始而演之，继而试造，不过一二年，火轮船必为中外官民通行之物，可以剿发逆，可以存远略"（《曾文正公全集·奏稿》卷十四）。这其实就是主张起用以前被斥为"奇技淫巧"之人，和传统哲学背道而驰。但这在当时是必须的，否则，在外强侵略我们时，我们将无以自卫。

但当时守旧派人士，以维护传统为名，坚决反对"师夷"，反对制造洋枪洋炮，反对一切西学。1866年末，洋务派建议在同文馆内增加天文算学馆。他们认为西方科学发达无一不自天文算学中来，所以要从翰林、进士、举人等中选人入馆学习。1867年御史张盛藻首先上书反对，认为这些科甲正途人员皆"读孔孟之书，举尧舜之道，明体达用"之士，怎么能"习为技巧，专明制造轮船、洋枪之理？"这是"重名利而轻气节"。其中尤以倭仁①反对最力。他上书皇帝云："昨见御史张盛藻奏天文算学，无庸招集正途一折，奉上谕，朝廷设同文馆，取用正途学习，原以天文算学，为儒者所当知，不得目为机巧。于读书学道，无所偏废等因钦此。数为六艺之一。诚如圣谕，为儒者所当知。非歧途可比。惟以奴才所见，天文算学，为益甚微。西人教习正途，所损甚大。"（《筹办夷务始末》同治朝卷四十三之四十四）他坚决支持张盛藻的意见，视西学为"机巧"，"所损甚大"。他接着更说：

> 窃闻立国之道，尚礼义不尚权谋；根本之图，在人心不在技艺。今求之一艺之末，而又奉夷人为师，无论夷人诡谲，未必传其精巧，即使教者诚教，学者诚学，所成就者不过术数之士，古今来未闻有恃术数而能起衰振弱者也。（《筹办夷务始末》同治朝卷四十三之四十四）

倭仁当时以"一代儒宗"和理学大师的声望，又身居工部尚书和皇帝老师的崇高地位，一时控制国家意识形态大权，他的说法很有权威性。他把西学视为"技艺""术数"，即"奇技淫

---

① 倭仁（1804—1871），字艮峰，又字艮离，鸣齐格里氏，蒙古正红旗人，道光朝进士。曾任大理寺卿、蒙古都统等。后擢为工部尚书、大学士、兼同治皇帝师傅。

巧"之属，必须反对，在当时产生很大的影响。他又说：

> 天下之大，不患无才，……何必师夷人。且夷人吾仇也。咸丰十年，称兵犯顺，凭陵我畿甸，震惊我宗社，焚毁我园囿，戕害我臣民，我朝二百年来未有之辱。学士大夫，无不痛心疾首，饮恨至今。朝廷亦不得已与之和耳。能一日忘此仇耻哉。（《筹办夷务始末》同治朝卷四十三之四十四）

倭仁回忆洋人（夷人）侵犯大清直至焚毁京师园囿等事，警告世人，洋人是大清的仇敌，不可轻信，更具煽动性。接着他说：

> 和议以来，耶稣之教盛行，无识愚民，半为煽惑。所恃读书之士，讲明义理，或可维持人心。今复举聪明隽秀，国家所培养而储以有用者，变而从夷，正气为之不伸，邪气因而弥炽。数年之后，不尽驱中国之众，咸归于夷不止……（《筹办夷务始末》同治朝卷四十三之四十四）

他坚持中国传统的以"礼义"强国，反对师法洋人的技艺，响应者甚众。候补知州杨廷熙更把同文馆视为"不祥之物"，把"久旱不雨""阴霾蔽天""大风昼晦"疫病流行等自然灾害，皆归罪于设立同文馆，把设立同文馆，坚持师法洋人的亲王奕䜣称为"鬼子六"。而奕䜣等洋务派反对倭仁等人的言论也十分激烈。奕䜣指出：设立算学馆、同文馆，目的在"徐图自强"，而非"侈谈术数"。他指摘倭仁因为地位声望之高，"此论出而学士大夫从而和之者必众……不特学者从此裹足不前，尤恐中外实心任事，不尚空谈者亦将为之心灰气沮"。他并引李鸿章的话，指斥倭仁"无事则嗤外国之利器为奇技淫巧，以为不必学；有事则惊外国之利器为变怪神奇，以为不能学"（《筹办夷务始末》同治朝卷四十七）。

　　洋务派继续招收学员学习天文算学，开办洋务。但"正途"的翰林、进士、举人等报名学习天文算学的人数大大减少了。学员的素质也受到影响，这使清朝"师夷长技以制夷"的力量大为削弱。

　　倭仁等的言论又正确又错误。正确的立国之道，当然应该是"礼义"，而不是"谋权"；是"人心"而不是"技艺"。错误的是：当时外国的技艺超过我们，并以其技艺（船坚炮利）打到我们头上了，并强迫我们订下丧权辱国的条约。他们不讲"礼义"，我们只能利用外国的科技，利用外学以强大自己，以抵制外敌的侵略。这时你对洋人讲"礼义"已没有用处。

　　倭仁等人的"尚礼义不尚权谋""在人心不在技艺"的理论一出，影响十分巨大，响应者众多。以至精英才华之士不去报考同文馆学习天文算学了。这也说明，中国人重"礼义"不重"技艺"的传统是何等的根深蒂固。

　　但是，西方的"技艺"，其最高者，多用于军事，军事强即去侵略，掠夺弱者，他们不讲"礼义"。所以，如果全世界人都"尚礼义不尚权谋""在人心不在技艺"，不去靠技艺之高而侵略别人，不去掠夺别国，而以"礼义"待人，那么，这个世界将多么文明、美好。

三、"德成而上，艺成而下"

《礼记·乐记》篇有云：

　　　德成而上，艺成而下；行成而先，事成而后。

郑玄注："德，三德也。行，三行也。艺，才技也。先，谓位在上也。后，谓位在下也。"

这句话是说：德行而成是上等的，技艺而成是下等的。德行而成，位在上；技艺而成，位在下。可见中国古代是重德而轻艺。紧接这句话后，又说：

> 是故先王有上有下，有先有后，然后可以有制于天下也。

郑玄注："言尊卑备乃可制作以为治法。"

孔颖达疏曰："乐者至下也。正义曰此一节明礼乐各有根本，本贵而末贱。"又云："以道德成就，故在上也；艺成而下者，言乐师商祝之等艺术成就而在下。行成而先者，行成则德成矣，言德在内，而行在外也。事成而后者，事成则艺成矣，……"

《礼记》是十三经之一，是古代学者不可不读之书。其言，也是古人不可不遵守之理，不但影响重大，而且在社会实际中起到决定性作用。《颜氏家训·勉学》篇有云："自古明王圣帝……士大夫子弟，数岁已上，莫不被教，多者或至《礼》《传》；少者不失《诗》《论》。"《礼》即《礼记》，也说明《礼记》的重要性。

"德成而上"倒有积极作用，"艺成而下"便有消极作用。因为从事技艺研究和工作的人，地位低下，这就使中国的科学技术发展缓慢。

中国有句古话："穷不学礼，富不学艺。"艺成反而居下，只要能生存，谁还去学艺呢？有钱的人，有才气的人，当然只读圣人的书，读四书五经。当然，圣人的书也是教人以高尚的品德，"杀身以成仁""克己复礼""己所不欲，勿施于人"等等，都是做人的准则，但轻技艺就错了。

孔子的学生樊迟向孔子请教种庄稼和种菜蔬的技术，孔子说"吾不如老农""吾不如老圃"。樊迟出去后，孔子说："小人哉，樊须也。"学技艺便是小人，孔子认为有了礼、义、信，就行了，"焉用稼？"（以上见《论语·子路》）礼、义、信是必须有的，但种庄稼的技术也必须有。中国曾是农业大国，但农业技术一直很低下。先秦两汉的耕种工具延续二千多年，一直未变，和轻技艺的思想不无关系。

《论语·卫灵公》篇记："子曰：君子谋道不谋食。耕也，馁在其中矣；学也，禄在其中矣。"耕田的人即技艺之人，经常饿馁，因为低贱；学道的人，有俸禄，因其地位高。

孔子还说："吾少也贱，故多能鄙事。"又说："吾不试，故艺。"（以上见《论语·子罕》）"鄙事"即技艺之事。因为贫贱，国家不重用，所以，学得一些技艺。学些技艺，是好事，但他认为是"贱""鄙"。所以，古代的中国人，只要有法生存，便尽可能不去学技艺。

甚至绘画这门技艺，也被认为是"猥艺"。公元6世纪时，颜之推写了一本家训，后人称为《颜氏家训》。他认为书法绘画："若官未通显，每被公私使令，亦为猥艺。"（《颜氏家训·杂艺》）他还记载，两位官员因善画，常被元帝叫去作画；又记彭城刘岕，官为骠骑府管记，平氏县令，因善画，而被上级支使去画支江寺壁画，"与诸工巧杂处，向使三贤都不晓画，直运素业，岂见此耻乎？"（《颜氏家训·杂艺》）为皇宫画画，被视为"耻"，可见从事技艺工作的人地位之低下。

唐朝宰相阎立本，能文辞，擅丹青。唐太宗与诸大臣游春苑，见池中有奇鸟，召阎立本画之。阁内传呼画师阎立本，他感到很耻辱。因为画师的地位是很低贱的。诸大臣看鸟吟诗，而阎立本俯伏池侧，手挥丹青，目瞻坐宾，更感到低下，于是退诫其子曰："吾少好读书属词，今独以丹青见知，躬厮役之务，辱莫大焉。汝宜深戒，勿习此艺。"[1]当时还有谚云："左相宣威沙漠，右相驰誉丹青。"都因为他善画而看不起他。他自己也以能画为惭愧，且深诚子孙，勿习此艺。

所以，西方的文艺复兴，从绘画、雕塑开始，带动其他，形成一个阔大的文化高潮。但在中国，则不可能以绘画带动其他。因为绘画属于技艺，地位很低下。文人作画多出于"自娱"。有的文人后来实际上成为专业画家，乃至卖画为生，也标榜"自娱"。因为专业画家地位低下。

一部二十四史，没记载一位画家。唐朝吴道子被画史家称为"画圣"，"古今独步"（《历代名画记》卷二《论顾陆张吴用笔》）。苏东坡还说："诗至于杜子美，文至于韩退之，书至于颜鲁公，画至于吴道子，而古今之变，天下之能事毕矣。"（《书吴道子画后》）但新旧《唐书》一笔未记吴道子。"明四家"沈周、文徵明、唐寅，传记列于《明史》的《文苑》《隐逸》，是因为他们能诗文，有诗文集存世，由文而入史的，非因画。仇英因不能写诗文，无文集，《明史》便没记载他。二十四史中凡记到画家的，皆不因其画，而因其文、其品、其官。仅善画的，即使是"画圣""古今独步"的画家，也不入史，盖画家地位极低也。

但是文人们兴之所至，还是要画几笔，于是他们首先要学诗学文，考进士、做官，这样证明自己是诗人，是文人，是官员，而非画家。其次，他们把画分为匠体和士体，专业画家的画被称为"匠体"，文人画官员画被称为"士体"。这样，就和专业画家区别开来了。文人作画是为了"自娱"，而且他们不是画家身份，而是文人、官员，这样地位就不低贱了。

齐白石其实是专业画家，靠卖画为生，但他的诗云："自娱岂欲世人知。"

---

[1] 见《历代名画记》卷九《唐朝上》。按《新唐书》《旧唐书》《唐朝名画录》《大唐新语》等书都记载此事。

但是士体和匠体，也必须真有区别。这标准靠有发言权的文人去制定，文人造型能力肯定赶不上专业画家，于是便说："论画以形似，见与儿童邻"，形不必似。文人皆善书法，文人画必以书法笔意入画，专业画家书法赶不上文人。此外，还有很多区别。当然，文人画家会题诗文在画上，专业画家又赶不上文人画家，于是中国便产生了文人画。这是西方所没有的。

文人画的产生，使中国画尤其是中国的写意画，独树于世界艺术之林。在照相术产生之后，画家若以形似争胜，便远不如照相机，于是西方画家才认识到，形似不是绘画的本质。但已晚于中国近千年了。

但是，在写实的技巧方面，中国画曾经不如西方，这并不是因为中国人的写实能力不如西方，而是中国传统文化轻视技艺使然。不但《礼记》中说"德成而上，艺成而下"，孔子也说："志于道，据于德，依于仁，游于艺。"（《论语·述而》）道可志，德可据，仁可依，皆很重要，唯艺不可志，不可据、依，只可游之而已。《论语·子张》篇还说："虽小道，必有可观者焉，致远恐泥，是以君子不为也。"技艺是"小道"，也有可观而已，但君子不能从事于它。当然只能让地位低下的人去从事之。

医学，在现在，乃是一门极高尚的职业。但中国古代，最著名的医家，也只列入《方伎传》中。三国时名医华佗，在当时也是全世界最伟大的医学家。在1800年前，他就发明了麻醉药，能为人的大脑、内脏动手术。但凡名医，医德皆很高，他主要要解决弱者（平民百姓）的痛苦。所以，当时掌握国家权力的曹操，召华佗为自己看病时，受华佗慢怠他，曹操便把他抓起来，关进监狱，要杀他。曹操的谋士荀彧为华佗讲情，说他的医术很高，希望曹操宽宥他。曹操说："不忧，天下当无此鼠辈耶？"（《三国志·方伎传·华佗》）于是杀了华佗。这样一个伟大的医学家，被视为"鼠辈"，随便就杀了，可见从事技艺的人地位之低。其实华佗本来也是士人，本传记："佗之绝技，凡此类也。然本作士人，以医见业，意常自悔。"华佗为古今名医，应自豪，但他却自悔。古代有技艺使人低下也。

像孙思邈这样伟大的医学家也列入《方伎传》中，《方伎传》中又把善占相之法者列入最前。《明史·方伎传》序曰："夫艺人术士，匪能登乎道德之途。然前民利用……讵曰小道可观已乎。"可见对精通技艺人的轻视。当然，也可见中国传统文化是把"道德"列为做人的最高标准。

但在西方，发明蒸汽机、电、汽车、飞机等等的人，不但没有被判刑、杀头，反而受到社会的敬重，有人还被国家授予爵位，或重要职位。他们的发明不但没有毁掉，反而为国家重视，大批量生产。苏格兰发明家詹姆斯·瓦特发明改进了蒸汽机。如果在中国，必被视为"奇技淫巧"而被杀头，但在欧洲，其发明却推动了工业革命，而备受人们尊重。牛顿研究制造出第一架反射望远镜，如果在中国，也会被视为"奇技淫巧"而遭禁止，但在英国，却受到皇家学会的重视和重用。牛顿发现了万有引力定律和运动定律，他被授予爵士，任英国皇家协会会长，成为世界上最伟大的科学家之一。牛顿死后被安葬在威斯敏斯特教堂，这在英国是最高的待遇。

在欧洲，技艺的发明者，影响最大，也最受人尊重。所以，西方的科技发展也最快。

在中国，也必须放弃"艺成而下"的观念，必须改变"奇技淫巧"制造者"杀无赦"的政策，变而为鼓励学习科学技术，"德成而上"可以保留，"艺成"也应该"而上"才对。

五四之后，中国学习西方，已改变了"艺成而下"的意识。留学外国的学生，大多学习"技艺"（理工科），有云"学好数理化，走遍天下都不怕"，但又忘掉了"德"的培养。正确的做法，应该是重礼义，重人心，也重技艺。中国传统中好的内容还应该保留。

第九章　中医　西医

一、医德

　　西方医学传入中国之前，中国的医生就叫医生，无所谓中医、西医。西医传入后，成为一种强势。为了和西方医学区别，传统的中国医学和医生就叫中医。[1]

---

[1] 西医强势，也是中国人自己造成的。当时要"全盘西化"，上层人物贬低中医，说中医不科学，极力提倡西医，主动夸大西医的作用。梁启超53岁时，尿中带血，曾经中医判断，只要服汤药（中草药）就会完全好的，但梁启超一直主张废除中医而发展西医，便进入洋人开的医院。开始德国医生查不出他的病因，他又进入洋人开的协和医院，用西医治疗。医生开刀，切除他的一个肾，但却把健康无病的肾切除，而留下有黑斑的病肾。不久，梁启超就病死于医院中。梁启超明知医生的错误导致他的死亡，但为了维护西医的威信，他主张保密，不要追究。他说："西医刚开始，如果说它医不好病，反而致死，这样会使人不再相信西医。"他以自己的死来维护西医，乃是当时提倡"全盘西化"人的一个典型。胡适有严重的肾病，经中国和美国很多名医院治疗，毫无效果，使他十分痛苦，有人介绍他看中医，遭到他的拒绝，后来他看到和他差不多的肾病患者经中医治好了，他不得已才去看中医，结果中医几副药便医好了他的肾病。但胡适拒绝宣传，说这会误导人相信中医，妨碍西医的传播。民国政府曾准备下令废除中医。有4位中医生说，选24名疑难病患者，长期医治无效的，由你们西医选最好的医生，先挑选易治的病人去治疗，剩下最难治的病人（转下页）

西医是技术，中医是文化。中医有的本是优秀的文学家、大学者，后来成为医生。如汉末的皇甫谧是大医学家，著有《黄帝针灸甲乙经》，乃中国针灸学鼻祖，又有《历代帝王世纪》《高士传》《逸士传》《元晏先生集》等行世，都是学术史上的名著。有的医生后来也成为优秀的文学家、大学者。如明初的医生王履，同时是一位著名的画家和绘画理论家，又精通诗文；当时创作的《华山图》40幅，并自作记、诗、序和叙，共65帧，现分藏于北京故宫博物院和上海博物馆；又著医学著作《百病钩玄》二十卷、《医韵统》一百卷，又编医书《溯洄集》，皆为医家所崇。他的传记列于《明史·方伎传》中。① 又如清末丁福保，医学家，创办丁氏医院，先后编辑出版近80种医学书籍，合称《丁氏医学丛书》，又有《汉魏六朝名家集初刻》《全汉三国晋南北朝诗》《历代诗话》《历代诗话续编》《清诗话》《佛学大辞典》等，皆学术史上名著。明末清初的傅山，既是医生，又是诗人文学家，又是思想家，又是书法家、画家，著有医学《傅青主女科》及文学哲学著作《霜红龛集》12卷、《荀子评注》等。不过他的传记是以医生身份列入《方伎传》中的。《清史稿》又把他列入《遗逸传》。

中医皆受传统文化教育，他们皆重道德。"医者，仁心也"，"医者，仁术也"，又称医生是"悬壶济世"。"悬壶"即医生身上悬挂一个大葫芦，葫芦里盛有药丸，随身而带，随时准备用药

（接上页）交给我们。结果20名著名西医为20位疑难病人治疗很久，毫无效果。而这4位中医只几副汤药便把西药多年治不好的病人完全治好。20名西医十分叹服。国民政府只好终止废除中医的命令。鲁迅父亲的病误于庸医之手，所以鲁迅一生咒骂中医。当然这也和当时全盘否认中国文化有关。庸医误人，并不代表中医误人；不会写诗、文学差的人写出低俗的诗，并不代表凡诗皆低俗。

① 参见陈传席《中国山水画史》第七卷第二章。（《中国山水画史》为王履列专节介绍）

救治病人，称为"济世"。相传汉朝有一位壶翁，卖药于市，治病皆愈，日收钱数万，皆施与市内贫饥冻者。医生收了钱，也施舍给贫困挨饿受冻者，足见医者，仁也。

汉代名医张仲景著《伤寒论》，其序有云："上以疗君亲之疾，下以救贫贱之厄。"张仲景生于一个高官家庭，其父为朝官，但他研究医学，仍然想到"救贫贱之厄"。可见中医一直把仁德放在首位。

福州市三坊七巷南后街有一家传统的医学研究兼医疗机构，大门前有一联："瑞草灵方，启百年良药济世；丹心仁术，聚四海妙手回春。"上联提到的是中草药治病，为的是"济世"；下联提到"丹心"和"仁术"。这就是传统中医的精神。西医门前便不会有对联了。

学西医，就是学医理、学技术。学中医，首先要树立高尚的道德观。中国的医学著作，首先论"医者，仁术"的道德，把医德贯穿全部，行医之人也把医德作为实践指导，即现在人说的人道主义。《宋史·庞安时传》记庞安时"为人治病……活人无数。病者持金帛来谢，不尽取也"。很多医生为贫者治病，不但不收钱，还供给病人食宿，和今天医院非交钱不看病，大相径庭。

《黄帝内经·素问·疏五过论》中云：

圣人之术，为万民式……按循医事，为万民副。

万全《育婴秘诀·鞠养以慎其疾》中说：

医者，仁术也，博爱之心也。当以天地之心为心，视人之子犹己之子，勿以势力之心易之也。如使救人之疾而有所得，此一时之利也；苟能活人之多，则一世之功也。一时之利小，一世之功大，与其积利，不若积功，故曰："古来医道通仙道，半积阴功半养身。"

叶天士《临证指南医案·华序》有云：

> 故良医处世，不矜名，不计利，此其立德也；挽回造化，立起沉疴，此其立功也；阐发蕴奥，聿著方书，此其立言也。一艺而三善咸备，医道之有关于世，岂不重且大耶。

夏良心《重刻本草纲目序》云："夫医之为道，君子用之以卫生，而推之以济世，故称仁术。"

孙思邈《备急千金要方·论大医精诚》有云："若有疾厄来求救者，不得问其贵贱贫富，长幼妍媸，怨亲善友，华夷愚智，普同一等，皆如至亲之想……饥渴疲劳，一心赴救，无作工夫行迹之心，如此可做苍生大医，反之则是含灵巨贼。"

李梴《医学入门·习医规格》："治病既愈，亦医家分内事也。纵守清素，藉此治生，亦不可过取重索，但当听其所酬。如病家赤贫，一毫不取，尤见其仁且廉也。"

肖京《轩岐救正论·医鉴·德医》云："凡诊疾，无论贵若王侯卿相，贱如倩佣丐儿，皆一视同仁，亦无计恭慢恩怨，悉心救疗。"

陈实功《外科正宗》中有《医家五戒》和《医家十要》，凡为医生者，必须遵守，《五戒》中有：

> 一戒，凡病家大小贫富人等，请观者便可往之，勿得迟延厌弃，欲往而不往，不为平易。 药金毋论轻重有无，当尽力一例施与……

这第一戒是说，凡生病之家，无论大小、贫富等，只要来请，就马上去病家，勿得迟延和厌弃。而且医药费用多少、有无，皆不论，都要尽力医治。而现在的医家、医院，必得病人自到医院，先交钱，然后才看病。有钱则可以看病，无钱只好等死。

四戒，凡为医者，不可行乐登山，携酒游玩，又不可非时离去家中。凡有抱病至者，必当亲视，用意发药.

因为凡为医生，必有固定地点，人有生病者，可登门求医。如果你去游山玩水，随便离开家中，病人去找，怎么办？

五戒，凡娼妓及私伙家请看，亦当正己，视如良家子女，不可他意见戏，以取不正，视毕便回。贫窘者药可璧（还）。病愈只可与药，不可再去，以希邪淫之报。

这一戒是说娼妓、女戏子等，请医生去看病，也要视如良家女子，看完就回来。而且贫困者所付的医药费可以还给她们。

医药费付了，还要璧还。现在的医院不可能了，而且是非先交钱，不给看病。

《外科正宗·医家十要》中的第七要：

贫穷之家及游食僧道、衙门差役等人，凡来看病，不可要他药钱，只当奉药。再遇贫难者，当量力微赠，方为仁术，不然，有药而无伙食者，命亦难保也。

贫穷者来看病，不但不要药医费，还要赠送一些伙食费。否则，他们没饭吃，命仍难保。这是何等高尚的品德呀！这种医德，绝对立于世界医德的顶端，可惜现在没有了。

《十要》中还有，行医所得费用，一定要用在购买医疗器备、书籍等，这是为医之本。为人医疗，病愈之后，"不得图求匾礼"（陈实功《外科正宗·五戒十要》第十要）。

这些医家品德，今天正规的医院已完全没有了。因为不读中国的书，不要中国传统文化，人们已不了解这些了。人的素质也就自然低下了。

国外的医生为什么都巨富呢？就因为索钱太多。中国的传统医生以济世为己任，而不以赚钱为目的。

古代一家中药店前，挂有一副楹联：

> 但愿世上无疾苦
> 何妨架上药生尘

有的作："但愿世间人无病，何惜架上药生尘。"这副楹联为很多药店所仿效，成为药店的经典楹联。从做生意角度讲，开药店卖药，为了赚钱，生病人越多，药卖得越多，钱赚得也越多。但卖中药的人，却希望天下人都不生病，无疾病，他的药架上生了尘，一副卖不出去也无妨，足见中医药是"仁心之术"。

现在很多医药店，采取促销的办法，买一赠一。或私下里和医生联合，叫医生多开药，药店所得药费也就越多，又拿其中一部分回赠给医生。如是，则现在的医生和药店皆无医德也。

民间的医生，往往代代相传一门绝技，能为人治病解除痛苦，他们大多没有多少文化，但仍以道德为先，传技第一要务是传道德。道德不通过，技是不能传的，这道德是传统的以"仁"为中心的道德。

笔者认识一位能"正骨"的民间医生，"正骨"就是人体中的骨骼因人太自由，姿势、动作不正，导致骨骼偏了，邪了，带来很多疾病及痛苦，"正骨"的医生不用任何药物，用手一扭，把骨头正过来，病就好了，差不多是立竿见影。我开始绝对不相信，因为我的左臂至肩疼痛，十分痛苦，找到很多现代化著名医院、医生，服了很多药，都毫无效果。而且很多有钱人有这种病者，到欧美等世界上最先进的医院去医疗，也没有医好，一个民间郎中怎么能医好呢？后来这位民间医生来了，说："不妨试一试。"他双手在我头上拍一拍，然后冷不防用力猛地一拧，"咯"的一声，我吓了一跳，但病当时就好了，马上不疼了，舒畅了。后来他又来了几次，把我腰部的骨骼拍了拍、压一压，骨正了，然后就彻底好了，至今未再犯过（再也不疼痛了）。

我把这个信息告诉一些著名的西医，他们皆摇头不信。他们不相信正规的现代化医院治疗不好的病，而一个民间医生能治好。但这确是事实。我又问了一些被这位民间医生治好病的人，有的企业家很有钱，腰疼，头疼，臂疼，不能行走，痛苦万分，他们到过欧美等世界上很多著名医院，花了无数钱，都没有治好，结果被这位民间医生治好了。

我又问了一位中医学院毕业的已行医多年的著名中医。他说，正骨很有用，能治好现代医学治不好的很多病。而且他就是学正骨的，但在正规的中医学院里学不好，所以他至今不敢为人正骨。这门技术大多出于民间，师徒相传。

我问了这位民间医生，从哪里学来的这门绝技，回答是：师父。他说："师父是位畸人，为人正骨，不知医好了多少人的病，解救了多少人的痛苦。师父在民间，为穷人治病，不收钱、如果治病必收钱，他肯定是大富人。但师父很贫困，冬天赤着脚。那时我年轻，天天跟着他，为他服务。"

但当他提出向这位畸人师父学医时，师父问他："学医干什么？"他回答是："学好这门技术，将来为人治病，赚钱，自己生活也不成问题。"师父摇摇头，没有答应。

可是这位年轻人仍然跟随这位畸人，帮他办事，看着他为人正骨，但看不出名堂。畸人看这位年轻人很真诚，便说："你要学一门技术，将来好维持生活。"年轻人说："我就是想学好正骨的手艺，将来好有碗饭吃。学好后，我将开一个诊所，你看外国的医生不都很有钱吗？外国的医生就是有钱的代名词啊！"畸人说："不可以。外国的医生，我不知道，我们不可以。我可以教你打兔子。"这位奇人到田间一转，便知道兔子在哪里，然后把兔子赶出来，他手中几块小石子打出去，百发百中。然后警告他，哪些兔子可打，哪些兔子不可打，好偷吃农作物的兔子可打，怀孕的兔子不可打，等等。又教他捉黄鼠狼的技术，那时候，农村黄鼠狼很多，专偷农民家养的鸡，捉黄鼠狼也是为民除害。

后来，这位年轻人还要向他学习正骨，畸人看他十分真诚，而且自己年龄大了，也要把自己正骨的医术传下去，便告诉他：外国的医生都很有钱，他们治病为了赚钱，但我们是仁义之邦，礼仪之邦，不可以以救人之医术作为赚钱的手段。我这门手艺代代相传，到我手里已不知多少代。但我们是济世救人，解人痛苦，尤其是解救对社会有贡献的人和贫苦人的痛苦。我们学习前，师父都严格规定，学好后，要以解救人痛苦为目的，不可作为赚钱手段，你要学习正骨，必须发誓将来以救人痛苦为目的，不可收贫穷人的钱。

年轻人发了誓，拜了师，师父认真传授，师徒俩到处为人治病，有钱人就给点钱，贫苦人就不要钱。后来师父死了，他倾全力为师父安葬，以后继续行医，遇穷人则不收钱。20世纪90年代，中国富裕了，他开了一家诊所，定好治病的价格，但声明：贫穷人不收钱，为国家作出大贡献的人不收钱，75岁以上老人不收钱，等等。当然，又为"贫穷人"和"为国家做过贡献的人"订立标准。比如为保卫祖国、上过战场的人，孤寡老人，学者，家在农村的独生子女等。而且病人来了先看病，病治好后再议费用。

诊所后来被上级撤销了，因为他没有正规的毕业证书和政府批件。但很多人找他看病，他又改名为保健养生所，继续为人看病，仍按原来规定贫穷人等不收钱。

还有一位民间医生，也是身怀绝技，在农村为人解除痛苦。大城市中很多人下农村找他看病，劝他把医院搬到城市去，可以赚很多钱，他拒绝了。有些高官的病，在大医院治不好，便叫秘书去请他来城市为自己看病，他也拒绝。高官也只好去他的住地诊所找他看。本来这些高官所到之处，都有人很远去迎接，可是到了他的诊所，不但不去迎接，还叫高官排队等候，并说："人有贵贱，病无贵贱。"有一次惹恼了一位高官，把他的诊所撤了。撤了之后，他就务农。但另一位官儿，因为生病，被他医治好了，而且农村病人也需要他，又帮他恢复了，改名为保健中心。他继续为人治病，仍然坚持：人有贵贱，病无贵贱，高官与平民乞丐，一律平等。唯一不平等地方是，高官看病、取药必须付钱，穷人、乞丐则可以不付钱。他说这是他师父的遗训，而且是世代相传，并且规定：必须在农村以为贫苦人治病为主，不可长久居城市，更不可专为达官贵人服务。当然，他的医德更是有口皆碑的。他的诊所里贴有一幅字："医者，仁术也。"

同仁堂建于清乾隆年间，第一代医生本是一位书生，考科举多年未中，于是研究医学，为人治病，一般不收钱。一日乾隆皇帝微服私访，看到一家简陋的药店，内有一位书生在挑灯苦读，便敲门进去，说深夜敲，多有打扰。书生说："医生为人看病，不分白天黑夜。"乾隆皇帝先与书生叙聊，知道这位书生很有学问，便脱下衣服，露出身上像麻疹一样的病灶，还有很多水泡，奇痒无比。书生便为他开了方子，不收钱。乾隆帝回宫取药服了，麻疹更厉害。夜晚又找到这位书生，书生说："毒气都攻出来了，所以更厉害，再服就好了。"果然如此。乾隆帝身上的病，经宫中御医医治多年未愈，一直十分痛苦，竟被这位书生医好。夜晚，乾隆帝又到书生的药房中，劝书生不要再考科举，可以推荐他到宫廷去当御医，条件是非常好的。书生一口拒绝，说：自己只为解救民间贫苦人痛苦，绝不可到皇宫去专为帝王看病。乾隆帝说："如果皇帝来到这里看病，可以吗？"书生说："一视同仁。"乾隆帝便为他建了一个大药店，并亲自书写"同仁堂"。同仁堂至今保持不卖假药、不欺骗、一视同仁的传统。明智的帝王也欣赏这种有骨气、有医德的医生。但现在俗医，往往以自己当了什么高官的保健医生为光荣，动辄便说，我为某首长看过病，我当过某首长的保健医生，有人还以此打出招牌，不以为耻反以为荣。古代的良医，是以为帝王卿相服务为耻辱的，为世间贫苦人解除病痛，才是医家的高贵品德，这是传统中医的第一传统。

我的家乡有一位老太太，不识字，终生务农，她并不太懂医，只会一点针灸，而且只能治牙病、肚疼等几种病。她不主动为人看病。有人疼得受不了，找她针灸，居然一针见效，大部分能治好。有的可以减轻疼痛，但从不收人钱。她的家很贫困，她自己经常从自己的菜园里拔些青菜或拿几个自己舍不得吃的鸡蛋去卖，换些零花钱，买点盐醋，但却从不收病人的钱。有的病人送给她一些礼物，她也坚决不收。她的儿孙都十分有意见，说：人家心意，那么远带来礼物，又叫人拿回去。你给人治好疼痛，收点礼物是应该的。她回答：自己小时候，经常牙疼、肚疼，后来有一位老太太帮她治好了，又传授给她这门技术，传授之前，也规定她，只能解救人的痛苦，不准收钱。

但这种以道德为医之先，以解救贫苦人的痛苦为主要目的的医生，现在越来越少了。因为二十世纪初五四前后的所谓新文化运动，传来了西方文化，中国人开始打倒自己的传统，学习西方的文化，后来又破"四旧"，把旧传统全部反掉。有知识的人或者说在城市中早已接受西方的文化，"打孔家店""废除读经""全盘西化"；但在农村中，西方文化还没来得及改变他们，至少说，西方人的道德观还没有完全侵蚀到农村的全部，这真是"礼失而求诸野"了。

我上面举的例子，都是身处农村而不太有西方文化思想的人，他们接受西方文化很迟钝，或者尚未接受西方文化。所以还保留传统医德文化。现在，大部分人都有文化，至少说传统的中国文化，他们接受的少之又少。"破四旧"又把传统文化美德作为"腐朽""反动"教育给他们，所以，流传几千年的中国传统道德，已经很少有人再继承了。

在现代化的医学院，学生一进校，便学习病理、药理、解剖、细菌、病毒的产生等等。中医学院，一进校，也学习望、闻、问、切诊等，医德已经完全不学了。即使以后再加了医德课，学生也会以旧道德应该废除而加以摒弃。

而且某些无良医院也为赚钱而设，越是穷人越要先交钱（押金），怕他们治好病后交不起钱。再小的病，也要你透视、B超、抽血等等，然后开了一大堆无用的药，都为了赚病人的钱，医生也从赚来的钱中分取部分。

有一部分坚持医德的医生，反遭排斥。有一位女医生，先是家传，后考入医学院，医术很高，因为家传，也首先是传医德。她开的中草药都很便宜，又能医好病，后来医院院长找她谈话："你的医术高，病人也多，但你开的药都很便宜，这样下去，我们医院怎么赚钱？"逼着她开贵重而无益于治病的药。这位女医生因为从小受到传统医德的教育，不愿害人，只好离开医院。医院应该是最讲人道，最讲道德的地方，现在某些无良医院却变成最不讲人道，最不道德的地方。

西方尚有基督教教义的约束，而且还有法律的约束，虽然行医是为了赚钱，但大多数医生还能讲医德。中国传统医德被抛弃了，则无所约束。

再强调一次，西方的医学以学习病理、药理和医疗技术为主；中国的传统医学以传承道德，学习文化为主，病理、药理及医疗方法都包含在道德文化之中，或者在道德之后再学习。

再补充谈一个问题，凡是医术十分高明的中医，传统道德也都非常高尚，中庸而不偏激，视名利如粪土，对平民、乞丐、高官一视同仁。笔者曾在皖北的一个煤矿区工作，这是一个新建的矿区，环境条件不如一个老的县城。矿区医院主要是西医，面向煤矿工人，高水平的医生都不会分到这里来。但有一位中医，四十多岁，既是祖传，又上过有名的中医大学，因为妻子在矿区，便来到这里。他从不计较条件简陋，每天为病人看病，十分和善而认真。因为医术高明，名气大振，有人劝他调到条件好的医院，他摇摇头。我也拿一封介绍信去找他，我出示介绍信时，他摆摆手，意思是不必要，有没有介绍信一样的看病。然后我想介绍自己的病状，他又摆摆手，他不要听，只是为我切脉。他试了我左手的脉搏，又试了我右手的脉搏，然后说出我的病状，十分准确。我看他开的处方中有一味药黄芪，我说黄芪吃多了会上火，我的火大啊。他指了一下处方的下面，我知道他又用另一种药中和了。他只开了三副药，我说："能不能多开几副。"他说："不行，病情身体都在变化，三天后要根据身体病情重新开药。"第二次我来看他，带一点礼物给他。其他医生都乐于接受别人的礼物，但他看到我的礼物后，很不高兴，示意叫我收起，否则不看病，我只好收起。因为我以前自学过中医，对《黄帝内经》《汤头歌诀》等都很熟悉，我也讲了几句"内行"话。他问我现在干什么。我回答："从事煤矿机电工作。"他说："你还是把机电工作搞好，这对煤矿生产很重要。有病交给我们处理，每一行都不容易。"他因为医术高明，医德又好，名气很大，但什么荣誉都没有。有人劝他到领导那里走动一下，可以当个政协委员、人大代表之类。他不屑一顾地笑了，说："政协委员、人大代表，能使医术提高吗？"后来因为医院里同行医生嫉妒他，领导人得到这批人的礼物和谀词，于是从上到下排挤他。他被迫调到南京一家水平很高的中医研究机构，仍然为人看病。南京的老医院中高手如云，但他在那里仍然是高手。后来真的要请他当政协委员，这是莫大的荣誉，但他拒绝了。一般人求之不得的名和利，他视如粪土。他如果肯收病人礼物，他会十分富裕，但他从不收人礼物，他一生过着清贫的生活，但认真为人看病，在人群中享有崇高的声誉。

在皖北还有一位老中医，在一个落后的县城医院，他的医术之高，远近闻名。很多好的医院来调他，他都拒绝了。他说："我在这里为人看病，很好。"他倒没有遭到排挤，还被任命为副院长，但他仍然天天在门诊为人看病。他退休后仍然每天为人看病，不分贵贱，后来年纪大了，改为周三、五为人看病。我因路过其地，便找他为我看病，他不收礼物。他为我切脉后说："病之根在脾。"我说："我也认为在脾，忧思伤脾，我长年忧思不止。"他说"不仅如此"，并为我开了五副中药。我因太忙，也未去取药。15年后，我又去找他，我想他绝对不会记得我。谁知他为我切了脉后说："15年前，我为你开的药方，你服后效果如何？"我大为吃惊，他每天为很多人看病，15年至少有几千人，居然都记得。他又为我开了处方，我回去一对，居然和15年前开的差不多一样，只是多加了几味而已。他的一生也视名利地位如粪土，而且不以医术为发财手段。他的医术和医德在当地都是有口皆碑的。

不过，像这样医德很高的中医，已较少见了。经过"文化大革命"的"洗礼"，不少人的灵魂中传统的高尚的品德都被革除了。

二、中医是一门学问

"五行"相克相生的道理是中医必知的，否则既不能治病，也不能知病。"五行"是中国哲学上的一门重要学说，也是中国文化的基础之一。朝代变更、军事上排兵布阵、重大工程，都必须知五行，根据五行变化去处理。

"五行"是木、火、土、金、水五种变化的物质。"行"是运动的意思，五行在哲学中、医学中都是肉眼看不到的，实际上是一种功能，以木、火、土、金、水代表之。早在《尚书》中即有论述，《尚书》是中国最早一本历史文献书，成书于2500年前的春秋时期。《尚书·甘誓》有："有扈氏威侮五行，怠弃三正。"孔颖达疏："五行，水、火、金、木、土也。"《孔子家语·五帝》："天有五行，水、火、金、木、土，分时化育，以成万物。"

五行相生：木生火，火生土，土生金，金生水，水生木。

五行相克：木克土，土克水，水克火，火克金，金克木。

五行和人体主要相应部分：肺属金，肝属木，肾属水，心属火，脾属土。因此，金盛则克木，即肺气盛则伤肝；木盛则克土，即肝气盛则克脾；土盛则掩水，即脾气盛则克肾，水盛则克火，即肾气盛则克心；火盛则克金，即心气盛则克肺。

反之，火弱则金盛，金弱则木盛，木弱则土盛，土弱则水盛，水弱则火盛，各种病则相应而起。因此，身体各个部分必须平衡、统一于整体。犹如战国各国纷起，一国强必然侵并弱国，天下大乱，民不聊生。到秦汉统一了，以强凌弱现象便不存在了，国家也就强大了。汉唐之所以强大，就根于其统一。

统一观即整体观，中医的治病，可以同病异治，也可以异病同治。比如从整体观念和五行相克相生道理来说，肺（金）有病，可以医肺，也可以医脾（土），土生金，脾弱生不了金，加强脾脏的健康，则培土生金，土强生金多，肺弱就好了。也可以医心，心属火，火强则克金，减少心火，肺病自然就好了。再比如肝有病，可能医肺，肃降肺气，金克木，肺肃降了，金不再克木，肝病也就好了。也可能医肾，肾属水，肾强，滋水涵木，水生木，肝也就强了。同病异治，比如肾有病，可以医脾，土掩水，平衡了脾脏，水自然生长，肾病就好了。也可以医肺，金生水，肺强则生水，肾病也就好了。这要根据病情加以处理，比如同是头痛，病机不同，治法也不同。因风寒引起头痛，要祛风散寒，可愈。因风热引起头痛，要祛风清热，可愈。异病同治，如鼻炎和咳嗽，虽是不同病状，但都是风寒引起，故可以都用祛风散寒的方法。而且也有医生的擅长医术因素使然。庸医很难了解病源，头疼医头，脚疼医脚。其实，庸医很难真正医好病。

西医则肺有病，必医肺，他不知肺的病是心火旺引起的，或脾弱引起的。所以，即使肺病医好了，可能会影响肝（金克木），也可能影响心，也可能影响脾。所以，几乎所有的西药都有副作用。西药可能见效快，但副作用已暗藏其中。看似医好了，其实病转移了，或暗藏了。中医则一般没有副作用。而且，治好身上一处病，其他病也会随之而愈。因为中医是整体观点，辨证治疗，治本不治标，本治末自然好了。

有一个病人，因胆囊切除后引起很多病，他想先把呕吐和失眠医好，经西医院先查心脏彩超、心脏24小时心电图等；又经神经科一系列的检查，又做了胃镜等，都没有发现什么问题。后去中医处，经切脉发现是肝胆气滞血瘀所致，便以柴胡疏肝散为基础方去加减治疗，不但呕吐、失眠好了，其他的病状如口干、口苦、后背疼痛、腹泻、心悸、怔忡、胃胀胃痛等都好了。因为肝属木，心属火，肝因无胆相照，肝气肝阴耗损，肝的藏血不足，不能上济于心，肝虚而疏泄功能减弱，不能更好的为心主血，母病及子，心失濡养和调畅，而出现功能上的心悸、怔忡。心得不到肝之所养，心神不宁，故失眠。肝主疏泄心机，而脾胃主运化的功能主要靠肝疏导，肝气过急，横犯胃府，故出现腹泻；肝气上逆，导致胃气上逆而呕吐；肝虚疏泄弱，胃气下降，故胃胀胃疼。中医通过辨证和整体观念，全部治好。而西医只能看到一点，不仅治不好，而且会带来副作用，越治病越严重。

西医治病，只看病，不论人。中医治病，首先要知人，了解一个人，可以通过观察、交谈。高明医生，通过切脉，三个指头朝病人手腕上一按，指下寸、关、尺、脉搏的跳动，便可知其人性缓、性急、稳、躁、冷、热等，对症论人，下药或采取其他办法（针灸、推拿等）。

有一个有名的医案记：一个病人眼睛出了问题，眼赤红，眼中分泌物多，视物越来越模糊。他找了很多医生医治，皆无效果，最后找到这位老中医。老中医一切脉，再一交谈，对他的病十分了解，而且知道他是一个性情十分急躁、且容易走极端的人，便告诉他：你的眼病不是大问题，你已得了绝症，你还不知道，你的生命还有一个月，一个月后必死，眼病只是死前的一个征兆。病人大惊，哭求老中医救他的命。老中医说，没办法医治，你回去准备后事吧。病人反复哭求，你是名医，怎能见死不救啊。只要能保住性命，我花再多钱也不惜啊。老中医说：唯一的办法是，每天把袜子脱下来，用手搓脚心，早晚各搓200次，搓的遍数次数越多越好。一定要搓得发热，甚至发烫，才有效果。只要你坚持每日不断地搓，一个月必不会死；但如果不搓，必死。这个病人把眼病置之一旁，不再过问，只治"绝症"。回去就搓脚心，拼命地搓，搓累了休息一下再搓。搓了半个月，未见有大病将死的征兆，而且眼病也基本好了。他去找这位老中医。老中医说：我说眼病只是你绝症的征兆，你的绝症已有好转，眼也就好转，继续搓，否则病情一恶化就没救了。他回去继续搓，眼睛完全好了，视线也清楚了，浑身感到轻松了。其实，这位老中医叫他搓脚心就是为了治眼疾，他的身体内浊气上升，心情烦躁，心火也上升，致使眼睛发赤，分泌物增多，视物也模糊。中医治病有个缓慢的过程，他的性急又躁，几副药服下去，尚未见到效果，他就着急发躁，病情反而加重。老中医知道他的性情，假说他得了绝症，一个月必死。他一吓，眼疾便不是问题。要保命，便忘记眼疾，而每日搓脚心，脚心有一根经络通往眼部，脚心搓得发热发烫，浊气下降，眼病就好了。但必须搓一个月，他性急，如果不是"死期将临"，他很难有耐心每日搓脚心几百次。

这个医案说明，高明中医治病，不但知病，还要知人的性情，论人用医。更说明，眼病可以医脚，医脚可以治好眼病。这在西医是想都想不到的。西医见到眼疾，必点眼药，菌灭了，炎消了，眼病似乎好了。其实，病的根未消，下次还会再发病。所以，害眼病的人，经常会害，要经常准备眼药。谚传西医云"眼不治不瞎，耳不治不聋"，就是这个原因。

中医的"五行"学说，对于医病还有更多更高深的道理，乃是每一个中医师必知的，是学问，也是医术。医术包括在学问之中。

君臣佐使。君，国家的最高首脑。臣，辅佐君治理国家的重要人物。佐、使，帮助臣打通道路，扫平障碍等。显然这是治理国家的一套组织结构。但开中医处方时，是必知的。中药的方剂中有一味治疗主病的主要药物，剂量相应也大一些，谓之君药。臣药是辅助君药治疗主病或治疗主病的引发病，或起到加强治疗的作用。佐药是配合君臣药起作用的药，又可为反佐药，有时君药和臣药药性相反，佐药则可使之在治疗中起到相成的作用，又可抑制消除君臣药在治病时产生不良的影响。这犹如消除西药中的副作用。但中医在考虑会产生副作用时，首先就抑制了，也能消除君、臣药的烈性。使药是引导诸药直达病的部位，或调和诸药，使之平衡。比如柴胡，药性刚，对人体有刺激作用；

白芍柔，用柴胡加白芍，则刚柔平衡。这个问题，古人常有论述，谓柴胡疏肝作用强，但药性刚，有劫胡之弊，而白芍却有柔肝缓急的作用。所以，柴胡配白芍，一散一敛，补肝体为肝用，能达到更好的疏肝用肝的作用，所以配方中大多用柴胡配白芍。还有君药、臣药虽能治疗某病，但其力达不到某病之位，使药则可打通道路（脉络等），使之达到病位，以起治疗某病的作用。

反佐的例子，如白通加猪胆汁汤，此方治阴寒太盛而格阳于外之病。但因方中附子、干姜等为大辛大热之品，而因体内阴寒太盛会格拒阳药，所以佐以苦寒猪胆汁为引，使热药能入里发挥作用，这就是反佐之用。

使药的引药作用，如血府逐瘀方中，桔梗引活血化瘀于胸中，散瘀血。方中又加川牛膝，使之引瘀之血下行，使胸中瘀血除而无留瘀之弊。

中药中有的药也有小毒，但加上佐使之药，不但可以去除毒性，反而使药效更好。牛膝、甘草就是常用的使药，能调和百药。有一句诗："羞为甘草剂，敢做南包公。""甘草剂"是一味中药，"南包公"是忠臣，即敢于直言的海瑞。这句诗是说诗人在对敌斗争中，不愿像甘草一样去做调和派，而敢像海瑞一样，旗帜鲜明，直言敢谏。这说明甘草作为调和的使药是很有名的。

如果以战争为例，君药相当于主攻部队，负责打击和消灭敌方的主力部队，这是最重要的。臣药相当于辅攻部队，负责打击敌方主力部队的两翼部队或增援部队，直接协助主攻部队。佐药相当于后勤部队加友军。战争必须有后勤部队供给粮草弹药，有时也参加消灭敌方的散兵游勇，有时也需要友军协助。使药相当于工兵和慰问团，主攻部队需要过河，就必须有工兵搭桥，否则过不了河，就无法与河对岸的敌方作战。要通过地雷区，必须工兵排除地雷。作战紧张时也需要慰问团，使之精神愉快。当然，这是大概比喻，具体情况并不完全如此。

战争中，君、臣、佐、使四方一方不可少；开中药处方时，君、臣、佐、使也是一方不可少，少了效果就不好，甚至会产生不良作用。从上可以看出，中医开处方，既是一门技术，更是一门学问，尤其是一种哲学。

古人说："不为名相，便为名医。"名相善治国，名医善治身，二者道理是相同的。

阴阳虚实。治疗疾病，"五行"与"君、臣、佐、使"的文化，十分重要。但判断疾病，阴、阳、虚、实的文化知识更重要。如果一个人体内，阴、阳平衡，虚、实适中，就不会生病。凡生病，必是阴阳失调之故。一般说来，阴阳失调产生了虚实变化，邪气盛则实，正气夺则虚，虚则补之，实则泻之。虚还有阴虚和阳虚之别，也要区别对待等等，这里不再多说。

再补充说一个人体整体关系和五行相生相克的问题，五行相生说明五脏间的资生关系：肝济心，即木生火，如肝藏之血以济心，肝的疏泄功能助心行血；心益脾即火生土，如心阳可温煦脾土，助脾运化；土生金即脾益肺，脾气运化，化气以充肺；金生水即肺助肾，如肺之肃降精津下行以滋肾精且助肾纳气；水生木即肾滋肝，肾藏精以滋肝血，肾阴资助肝阴以防肝阳上亢。

五行间太过，又有他行的制约，如脾（土）之气，若虚则有心（火）生之；若亢则有肝（木）克之；肺（金）不足，脾（土）可生之；肾（水）过亢则脾（土）可克之。这种五行间的生克制化，类比到人体，五脏间的生克制化，把五脏紧紧联系成一个整体。总之，中医是整体看问题。中医的判断疾病和治疗疾病，都是一门文化。凡大中医，必是大文人，古代的大文人一般也都懂医。①

三、中医的科学性

一般的论说，西医是科学的，中医是不科学的。我却认为正相反，所谓中医是不科学的，是科学无法论证中医的科学性。这只说明科学还不够发达，等到科学发达了，自可证实中医的科学性。②

所谓西医是科学的，即西医所说的神经、血管（动脉、静脉、毛细血管）等都能通过透视或解剖给你看到实际。病灶的发炎，血管壁的加厚，斑块的形成也都能给人看到。细菌消灭了，也可得到证实，皆是实实在在存在的。而中医的气、经络、穴位、风、火、寒、湿、虚、实、五行，都是看不到的，透视、解剖，用显微镜也看不到的，"气"在哪里？"火"在哪里？"寒"在哪里？这些都不是物质的存在，西医是检查不出来的。"穴位"，我们知道在什么地方，但打开检查，也是什么都没有，并非真的有一个穴位存在。西医说的神经在何处，打开或透视，确能看到；西医说的血管，更是实际存在，而中医的"虚""实"都是通过表象而判断到的。五行中的木、金、水、火、土连感觉到也没有，只是理论上存在。但中医治好病，却是实实在在的。比如牙疼，

①中国有谚云："秀才学先生，一夜成。"（有文化的人学做医生，一夜就成了）这是说医生的文化基础很重要。其实并不那么简单。笔者少时读了很多传统书，也基本上读得懂。后来学医，二十八种脉相、《汤口歌诀》等都会背诵。但为人切脉，仅能知大概，细微处仍不辨。请教老中医，回答是"胸中了了，指下难明"，实践太少，必须长期临床，才有经验。所以，中医越有文化越老越高明。

②其实，西医从来不以虚实、阴阳五行来论证其合理性，也不寻找经络和穴位的客观存在。中医也不必用科学来论证其正确性。中医是文化，是哲学，李白的诗"白发三千丈"科学吗？文学、哲学，能用科学去论证吗？

在大拇指和食指中间的虎口处，找准穴位，手法正确，可以针到疼止。但为什么针手可以止牙疼呢？不可知。针灸也可以治疗蛔虫，针扎在某一穴位上，人肚子里的蛔虫就排泄出来了。后来有的外国医疗机构，用科学方法观察，当针扎在穴位上时，人的肠部蠕动，吸附在大肠上的蛔虫就掉下来了。但为什么会如此呢？也不知。

有一位西医院长说："中医是迷信，上火了，火在哪里？拿出来给我看看。我们西医，说有细菌，可以用显微镜给你看。火能看到吗？"上火是人的常见病，有时眼视物模糊，有时牙疼，有时鼻流血等等，但用中药把火消了，病就好了。有时煮一碗绿豆汤喝下去，火就消了，病就好了。火在哪里，怎么上的火，怎么消的火，都看不到。用西医的方法也测量不到。但确实存在。

《庄子·秋水》说："可以言论者，物之粗也；可以意致者，物之精也。"犹如一个人，我们能看出或者能测量出他多高、多胖，鼻眼的大小，脸型的方圆等，都是实实在在的，但这是"粗"者，他肚子里的学问，他头脑中的思想，才是他的价值，才是"精"，你能用仪器测量吗？你测量不出。中医的测量不出，却正是其"精"处。比如人体的经络，西医的科学怎么也测量不出，也透视不出。中国人在这测量不出看不见的情况下，确定了这经络，并能画出图来，而且根据这个经络就能治好病，也太神奇了。

我们把西医能实实在在看到的具体存在的物，称为"有"，而中医的火、寒、虚、实、五行，看不到的，不具体存在的称为"无"。《老子》四十章说："天下万物生于有'，'有'生于'无'"，"故常'无'，欲以观其妙；常'有'，欲以观其徼（边际）。"中国的道家学说都是称赞看不见的"无"，而认为"有"生于"无"。凡是能看到的能讲出来的，都是"粗"。"精"是靠

"意"而感知的。妙处在"精",而不在"粗"。

所以,中医云"上医不医已病,医未病"。"未病"是未出现的病,把它医好不让其出现。这也是中国的一贯哲学。《孙子兵法·谋攻》篇上说:"是故百战百胜,非善之善之也,……故上兵伐谋,其次伐交,其次伐兵,其下攻城。"攻城等于疾病已经出现,这种医疗是最下。"上兵伐谋"是在战争还未出现时,便被抑制了。"上医"是在疾病未出现时抑制了,这叫"医未病"。西医则不行,所以我说中医是最科学的。

西医查细菌,必须有细菌才能查出。十日后将会出现细菌,西医则无法查出。然而中医可以知道。古者"扁鹊见蔡桓公",说他有疾不治疗会加深。蔡桓公说我好好的,无病。又见,扁鹊说他的病加重了,蔡桓公仍然说我好好的,无病。又十日后又十日,扁鹊再见到蔡桓公,马上走了。蔡桓公派人找扁鹊问,扁鹊说:开始我看他有病,他自己觉得无病,其实他的病即将出现。那时治疗很容易。后来病加重又加重,都能治。现在已经不能治了,所以我只好走了。果然,再过几天,蔡桓公体痛,不久便死了。扁鹊第一次、第二次见到蔡桓公时,蔡是"未病",但扁鹊已看出他即将生病。那时候要治疗,是很容易的,人也不受苦,身体也不受损失。西医的检查,必须真的有病,才能检查出,"未病"是无法检查的。没有细菌病毒,未有癌细胞,当然查不出来细菌病毒和癌细胞,也无法查出何时会有病。但中医可以在未病之前,知道你不久将生病。从而采取措施,制止将来生病。

中医是辨证施治,讲整体观念,任何一处小病都和全部身体有关。所以,眼有疾而可以治脚,牙有病而可以治手。而西医是局部观念,眼有病只能治眼,腿有病只能治腿,甚至把腿截掉。中医从来不截肢,因为肢有病,是整体问题之一部分。

五十多年前,我的一位亲戚和他的同伴三人去北方谋生,都得了一种病,只好回来。到县医院检查,结论是必须截肢,即把两条腿锯掉。否则，不久便会死亡。又到省医院检查，结论是相同的。又到大城市上海大医院检查，结论还是截肢。三个人本来家庭就贫困，所有的钱都用尽，又在亲戚同村人赞助下，再到北京大医院检查，仍然是必须把双腿锯掉，否则，不久便死亡。其中两人借了钱，动了手术，把双腿截去。从此，人只能坐在一个带有四个小铁轮的木板上，双手撑地行动，十分凄惨。而且二人都活到四十多岁便死了，没有子嗣。另一人，因为太穷，也借不到钱，也就没有去截肢。他等着死亡的降临，但他的妻子不忍，偶尔卖几个鸡蛋，平时少吃一点，省点粮食去卖。西医太贵，看不起，也无法看，一看便要他截肢。她只能找中医，买五分钱最多一角钱的中草药，其中部分草药是自己到田地里挖割，熬了给丈夫喝下去。钱没有了，便不服药。乡村的中医生知道她家太穷，便尽量叫她去田野里挖一些中草药，用水煮着服下去。有一点钱又去买几副中草药，后来生了儿子，更困难，治疗断断续续，而且只是几分钱的药，贵了便买不起，居然被这几分钱的中草药医好了。现在他已年近80，身体很健康，而且两个儿子都上了大学，一家四口其乐融融。他经常说："当时如果能借到钱，也去截肢，也一定会在四十多岁死去。何况那半瘫式用手撑地行动，也太悲惨。"

迟浩田是一位军人，据他的自述，在一次战役中，腿受了重伤，医生决定截肢。幸亏他醒来，大声反对，说宁死不截肢。后来，他不但腿好了，又上了战场，当上了将军，最后当上了国防部长。我们从电视上看到这位国防部长，身体健康，双腿灵活有力。如果当年截了肢，真是不堪想象。

这就是西医。西医会科学地回答你，如果不截肢，细菌感染到心脏，人便会死去。或者，血管堵塞扩大，人也便会死去，这有科学的证据和论证。中医则无可解说，或者只能调解人体的阴阳、虚实的平衡。但阴阳在哪里，虚实有什么证据，都无法回答你，但却医好你的病。所以，谚云：西医让你明明白白地死去，中医让你糊里糊涂地活着。

西医是头痛医头，脚痛医脚，局部观念。中医认为人体的局部属于整体的一部分。所以，在西医眼中，腿有了问题，把腿截去就好了，但身体没有腿，怎么运动呢？一个人变成残废，这不是更大的病吗？

我手中现有两种西药，一是辛伐他汀，可以稳定动脉硬化斑块，但伤害肝。我的颈动脉中有一小小斑块，医生开了辛伐他汀，但服了几天，斑块依旧，肝的什么指标却迅速下降了，即使稳定了斑块（并不能根除，也不能缩小），却生了肝病。另一种是治疗尿频的西药，副作用是：服后导致眩晕、阳痿。因为此药原理是抑止男性荷尔蒙的分泌，使前列腺萎缩。我的朋友服了，果然眩晕，不能读书，且真的阳痿了。一个美国的报道：一个病人去医院检查，结论是：骨质疏松。遵医嘱服药，结果骨质疏松尚未医好，而产生胃病。胃病对他的身体影响更大。医生说：我为你治胃病。病人问，服治胃病的药，有什么副作用。回答是：骨质更疏松。中医绝不会如此。治疗胃酸太多的西药，是碱性的。酸碱化合生成盐和水，这是有科学根据的，一时胃酸减少了，但胃酸产生却更多了，因为治标不治本。凡是治标不治本，或局部治疗的，大抵皆有副作用。

中医治本，本治好了，病源没了，病就真的好了。主要的病治好了，其他的病，也随之好了。整体治疗，不会产生副作用。人体有一千种病，一万种病，其实只有一种病，即免疫力下降。免疫力下降就是人体内阴阳不平衡造成的。阴阳平衡了，什么病都不会生。

免疫力，中医叫正气。免疫力下降即正气不足。正气足，《黄帝内经》谓之正气存内，邪不可干，自然无病。汉代名医张仲景《金匮要略》云："夫人禀五常，因风气而生长，风气虽能生万物，亦能害万物。如水能浮舟，亦能覆舟。"这里讲的也是平衡。邪气侵入人体，就会造成阴阳不平衡，去除邪气，阴阳平衡，病就没了。无须截肢使人变为残疾，也无须开刀割去器官的一部分。

中医是文化，是哲学，其实也是科学，这表现在个案医疗上。西医是统一的病，统一的治疗，感冒了服什么药，肺炎服什么药，高血压、高血脂、高血糖等等，服什么药，都是统一的。虽然也大体有效，但有人服了有效，有人服了效果不显，还有人服了无效。最近美国医学家已研究出来统一医疗的弊病，认为人体的基质不同，用药不应该相同，主张个案医疗。其实，中医几千年来一直是个案医疗，同样的病，医疗的方法不一定相同。如前所述，同病异治，异病同治，都要根据病人的具体情况而定，都是个案处理。而且好的中医，开药不超过五天，有的二天、三天，病情在变化。人体的阴阳虚实在变化，用药也随之而变。个案治疗，中医也早于西药几千年。

而且西医的局部治疗，基本上都有副作用。所以，越治病越多，很多新的病症，也都是西药医疗后产生的。中药医疗，针灸医疗，不会因之而产生新的疾病。

中药其实就是粮食和蔬菜的同类，比如薏米，就是一种米，本来就是粮食，但又是祛湿的中药。姜、葱都是调味的食品，也是中药。所以，几乎所有的中药基本上都是无害的，都是大自然的一部分，对环境绝无污染。按摩、正骨、针灸更是无害。

疟疾，对人的伤害很大，西方很晚才用化学药物去治疗，副作用很大。中国早在1700年前的晋朝，葛洪（284—364）的医学著作《肘后备急方》中就有："水渍青蒿，绞汁尽服。"以之治疗疟疾，挽救了无数人的性命。这种药就是一种草。1700年后，屠呦呦在此基础上，再加研究，获诺贝尔奖。而西药，大多是化学品，对人体有害，对环境更有污染。X光透视，核磁共振，检查身体时，喝下去的某些药物等等，对人体都是有害的。而中医切脉对人体完全无害，只要医生高明，西医用仪器能检查到的，中医也都能从脉搏中知道。只是西医盛行，在一定程度上截断了中医的发展。中医中的高明医生越来越少了，所以，判断水平有时赶不上西医的仪器。人体中所有的病兆，甚至即将出现的病兆，在人体的色、相、味，尤其是脉搏中必有反映。只要医者高明，都可预测到，用不着那些仪器。可惜的是，因为全盘西化，现在高明的中医太少了。

四、中医存在的问题

五四新文化运动，大量引进西方文化，胡适、陈序经等一大批人力主在中国"全盘西化"。当时很多知识分子群起响应，有的虽不完全赞成，但也基本认可，在中国造成巨大影响。于是中医让位于西医，中国上上下下，到处建立西式医院，直到现在，西医在中国占绝对优势。有志于从医的才华之士，也大多去学西医，中医很少有人问津，于是中医落后了。但中医也有很多问题，其一是必须有深厚的传统文化。而清末以降，"反孔"，"废除读经"，全盘西化，具有很深传统文化素养的人越来越少。其二是不能大规模大数量的教学，中医基本上是师父带徒弟式，一对一的传授，这样培养的中医就很少。西医却可以学院式，大量培养人才。中医院培养的学生总不如老中医一带一的传授好。其三，中医的临床是个长期积累的过程。如前所述，笔者少时也自学过中医，对28种脉相、汤头歌诀等都能背诵。但为人切脉时，脉跳动的涩、滑、头滑、尾滑等总是捉摸不定。老中医说："这叫心中了了，指下难明。"必须长期临床，日积月累，才能成为名医。中国的名医很少是年轻人。老中医越老越高明。而时代的浮躁，使年轻人不愿到老了才成为名医。而西医通过科学仪器等判断，无须到老，尤其是开刀，年轻人更胜过老人。所以，很多人不愿学中医。其四，部分病医疗的速度太慢。其五，西方的化肥、农药，尤其是化学药剂等引入，改变了中草药的成分，中草药治病的疗效大大减低，有的无疗效，这一条几乎断了中医的一半命脉。其六，中医是中国文化的一部分，讲究自然，现在因为经济效用，大多草药都是大面积种植，其效果大不如野生生长的药材。其七，政府多以管理西药的方式管理中草药。其实有些中药必须经医生亲手炮制才有效，如黄芩清上焦热，酒炒后，药效才可引其上达头目而清头目湿热，而集中管理无医生亲手炮制者，则无此效果。

以上几点，最重要的是优秀的中医不多了。不过，各地尚有一些继承中医一门绝技的医生，如青岛有一位"一针疗法"的退休医生，很多肩疼、头疼几十年西医无法医疗的病人，他在病人脚脖子上扎一针便好了。北京有一位民间医生，祖传的按摩法，很多病人腰疼、腿疼、手颤抖乃至半瘫状态，他也能几次按好。还有鼻炎，尤其是慢性鼻炎，西医很难治疗。但山东一民间医生，用中草药磨制的粉状，吸几次便好了。像这样的民间医生还有很多。这些都显示中医的高明伟大之处，但这些高明的医生也越来越少了，还有西医检查的干扰。甘肃世家中医李东胜先生告诉我，有一位女患者经西医彩超检查，患有附件囊肿，于是便用活血化瘀的方法医治，结果完全不见效。其后经一位甘肃中医切脉检查，为气血不足，脾胃虚寒而夹湿所致，便用《傅青主女科》中的方子，服了5剂，自觉全身轻快，停药一月后复查，囊肿消失了，西医看到的是局部，中医是辨证整体。本来没有囊肿，后来产生囊肿是有原因的，本治而末消。按西医的方法，即使把囊肿治下去了，停药后还会再生，何况气血不足是更大问题，中医是治本，是整体把握。其次如前所述，是中草药的质量下降。本来的中草药能医好病，而现在的中草药因受西方化学药剂等影响，变质了，医不好病。所以，在人们印象中，中医不如西医。如果不是西方各种因素的侵扰，中医的发展、实际医疗效果及影响将在世界上放出更强的光辉。

实际上，中医的整体观念、辨证治疗、个案治疗无副作用等等，都是优于西医的。如果中医在全世界成为主流医学，既不会产生新的病症，也不会因副作用而一病治愈另一病又起，更无污染，对人体的健康只有益而无害。

如果中国人排除西方的各种干扰，禁止引用西方的化肥、化学药剂等，仍用中国的自然的方法，对土地、水质、空气作长期的恢复，使中草药恢复原来的成分和疗效。再由政府或基金会着意培养大批的中医人才，中医的前途仍然是光明的。

西医是有益有害，能治病是益，对环境污染是害，对人体有副作用更是害，还会产生新的疾病。而中医有益无害，能治未病，无污染，不会产生新的疾病。孰优孰劣，是立览可辨的。

当然，西医也有西医的长处，尤其是西医以科学为基础，发展较快。至于检查身体健康的各项指标，精确而有数字作基础，使人一目了然。近来，西方的保健品、营养品，更借鉴了中医的原料和方法，大批量的生产，畅销全世界。

所以，中国人当以中医为基础，发展中医，用中医药医疗为主。同时也不排斥西医，吸收和利用西医的长处，共同为中国人和世界各国人的健康服务。

第十章　中西艺术（上）

一、求善　求真

——中西戏剧艺术的区别

（一）善恶有报和真实

艺术皆以创作美为原则。中西理论家、艺术家又都同时提倡"真、善、美"，其实真和善也应包括在美之中，除特殊情况外，岂有真、善而不美的呢？但细细推究，真和善自有独立于美之外的价值。中西艺术的区别就在于：西方艺术在美的基础上以求真为主。西方艺术是科学的，科学即以求真为目的。而中国艺术在美的基础上以求善为主。当然，中西对于美的内涵之认识又不同。此处暂置而不论。

西方艺术的求真，一是内容，二是形式。先谈内容。因为只求真实，艺术的社会效果，尤其是教化意义便被忽略。有一个电影描写一个女人和她的丈夫感情本来很好，可是她在外遇到一个男人，谈得很投机，便产生了感情。回到家后，看一切都不顺眼，性情变得急躁不安，无故摔、砸，后来还是冲破障碍冒雨去会见情人。一投到情人怀抱，性情又变好了。影片对人物性情刻画很成功，很真实，现实中的女人确有这种性情。但给社会带来什么样的效果呢？起到什么教化作用呢？没有任何答案。有的影片描写很多残忍的现象。角斗场上，一个人被杀死，人头滚出很远，鲜血直喷，观者反而高兴欢呼，以至跳跃。西方雕塑作品、绘画作品中，有很多形象是一个人一只手拿刀剑，另一只手提着被他杀死的人头，或人头被砍下，滚出很远，而鲜血满地。中国传统雕塑和绘画绝不准许出现这个现象。孔子不言"怪、力、乱、神"，暴力是儒家所极力反对的。残忍的杀人、提着人头的画面更不准出现。中国很多青少年犯罪分子被逮捕后交代，大多是因为看了西方暴力、残杀、色情等戏剧影片后，影响了他们而变坏的。有的是模仿故事中的杀人情节而杀人或变坏。

中国传统戏剧中也有恶人作恶的情节。但其凶残的具体情节必须省略，使人意会到即可。而且，凡恶人作恶者，必得到惩罚，艺术的效果是使人不敢作恶。好人也必然得到好报。

像西方著名的戏剧《哈姆雷特》，其中好人、坏人全部死光。丹麦老国王被人害死了，哈姆雷特的恋人奥菲莉亚也死了，奥菲莉亚的父亲波罗涅斯也被杀死，奥菲莉亚的兄长雷欧提斯也死了，哈姆雷特的母亲乔特鲁德也被毒死了，哈姆雷特的叔叔新国王克劳迪斯也死在哈姆雷特的毒剑下，哈姆雷特本人也死了。死光了，这悲剧也悲到底了，给人很真实的感觉，也反映了当时宫廷斗争的残酷。但好人、坏人全部死光了。如果说有美，这美只和真结合，就缺少善的内涵。

而中国的艺术，则是美和善的结合。善就是社会价值观的判断。中国几乎所有戏剧小说都是宣传"善有善报，恶有恶报"，而且还有"不是不报，时候未到；时候一到，一切都报"。

以《姊妹易嫁》为例。《姊妹易嫁》本于蒲松龄的《聊斋志异》，后有多种戏剧据此改编，剧情多有出入，大抵是：姊素花自幼与牧童毛纪定亲，但毛纪家贫，素花嫌其贫，不愿嫁与他。

当毛家来迎娶之日，素花誓死不去。无奈中，其妹素梅出于大义代替其姊出嫁，并言即使毛纪是乞丐也不敢辞。到了毛家，夫妻和睦。毛纪苦读，后来中了举人，又中进士，最后官至相国（宰相），享荣华富贵。而其姊嫁一富家子，不久富家子因不务正业（有剧中说他嗜赌），家道衰败，"家渐陵夷，空舍无烟火"，连吃饭都困难。不久，这个富家子又死了，素花闻听其妹夫（本应是她的丈夫）中进士，身为高官，愈加惭愧。素花后来的生活十分凄惨。这个故事教育人不要嫌贫爱富，要忠于爱情，明显地宣扬"善有善报，恶有恶报"，对社会有很大的教化作用。

川剧有《结草报》，是根据《左传·宣公十五年》和《列国演义》第五十五回的内容改编的。故事说晋国的魏颗之父魏犨见杜回打虎，与之较力，把杜回打败。舒某向佃户祖老索谷，祖老被逼而死，其女祖姬卖身葬父，魏犨把祖姬纳为爱妾，并厚葬其父。魏犨每次出征，考虑可能死于战场，必嘱儿子魏颗，一旦自己死了，就把年轻的祖姬嫁出去，让她继续好好地生活。但魏犨临死时，又命魏颗将祖姬殉葬。魏颗没有听从其父临死前的乱命，还是把祖姬遣嫁了。后来秦晋交战，魏颗领兵与秦将杜回交战，但魏颗打不过杜回，正在危机时，祖老的灵魂出现，用草结环绊倒了杜回，暗助魏颗。魏颗把被草环绊倒的杜回杀死，大获全胜。因为魏颗做了善事，救了祖姬的命，所以，他得到善报。

陈世美的故事被很多剧种改编上演，或名《铡美案》，或名《秦香莲》，几乎家喻户晓。内容是士人陈世美别妻秦香莲入京赴考，中状元，然后隐瞒已婚，被招为驸马，在宫中享受荣华富贵。其家中荒歉，父母皆死，妻秦香莲携一子一女赴京寻夫，闯宫见夫，陈世美非但不认，又把她们逐出门外，且又遣家将韩琪前往刺杀，欲断其母子三人性命，以绝后患。秦携子逃跑，至包拯处控告陈世美"杀妻灭嗣"，停妻诳娶公主之罪。包拯不顾皇家压力，依法铡死陈世美。这个故事宣扬了"恶有恶报"，同时也赞美了包拯不惧强权者品质。

黄梅戏《天仙配》因著名演员严凤英主演，又制成电影，在中国影响十分巨大，也几乎家喻户晓。讲的是董永家贫，卖身葬父，天上仙女感其孝行，下凡与之结为夫妻，也是宣扬善有善报。[1]

像湘剧、川剧等演的《荆钗记》，一名《王十朋》《碌砂痣》等，皆是坏人一时得志，后死于非命，而好人一时受挫，最终都得好报。

总之，中国所有的戏剧，都是宣传善有善报，恶有恶报。有的直接，有的间接而已。

（二）文以载道

真实有真实的好处，但文艺作品仅仅给人真实的感觉，就像西方的绘画一样，作用仅限于"目视"，观者仅有其技巧真实的惊叹。对社会的净化、文明、向善并无多少补益和警示作用。有的甚至会产生坏作用。比如很多色情电影或戏剧，都是真实的，其中人体等也很美，但是它们给社会带来什么呢？很多青少年犯罪、堕落都是从看这些色情片开始的。

在中国古代，像《金瓶梅》这样小说绝对被禁止，因为其中色情描写太露骨。即使像《牡丹亭》《西厢记》这样优秀的戏剧也曾多次被禁止，就是因为其中部分情节描写的情爱太直接，怕青年效法而产生不正常的男女关系。

清乾隆十八年（1753）朝廷下旨将《西厢记》《水浒》列为"秽恶之书"，以为"愚民之惑于邪教亲近匪人者，盖由看此恶书所致"。清同治七年（1868）江苏巡捕丁日昌下令查禁"淫

---

[1] 我曾写《观〈天仙配〉》诗（古风），附记于此：董永孝感天仙惊，黄梅曲演今古情。千回看来千回泪，至今犹忆严凤英。

词"，曰："《水浒》《西厢》等书，几于家置一编，人怀一箧"，
"若不严行禁毁，流毒依于胡底"[1]。

在中国，文艺作品的社会效果一直是放在第一位的，一部
文艺作品即使十分真实，十分美（目视），如果不能产生好的社
会效果，不能使人读后产生向善的效果，那也是不能面世的。
如果自行面世，也会遭到官方和社会的谴责。而且，写作者或整
理者一般也不会那样写。前面提到的《水浒》，实际上并无"淫
词"和"秽恶"，只是反映了官逼民反，而统治者认为对他们的
统治不利，才加以"禁毁"。《西厢》中有一点情爱的描写，也是
很含蓄的，和西方的色情片比起来，不值得一提。而且《西厢》
也是宣传善有善报，恶有恶报的，仍然是以"求善"为目的的戏
曲。像《金瓶梅》这样的书，有很多性的描写，目的是吸引人看，
其实主要内容还是暴露当时社会的丑恶，以及影射一些恶人。
但因有性的描写，作者就不敢署自己的姓名，连自己的一些信
息也没有透露，直到今天，研究家也没有研究出作者是谁。因为
中国传统文人以宣传"道"为己任，像这种描画性的内容，非传
统文人所当为，所以他不敢署自己的姓名。但是这本书也是宣扬
"恶有恶报"的。

中国古代文人都是认同"文以载道"或"文以明道"的。
"道"即社会道义，伦理道德，也是文人社会责任感的对象，
文的任务就是载道。唐代的韩愈主张"文以贯道"[2]，柳宗元
称"文艺明道"（柳宗元《答韦中立论师道书》）。到了宋，欧
阳修、苏东坡又主张"文与道俱"，"文者，贯道之器也"。宋周

---

[1] 见《江苏省例藩政》，转引自《元明清三代禁毁小说戏曲史料》（增订本），
上海古籍出版社1981年版，第142页。
[2] 李汉《昌黎先生集序》："文者，道之器也。"

敦颐则正式提出"文以载道"①。朱熹也赞同"文所以载道",并作解释(见《朱子语类》卷九十四《文辞第二十八》)。其后,固然很多人坚持"文以贯道""文以明道",但更多的人还是说"文以载道"。文是用于载道的,"犹车所以载物"。所以,在中国文人眼中,道是更重要的。当然,无文又无法载道。宋柳冕就说过:"夫君子之儒,必有其道,有其道必有其文,道不及文则德胜,文不及道则气衰。"(《答荆南裴尚书论文书》)

其实,孔子说的"诗可以兴,可以观,可以群,可以怨,迩之事父,远之事君"(《论语·阳货》),就已经谈到文学的社会功能。《毛诗序》则强调诗歌:"先王以是经夫妇,成孝敬,厚人伦,美教化,移风俗。"梁刘勰《文心雕龙·原道》有云:"文之为德也大矣,……实天地之心,心生而言立,言立而文明,自然之道也。"又云:"道沿圣以垂文,圣因文而明道。"又云:"《易》曰:'鼓天下之动者存乎辞。'辞之所以能鼓天下者,乃道之文也。"都谈到道和文的关系,且道是更重要的。

唐张彦远《历代名画记》卷一开宗明义第一句话便是:"夫画者,成教化,助人伦,穷神变,测幽微。"

中国的文和画等都是用于"成教化,助人伦",用于"载道""明道"。这和中国的文官治政有关。中国是世界上最早实行文官治政的国家。这是全世界都公认的。但欧美很多国家把中国开始实行文官治政的时间定在宋,这是十分无知的、十分荒谬的。隋唐开始的科举取士,能写诗、写得好的便可以做官,唐诗所谓"朝为田舍郎,暮登天子堂"。再向前,汉朝的乡举里选,也是举选通儒学的文人去做官。再向前,春秋战国时,士(即文人)到处游说,一旦被君主认可也便可掌权。苏秦是个读书人,不治产业,不事工商,唯得书"优而读之",后来佩带六国

---

① 周敦颐《周子道书·文辞第二十九》:"文所以载道也。犹车所以载物……无文则道何以载乎?"

相印。张仪也是读书人，靠口舌为业，二人皆在列国中起到重要作用。百里奚也是一个贫困的读书人士，七十岁前，身为奴隶，后来为秦穆公赏识，以五张羊皮买去，做了秦国的宰相。因为他的才干使秦国强大起来。商代时，姜子牙（太公吕尚）是个处士（无官位），到八十岁还靠为人杀牛、卖酒为生，但后来掌管周朝，相当于宰相，周朝大小事务皆靠他处理。后来姜子牙成为齐国第一代国君，直接治理齐国了。这说明中国在三千年前，文人便开始参与治政了。当然宋朝才是彻底的文官治政。文官治政的文官本是文人，科举取士，所有的文人都有参加科举考试的资格，他们一面为文，一面考虑治理天下，治理天下靠的是"道"，所以，他们为文也必"贯道""明道""载道"。写文怎样才能有补于世道、有益于人心、有助于国家的发展和社会的进步，这是文人对国家、社会的责任心使然。

唐诗人韦应物诗云："身多疾病思田里，邑有流亡愧俸钱。"他在邑中为官，邑中有流亡百姓，他感到拿国家的俸钱而惭愧。宋诗人陆游："身为野老已无责，路有流民终动心。"身为野老，即是一个普通的老百姓，但看到路旁有无法生活的农民，心仍不安。他更说："位卑未肯忘国忧。"

而西方一直是贵族和教会把持政权，即贵族治政（教会配合），贵族是世袭的，贵族永久是贵族，平民永远是平民，文人知识分子再有知识，也永远是平民，不可能成为贵族。他们只能从事文学、艺术、技术、商业等活动，绝不可能从事治理国家的政治活动，也不可能参与治政。他们也就不会也不必"文以载道"，他们的作品一是写爱情，一是写社会的黑暗和商业活动的斗争等，但皆不会提"文以明道"或"文以载道"。中国的文人描写文人失意的作品最多最深刻，西方的文人很少有描写自己政治失意的作品。因为他们从来没有"得意"过，所以也谈不上"失意"。中国的宰相、太守等从中央到地方的官员都是文人担任的，没担任要职的文人便觉得自己失意了，心情不满足便痛苦，便失意，所以写"失意"的诗文最多最深刻。

西方的文人不参与政治，国家大事、社会风俗、人民的素质，皆与他们无关，所以他们的作品不必"载道"，于是便求美、求真。至于社会的责任感、作品的社会效果，他们是不太过问的。所以，西方的文艺作品大多以求美、求真为目的。

中国的文人参与治理政治，国家的兴亡、盛衰，人心的善恶，都是他们的责任。所以，他们的作品必以"求善"为目的。"求善"才对社会有补益，才能改变人心，才能改变社会，淳化风俗。因而，文学艺术之所以能存在、之所以需要，就因为它能"明道""载道"。宋代的理学家甚至反对作诗作文，以为"害道"。如果要作诗作文，必用于"载道"，否则，都在反对之列。

中国的古代戏剧总是以大团圆为结局，总是恶人得到惩罚，善人得到好报，这是社会的需要，也是文艺作品的任务。人们在现实中得不到的，在文艺作品中可以得到，压抑的心情则可以在书中得到缓解。

西方的"求真"有好的一面，可以在文艺作品中把人物的性格挖掘得更深刻，把社会中丑的、美的东西都显露无疑，不必考虑社会效果。但对社会有什么益处呢？像《哈姆雷特》中好人、恶人全部死光，给人的压抑也是难以消除的。看过中国传统的戏剧，尤其是大团圆的结局，使观者很高兴，轻轻松松地回家睡觉了，看过外国的令人压抑的戏剧，使人难以入眠。

其实假的未必不善，像中国传统戏剧中，李白使权势人物高力士为自己脱靴，使杨贵妃为自己磨墨，这些都是假的。真实的李白在宫中是"摧眉折腰事权贵"的，虽然他自己并不愿意那样做，但为了自己能施展自己的抱负，他不得不那样做。但假的反而能鼓动人们要傲视权贵，要有骨气，真的却相反。

《虎溪三笑》也是假的，真实的儒、道、释三人并不同时，但假的却能促使儒道释三教和谐相处。

西方艺术追求美与真的统一，并不错，但中国的艺术追求美与善的统一，更有社会效果。艺术对人们的思想意识影响是巨大的，全世界人们都倾向善，这个世界就会更美好。

（三）中西艺术表现中的真假

其次，舞台上上演的故事，管它是真是假，出现在舞台上都是假的。人死了，不可能叫演员真的死去。自然是假的，中国的方法就叫你知道这是假的，但反映的情和理一定是真，而且假的也更艺术。比如人骑马，不必真的骑一匹马上舞台。人手中拿一根小棒，上面饰一个马缨，就这表示这个人骑着马，或牵着马。或把马鞭一举，即表示上马，把马鞭交给书童，即表示下马。胡适看惯了西方的戏剧，骑马必须是一匹真马，他质问戏剧家，为什么不让真马上舞台，不就更真实吗？回答是：如果演武松打虎，难道让真的虎上舞台？胡适无言可对。西方传统戏剧讲究真实，一个有胡须的老人，演员必须用黏合剂把真胡须粘在嘴边，演员肯定不舒服，其实你粘得再真，台下观者仍然知是假。中国传统戏曲的办法，是把长胡须挂在嘴边，一看就知是假的，但却在艺术上是真的，看上去是假的同时，也知道这是胡须，这样更有艺术含量。外国舞台上的黑夜，真的一片黑，使观者看起来很吃力，甚至看不清楚，而中国传统舞台上的黑夜都是满台灯火，十分明亮，靠的是演员在黑暗中摸索的动作表示是黑夜，或放一盘灯、一支烛，表示是黑夜，观者看起来就不吃力。西方的戏剧讲究真实，就有局限性，不但武松打虎不能上演，航海、登高山等演起来都很麻烦。中国的戏剧以表演动作及道具等以显示真实，则无所不能。事理真，情理真就可以了，不必要在明知是假中又显示十分真。

就艺术效果而言，过于求真，有时可能会减弱艺术的魅力，夸张一些反而更能突出艺术的特点。比如西方人画鸟，多数是画死鸟，因为死鸟作模特儿，不动，易于描绘，画得十分真实。但人们看画，反不如看一只真的鸟。即使画活鸟，也画得真实，比如活的鸡、活的鹦鹉，也不如在家中养一只活鸡、活的鹦鹉，比画中的鸟更真实，而且还可以听到叫声。

而中国清代画家八大山人画鸟，从不画死鸟，他笔下的鸟或鱼，怪眼突出，大肚凸起，都作了夸张，一看就知不是真实的鱼鸟，但比真实的鱼鸟更有魅力。艺术的价值就在于此。

西方戏剧中的人和生活中的人完全一样，衣服、须发皆和现实中的人相同，明明是在表演，却又扮得和真的相同，这些形象在生活中到处可见。而中国传统戏曲中的人，胡须是艺术的胡须，长长的，具有艺术的魅力；主帅出场时，身着帅服，背插帅旗，帽子后有两根长翅，这些在实际中都是没有的，但艺术中有，更有艺术魅力，也更易于艺术处理。

艺术中的真假都应该服从于艺术的效果，而不应该以艺术服从于真实。当然，艺术所反映的情和理必须真实合理。

二、中国艺术与天人合一

中国传统艺术讲究自然，西方传统艺术追求真实。中国一位画家说："画画如果和真实一样，又何必画呢？"中国艺术讲究自然，是"天人合一"理念的结果。

讨论这一问题，首先要明了自然和真实的关系。因为所谓"天"就是大自然，又叫造化。大自然中的一切都是真实的。山、水、树、石、花木、动植物既是真实的，又是自然的。凡自然生成的，皆不是刻划、雕凿、精心制造出来的。凡是精心制造出来的，都不是自然的。

王充《论衡》中有云：

天道自然，非人事也。（《乱龙篇》）

艺术作品，就是制造出来的。由此，艺术作品不属于自然，但是真实的。艺术作品中的内容又可以是不真实的。不真实内容的艺术作品却是真实的艺术作品。

现在要讨论艺术作品的"自然"问题。西方传统的艺术作品，从学习古希腊到文艺复兴之后很长一段时间，都是不自然的。虽然他们画出来的内容（即画中对象，或人、或物、或风景）是自然的，到了画面上就是假的自然，因为是制造出来的自然。但是，如前所述，凡是自然的，都绝对不是刻划、雕凿、精心制造出来的。而西方的传统油画正是精心描绘出来的，它完全是模仿人体、风景、物像等，一笔一画的精心制作出来的。一幅作品甚至制作几年、几十年。这不是"自然"，而是"复制"自然，描绘风景。不但风景本身不能改变，连光线都不能变。阴天了，夕阳西下光线变了，只好收工，待次日同样光线才能继续画（描绘）。画人像也如此。几个月甚至几年画一个人，这个人衣服是相同的，人的姿势是相同的，光线也不能变，才能对着对象描绘。画到胳膊、手、腿、衣服部分，模特儿可以易人代替，但这个人也必须和原对象差不多胖瘦高矮，衣服也必须是同一件。这就是雕琢、刻划、精心描绘。天道是自然的，这样制作绘画就不自然了。制作绘画是"人道"，也就是说人道不合于天道，天人也就不合一了。

中国艺术，尤其是中国书画，最强调"自然"。最反对雕凿、刻划和精心描绘。评价一幅作品，如果说"这幅画（或书法）雕琢气太重了"，那么这幅作品便不可取了。如果说其"刻划"、"太精心了"，也是不可取的，至少说"刻划"得"太精心了"，"雕琢"了，便不是好作品。好作品第一因素便是自然的，《庄子·刻意》有云："澹然无极而众美从之，此天地之道，圣人之德也。""澹然无极"即自然到极点了。而"众美从之",可见自然之美是最高的美。刻意为之,历来是遭到中国画家反对的。《庄子·田子方》中还说:"若天之自高,地之自厚,日月之自明,夫何修焉。"天之高,地之厚,日月之明,都是自然的,都不要修饰人为,但也都达到"最高"。《渔父》中说:"自然不可易也。"

古人说的"淡",便是自然。董其昌在《容台别集》中说:

> 大抵传与不传,在淡与不淡。

淡即自然,自然的作品便能传下去,不自然的作品便传不下去。又说:

> 苏子瞻曰:"笔势峥嵘,辞采绚烂,渐老渐熟,乃造平淡。"

这句话见于苏东坡的著作中是:

> 大凡为文,当使气象峥嵘,五色绚烂,渐老渐熟,乃造平淡。(《历代诗话·东坡诗话》)

由绚烂到平淡,才达到最高境界,平淡即是自然。

米芾更是以"平淡天真"为标准论画。"平淡"即是最自然的意思。"天真"是天然之真,更是自然的意思。他把董源、巨然的画评得最高,原因就是:

> 董源平淡天真多,唐无此品,在毕宏上,近世神品,格高无与比也。(米芾《画史》)

> 巨然师董源……布景得天真多……老年平淡趣高。(米芾

《画史》）

米芾评画评书法，处处以"平淡天真"为最高明的第一标准。反之，不自然的作品为"凡俗"。他说：

> 今世贵侯所收大图，犹如颜柳书药铺牌，形貌似尔，无甚自然，皆凡俗。（米芾《画史》）

另外，黄庭坚评画，也以符合"自然"为最佳。他在《题李汉举墨竹》中说：

> 如虫蚀木，偶尔成文。……几到古人不用心处。

"如虫蚀木"就是非常自然的，而且黄庭坚说的好作品，"几到古人不用心处"也是古代评论家评论一幅好作品的重要标准。"不用心"即是"精心描绘"的反义。西方人传统绘画必是十分用心的。

徐渭说的"不教工处是真工"（《调鹧鸪天·蒋三松风雨归渔图》），也是反对"精心描绘"的。他说的"信手拈来自有神"（《花卉图卷》）即是自然而成的意思。徐渭反复地说："不涉安排""天然真规矩""天机无安排""应机而动""能知造化绝安排"①"老夫游戏墨淋漓"②。徐渭的老师王畿说："应机而动，故曰：'乃见天则'""天机无安排""从真性流行，不涉安排……方是天然真规矩。"（见《明儒学案·浙中王门学案。）等都是主张"自然"而反对"安排"（描绘、雕琢）。

到了董其昌论画更是"以淡为宗"，即以自然为宗。除上述

---

① 日本泉屋博古馆藏徐渭《花卉杂画卷》上题诗。
② 故宫博物院藏徐渭《四时花卉图》上题诗。

之外，他反复讲：

> 诗文书画，少而工，老而淡，淡胜工……东坡云：笔势峥嵘，文采绚烂，渐老渐熟，乃造平淡，实非平淡，绚烂之极也。（《容台别集》）

董其昌类似的论述非常多，不一一列举了。

董其昌把"元四家"捧得最高，又把倪云林捧为"元四家"中最高，原因就是倪画更淡、更天真。他说：

> 元之能者虽多，然皆禀承宋法稍加萧散耳；吴仲圭大有神气，黄子久特妙风格，王叔明奄有前规，而三家皆有纵横习气，独云林古淡天真，米颠后一人而已。（《画旨》）

"古淡天真"即自然到最高程度。

董其昌又在《画禅室随笔》中说倪云林：

> 及乎晚年，画益精诣……一变古法，以天真幽淡为宗，要亦所谓渐老渐熟者。

"天真幽淡"和"古淡天真"同义，也是非常自然的意思。

董其昌更明确地反对"刻画、细谨"。他说：

> 画之道，所谓宇宙在乎手者。眼前无非生机，故其人往往多寿。至如刻画细谨，为造物役者，乃能损寿……（《容台别集》）

西方画细微地描绘对象，"如镜取影"，丝毫不差，即是

"为造化役者"，董认为这种"刻画细谨"，即是"为造化役者，乃能损寿"，是不可取的，就是因为不自然。

董其昌在《画旨》中说的："北苑（董源）画……即米画之祖，最为高雅，不在斤斤细巧。"这"斤斤细巧"即"刻画细谨"，即不自然。

传统绘画处处反对"刻画细谨"，反对不自然，处处提倡自然。例子太多，不可胜举。

而且，世界上只有中国画，把"自然"列为评画的最高标准。唐张彦远云：

> 夫失于自然而后神，失于神而后妙，失于妙而后精。精之为病而成谨细。自然者为上品之上，神者为上品之中，妙者为上品之下，精者为中品之上，谨而细者为中品之中，余今立此五等，以包六法，以贯众妙。（《历代名画记》卷二）

一般说来，神品令人惊叹，"神乎其技哉"，但神品仍在"自然品"之下，不能"自然"才"神"。他明确树立了"自然者，为上品之上"，即最高品第。

"谨而细"的画，即"刻画细谨"的画，被列为五等中最低一等，就是因为画得虽工，但不自然。而西方画却正以"精""谨细"为最高标准的。

中国画中也有工细的工笔画，但中国的工笔画中也讲究自然，也以"自然"为本质，不像西方画那样，过分讲究光线、环境的影响。工笔画的着色也是很自然的，不过着色的遍数多一些而已。但是工笔画最高只能达到"神品"。中国画后来的发展，主流和最受人注目的画仍是写意画，盖写意画随意而自然，"不为造物役"。中国画叫"写"，而不叫"画"。盖写者，随意而自然也；画者，有描绘之意也。西方画一直是刻意描绘，十分用心，不是写。直到塞尚、梵·高出现，因为受了中国画的影响，才改"描绘"为"写"，已晚于中国画千年也。

《庄子·山木》中还有一段话是讨论人为和自然的关系。"人与天一也。……何谓人与天一邪？仲尼曰：有人，天也；有天，亦天也。人之不能有天，性也……"这段话是说，人为的，也是出于自然的；自然的事，也出于自然，人为的以不能保全自然，是由于性分的限制。这段话应该另行研究，但也说明庄子认为一切皆出于自然。

天道是自然的，不是雕凿刻画的。作画是人道，人道要和天道一致，也应该是自然的，不应是雕凿刻画的。中国画"以淡为宗"，即"以自然为宗"，反对雕凿刻画。所以，中国画也是"天人合一"的产物，它体现了中国哲学的"天人合一"原则。

三、自然美　人工美

——中西园林

中国的园林是自然的，在人工中仍然要见自然；而学习中国文化的日本园林则是在自然中见人工。西方的园林则是人工始，人工终，始终见不到自然，一开始便呈现出人工设计的匠心，把几何学、物理学、机械学、建筑工程学等综合在一起；建好之后，一切景观建构无不体现出中矩、中规，以及精确的人工安排关系。树石整整齐齐的，一样高的，差不多一样粗细，而且都是笔直的，不能弯曲。这些树经自然的生长，有高有低，有伸有缩，又必须人工修剪，使之一样高，一样的姿态。有的树修剪成球形，有的修剪成锥形、圆形、长圆形，都是以几何为准则，而且树与树之间的距离也是完全相等，是事先用尺子测量好的。尺子属于机械，而非自然。树要成排、成行，排和行也都是直的，或圆形的，或其他几何形状。水池是挖出来的，也是方的，或长方的，或圆形的，显示出人工的美。水池的沿也是整整齐齐经人工打磨修整的。

以法国巴黎著名的枫丹白露宫廷花园为例，那里的园林，先被规划成几个区域。这区域就是正方的、长方的、圆的、三角形的；种的树也是随着这些圆的、方的、三角形的形而种的，形成圆形、方形、三角形等绿化带。当然，树都是笔直且高矮粗细大小相等的。每年修剪，去掉那些自由生长出的树枝，使之归于相等整齐。我曾亲自测量过，大道两旁的树，距离都相等，当然也都是笔直、相同的。道路更是笔直的，不能弯曲。水池是方形、圆形等几何形。修水池上的石头也都是打磨得一样的几何形，都和自然完全不同，都显示出人工的美、几何的美。而且是和自然对立的美。比如石头，或打磨成圆球、方形，或柱形等都是明显看出是经人工磨制，而且借助机械的功能，使之符合几何学中的圆、方等规律，又将自然的石头打磨光滑，显示人工的技巧。

"天道自然，非人事也。"西方的园林，呈现出的是"人事"，而非"天道自然"。

中国的园林则相反。"曲径通幽"，道路不但不是笔直的，而且必是弯折曲回的，尤其是通往最美的景点的道路，更是弯弯曲曲的，有时道路到了一块大石头前，好像已到尽头，但绕过了石头，又有更美的路，当然这路也是自然曲折的。

树不但不要全是直的，有时为了姿态美，一定要选弯曲的，老态龙钟的，而且差不多每一棵树都和另一些树不同。有些树，比如梅、松，要人工使其幼树时就更加弯曲，更多姿态，更自然。清代大文人龚自珍还专门写了一篇《病梅馆记》，记其人工把梅造成更弯曲，更多姿。当然，龚文是影射当时政府摧残人才的政策，但也道出"梅以曲为美，直则无姿；以欹为美，正则无景"的审美观。

大自然创造曲线，不对称，不规则；西方的人工创造直线，对称，规则。而中国的人工也要师法自然，创造出曲线，不对称，不规则。

树不仅是弯的、曲的，当然也有直的，但不会修剪得相同，每一棵都有个性，不使之相同。而且树与树之间的距离也是散乱的，自然的，不会像西方园林中的树那样，整齐而距离相等。虽然是人工栽培的树，但一定像山野中自然生长的树。中国园林中的树，也会加以修剪，修剪去的是妨碍树生长的密枝，使之生长得更快、更自然，而不是使之整齐。

石头绝不选圆的、方的，更不能打磨成圆的、方的，选出的是质朴的。所谓质朴，就是原始自然的形态，完全无人为加工，要"漏、透、瘦、皱"。"漏"就是上面有洞。如果放一个小球，就会从上面的洞漏到下面；"透"是石头当中前后通透；"瘦"就是有自然的姿态，矗立起来，像美女一样，婀娜多姿；"皱"就是石的表面（皮）不是光滑，不是平整的，石头是皱的。西方园林中的石头要打磨成圆的、方的，一定要光滑的，中国园林中石头一定是不光滑的，一定要是皱的，凸凸凹凹的，才自然、才美。西方的石头一定是人工制造的，中国石头一定是原始自然的，绝不能人工打制。中国的名石，只要有一点人工打制，便价值大减，甚至无价值。

汉班固《东都赋》有云："因原野以作苑，顺流泉而为沼。"中国的园林首先是选取自然中的一段，最好有山、有水。一般很少改变地形。建造时，其中的水池、水塘也一定是自然的，有坡、有滩，水中有小岛，塘边有树木，而且是不规则的，一般不会像西方那样修得整整齐齐的。池边的石头也是自然的，树、草、荷、浮萍等也是自然的。池中有鱼（或金鱼），有鹅、鸭、鸳鸯等水鸟。西方园林的水塘中养鱼，是在18世纪后期才从中国学习去的，以前是不知在池中养鱼和鸟的。

　　四图皆是法国巴黎的旧皇宫枫丹白露的花园之景。其中树、池、路等，皆经人工精心设计。树是直的，或修成锥形、圆形。路是直的，园地或方，或圆，或三角，或正方。水池或圆，或方，皆几何形，显示出人工雕琢之苦心，和中国园林要见天然、自然完全不同。

中国的园林中不是没有人工行为，但人工的结果，必须更像自然。所谓"既雕既琢，复归于朴"。因为大自然中的原始物虽然是自然的，有的却不像自然，如中国云南的大理石，整整齐齐，光光滑滑，却像人加工过似的，这就不宜用于园林中。要经过加工（雕琢），使之更自然。中国园林中有假山、叠石，虽然是人工叠出，却像是自然的。很多假山、叠石都出自著名画家之手。如中国扬州的个园中的假山石、就是清初大画家石涛设计的。山分四个部分，四种颜色，青石部分象征着春天的山，赭红色的石头部分象征夏天的山，土黄色的石头部分象征秋天的山，白色的石头部分象征冬天的山，都很自然、质朴。

中国的园林中很多景致有的就是根据名家诗意而设计的。比如在墙的一侧栽上高高的绿柳树，树的枝叶伸到墙的另一侧。这树便为两家共享，这是根据唐朝大诗人白居易的"绿杨宜作两家春"①诗意而设计的。有时园林中的假山丛树挡住去路，给人以景已尽的感觉，但绕过假山后，又有更广阔的景致，这就是根据南宋大诗人陆游的诗句"山重水复疑无路，柳暗花明又一村"而设计的，这些设计处处体现中国艺术的文化性。

园林中的亭、屋，都设计在恰到好处的地方，仿佛山中的供人休息游览的地方。至于亭、屋、堂前的楹联，更体现出中国的文化性。中国的一切都是文化的，这些楹联多出自大文人之手，文辞优美，寓意深刻，和环境紧密结合，且楹联的书法也十分高雅有学问，这些更是西方园林无法学到的。

中国园林处处显示自然，西方园林处处显示人工，这在喷水上更明显，西方的喷水是借用外力向上喷。水的自然状态只

---

① 白居易《欲与元八卜邻先有是赠》："平生心迹最相亲，欲隐墙东不为身。明月好同三径夜，绿杨宜作两家春。每因暂出犹思伴，岂得安居不择邻？可独终身数相见，子孙长作隔墙人。"（《白居易集》第一册，中华书局1999年版，第300页）

有向下流，不可能向上喷，向上喷是人为的。中国的园林中水皆从上向下流。如园林中的瀑布，必是从高向下的，绝无从下向上的，因为那样不自然。（近来学西方的喷水例外）

日本的园林是学中国的，一般也会在有山（高坡），有水池地方建造，这有自然的基础，但其设计、建造的内容必显示出人工。所以，中国的园林是在人工处显示自然，日本的园林是在自然处显示人工。

四、中西园林艺术差异的根源

盖西方的园林艺术，原出于工匠之手，后来虽有一些名人参与设计，但继承和发扬的仍然是工匠精神。在工匠的思想中，一定要显示工匠的技能。所以，处处以人工显现。同时，工匠的审美也在其整齐、光亮、笔直、方正，他们不会显示自然，而且还要改造自然，以显人工的伟大。所以，西方园林以人工始，以人工终，基本上没有什么文化内涵，只有技术含量。

中国的园林，原出自文人的思想。因为中国一直是文官治政的国家，"士农工商"中，士的地位也最高，工商必须听命于士，他们也发自内心地尊重士（文人）。所以施工造园林的工匠必须按文人的设计和审美情趣进行。中国的文人是世界上最亲和自然、最尊重自然的人，因此，文人的设计，一定是显示自然，保留自然，加强自然的形态，而不需要显示工匠的技能及审美情趣，工匠的技能在于怎么体现文人的崇尚自然的思想。早期的文人隐居必在山林之中，称隐士，又称山林之士。后来城市生活更方便，便隐居在城市中，但其隐居的地方仍然要打造成山林的形态，这就有了呈现自然形态的园林。

人们总是热爱大自然的，进入中国的园林中，犹如进入大自然的精华处，人们享受大自然的美，心境和精神自然进入不同一般的境地；进入西方的园林，主要欣赏的是其工匠的技能，整齐规则的几何学，其自然的内容是很少的。纵使有自然，也是用以炫耀工匠的技能。技能中的文化内涵就少了。

中国的园林因为出自文人的思想，所以处处显示自然，处处有文化。中国好的园林中都必有优秀的楹联、诗文、绘画、碑刻，情景交融，供人学习欣赏。西方园林中很少有碑刻诗文，更没有楹联。文化的内涵总是高于工匠的技能内涵，所以中国的园林高于西方的园林。

江苏省南京市瞻园中一角，原为明代大将徐达（中山王）的府邸大功坊之一部分。图中是静妙堂南面的厅南山池。园中的树、石、水池都是自然的，那个石桥虽是人工放置的，也是自然的，石头绝不会打磨平滑，水池也不会呈方、圆等几何形，树木高低参差，都是自然的状态，和西方人工修剪整齐者绝异。

五、中国园林对西方园林的影响

西方学者对中国园林的欣赏也颇能说明问题。法国传教士画家王致诚到了中国，供职在清廷的如意馆中，他给法国的朋友写信谈到圆明园时说：

> 人们所要表现的是天然朴野的农村，而不是一所按照对称和比例的规则严谨地安排过的官殿。

> 道路是蜿蜒曲折的，……不同于欧洲那种笔直的美丽的林荫道。

> 美丽的池岸变化无穷，没有一处地方与别处相同……不同于欧洲的用方整的石块按墨线砌成的边岸。

> 游廊不取直线，有无数转折，忽隐灌木丛后，忽现假山石前，间或绕小池而行，其美无与伦比。

> 一切都趣味高雅，并且安排得体，以致不能一眼就看尽它的美，而必须一间又一间地赏鉴。因此可以长时间地游目骋怀……①

黑格尔谈到欧洲园林说："最彻底地运用建筑原则于园林艺术的是法国的园子。它们照比例接近高大的宫殿，树木是栽成有规律的行列，形成林荫大道，修剪得很整齐，围墙也是用修剪整齐的篱笆来造成的，这样就把大自然改造成为一座露天的

---

① 转引自窦武《中国造园艺术在欧洲的影响》，刊于《建筑史论文集》第3辑。

广厦。"①

但是黑格尔谈到中国园林时说："是一种绘画，让自然事物保持自然形状，力图模仿自由的大自然。"②

黑格尔也看出，欧洲的园林表现的是人工美，它不是自然的，而是改造大自然的。而中国的园林是自然的，人工是模仿大自然的，也就是我说的中国园林在人工中见自然。

18世纪英国使团副使乔治·斯当东在《英使谒见乾隆纪实》一书中，说到中国的避暑山庄："他们尽量使这个花园是有一种天然的风景，除非为了交通和其他的方便，不用人工加以改造。园内的自然物似乎天造地设地使它生长在那里点缀风趣，而人工加工部分，看上去似乎没有使用工具而只是人的双手创造。"③

18世纪以来，欧洲很多国家园林都有模仿中国园林的作品。英国的钱伯斯不但在英国建造了中国式的宝塔和园林，还于1772年出版一本《东方园林研究》，论述中国园林风格的独创性优越性。他还在《设计图册》前言中说："任何真正中国的东西，至少都有其独创的优点。中国人极少或从不照搬或模仿别国的发明。"他还认为中国的园林艺术精神就是师法自然："他们的范本就是自然，他们的目的就是模仿自然的不规则之美。"

法国的王致诚著有《中国皇帝的北京园林》，向法国介绍中国的园林。他介绍中国的圆明园时说："这是人间的天堂。人工的河流不像我们那样对称匀称地安排，而是布置得如此自然，仿佛流过田野一样，沿岸两旁镶着一些凸凹的石块，自然而无雕琢。河流的宽窄不等，迂回有致，如同萦绕天然的丘石。两岸种植鲜花，花枝从石缝中挣扎出来，就像天生如此……"他的介

① （德）黑格尔：《美学》第三卷上册，商务印书馆1977年版，第105页。
② （德）黑格尔：《美学》第三卷上册，商务印书馆1979年版，第104页。
③ 转引自金涛《承德史话》，上海人民出版社1983年版，第97页。

绍对法国园林世界有广大的影响。

德国学者翁策尔在1773年著有《中国园艺论》一书，认为"中国的园林是一切园林艺术的典范"。

中国的园林艺术在欧洲风行一时，英国建筑美学家荷拉斯·瓦尔波尔在其《书信集》第3卷中谈到英国的园林时说："全国各地面貌一新，人人都在美化自己的庭园，他们不再给庭园围上墙垣和高高的篱笆，过路的人都能欣赏园中的花木。散落在园中的建筑——庙宇、亭台、桥梁等，一应都是哥特式或中国式的，新颖别致，很是可爱。"

当然，也有批评的意见。弗朗西斯·葛文特里在《世界报》第12期上发表文章说："如今又有一种奇怪的式样占了上风，弄得样样东西都是中国式的，或者是按中国的情趣设计的，……中国热真可谓风靡一时。"这也说明中国园林对欧洲影响的程度了。

六、自然美和艺术美

中国哲学认为自然为最高的法则，《老子》云："人法地，地法天，天法道，道法自然。"自然界也和自然一样，是最高的。中国学者同样认为自然美是最高的美。《庄子·知北游》："天地有大美而不言。""朴"是大自然的最原始状态，《庄子·天道》有云："朴素而天下莫能与之争美。"艺术师法自然，而艺术美和自然美，却各具其美。董其昌说："以境之奇怪论，则画不如山水。以笔墨之精妙论，则山水决不如画。"(《画旨》)但自然和自然美仍然是十分崇高的，自然美的精神仍然是艺术美的依据，前面我已作了论述。艺术美只是依据自然美的精神，以笔墨表现出来，这笔墨是自然界所没有的。所以，自然和艺术各具其美。

但欧洲学者黑格尔却说自然不是最美的，"艺术美高于自然美"。他在《美学演讲录》中说：

> 艺术的任务在于用感性的形象来表现理念，以供直接关照，而不是用思想和纯粹心灵新的形式来表现。因为艺术表现的价值和意义在于理念和形象两个方面的协调和统一，所以艺术去符合艺术概念的实际作品中所达到的高度和优点，就要取决于理念与形象能相互融合而成为统一体的程度。
>
> 有生命的自然物之所以美，既不是为了它本身，也不是由于它本身为了要显现美创造出来的。自然美只是为其他对象而美，就是说为我们，为审美而美。[①]

黑格尔还明确地说"艺术美高于自然美"，而且高出很多。因为黑格尔一直强调"心灵活动"的作用。所以，他必然贬低自然美，而将其看作低层的美，一种附庸美。只有艺术美才是高的美。

中国人认为自然是最高的，所以，艺术创作也依据自然的法则，这是正确的。

西方人从事艺术创作又完全模仿自然，把自然原封不动地复制到作品中去，如果自然美是低层的美，那么，把这低层的美复制到作品中去，还能高吗？这真是一个悖论。

而且，西方传统艺术复制的是自然的形，当然形内也包括神，但毕竟是以形为主。而中国艺术只依据自然的法则，用的是自然的精神。所以，物象的固有色、环境色、反光色等和自然的精神无关，也就不必计较。

一是认为自然美不是最高的美，而又完全模仿自然美；一是

---

① （德）黑格尔：《美学》第一卷，商务印书馆1979年版，第90、160页。

认为自然美，是最高的美，而又只取其精神，二者高下，优劣，便不言而喻了。

西方人对于美的认识，可以黑格尔为代表。

总的来说，黑格尔通过两方面来认识自然美。首先是抽象的自然美，其次是感性的自然美。在黑格尔的概念中，美是理念的显现，是理念的概念与体现概念的实体之间的统一，这种统一被黑格尔看作是美的本质。

> 一方面灵魂生活的原则是在自身以内，且自为的具有充实的内容，另一方面外在的现实与这种内在方面是融合在一起的，因此使实在的形象成为内在方面的明显表现，但是在自然这个阶段，美还不能达到这种具体的统一，这种具体的统一还是有待实现的理想。[①]

在这段话中，灵魂生活在黑格尔的哲学中既是指无限、神、自由，相当于中国哲学中形而上之道，是宇宙本真的本体。黑格尔认为艺术作品若不能以灵魂为内容就不能称其为艺术作品。其次，在艺术作品的形式方面，也就是艺术品的感性材料方面，要能够表现这种灵魂生活，也就是说这种形式不能是随便的形式，而是要能表现这种真内容的真形式。因而在黑格尔的艺术定义中，所谓艺术就是这真内容与真形式的结合，这种结合带来的是艺术品的统一，生气，以及观念的整体性，这就不同于现实生活中的破碎与断裂的现实。这就是艺术品所不同于现实世界的根本方面。在黑格尔的认识中，现实世界仅仅体现为现象而不是整体，充满矛盾与偶然，这即是现实社会不具备灵魂的统一所造成的。因此在黑格尔看来，自然美之所以并不是一种高

---

① （德）黑格尔：《美学》第一卷，商务印书馆1979版，第172页。

级的美，不如人所创造的艺术美，即是因为自然是精神的异化，是对绝对精神的歪曲表现，这使得自然并不能表达美的理想。也就是说，根据黑格尔的艺术定义，自然并不具有真内容，也就是灵魂的灌注，观念的统一，而表现为虚假的内容，外在的统一，也就是一种外因起统治作用的定性。在黑格尔看来，造成自然虚假统一感的原因在于自然包含一种抽象的统一关系，它可以按照这种关系去调节事物，但是这种统一并不是本身固有的内在统一，而是由外因而来的抽象统一。这些外在的形式就是人们所说的整齐一律、平衡对称、符合规律与和谐。

首先是整齐一律："就它本身来说，整齐一律一般是外表的一致性，说得明确一点是同一性状的一致重复，这种重复对于对象的形式就成为起赋予定性作用的统一。"[1]黑格尔认为这种表面上的统一是一种抽象的统一，有事物的对称与重复构成，这些现象在自然中广泛存在，是一种人直接可以感受到的美。但是在这种抽象的统一赋予的定性中，看不到主体的生气灌注，没有心灵的自由。

其次是符合规律："符合规律和上述两种比较抽象的形式（重复和对称）是应该分别开来的，因为它已站到较高的一级，单就它本身来看，符合规律固然还不是主体的完整的统一和自由，但已经是一种本质上的差异面的整体，不是仅仅表现为差异面和对立面，而是在它的整体上显出统一和相互依存的关系。"[2]黑格尔认为符合规律就是差异面的相互依存，这不同于在重复与对称关系中量的关系，而体现出一种质的关系，这种关系就是规律，也就是由异质的差异面所构成的统一整体。

最后是和谐："和谐是从本质上出现的差异面的一种关系，而且是这些差异面的一种整体，它是在事物的本质中找到它的

①（德）黑格尔：《美学》第一卷，商务印书馆1997版，第173页。
②（德）黑格尔：《美学》第一卷，商务印书馆1979版，第178页。

根据的。"①黑格尔认为和谐关系超出了符合规律的范围，在和谐关系中，各个差异面不仅仅是呈现为对立的矛盾，而且是呈现为协调一致的统一。"但是和谐还是见不出自由的观念性的主体性和灵魂，在灵魂里统一不是单纯的互相依存和协调一致，而是差异面作为互相否定的因素对立着，因而使表现出来的只是它们的观念的统一。和谐还不能达到这种观念性，单纯的和谐一般地既不能显出主体生气灌注，也不能显出心灵性。"②

　　这三段关于自然美的论述是黑格尔对自然的观察，这种观察是建立在其对美的定义之上的。前一部分已表明所谓的美的现象实质上是真内容与真形式的统一，这种统一只能在艺术美中形成，但是就自然美来说，虽然它也是内容与形式的统一，但是这种内容与形式都是抽象的，不是具体的，也就是还未达到真内容与真形式的统一。在黑格尔的观念中，只有人的心灵才能把握住这种真内容与真形式的统一。因此自然美所展现出的这种统一性虽然无限接近于艺术美与人类的心灵，但是自然美毕竟还是抽象的。黑格尔列举了自然美的几个方面（整齐一律、符合规律、和谐），这些方面是在层层上升中显现出的统一性，比如重复、对称所显现的低级的统一性，规律性所控制的较高一级的统一性，以及在和谐的相互依存关系中显现的高级统一。但是黑格尔认为这些都不是心灵的统一，原因就在于这些统一都是外在的统一，还不能达到观念性的自由，也就是灵魂生气的灌注。比如人的身体，存在各种差异性的器官以及四肢。身体的器官之间相互依存协调一致，但是人之所以为人并不是建立在器官之间的和谐一致上的，超出这一和谐，人的最高统一在于心灵生气对身体的灌注，在于灵魂的自由。因而对于人来说，无论是四肢的差

①（德）黑格尔：《美学》第一卷，商务印书馆1979版，第180页。
②（德）黑格尔：《美学》第一卷，商务印书馆1979版，第181—182页。

异、器官之间的差异与和谐，都被扬弃在人灵魂统一之下保持了自身又超越了自身。因而只有由人的心灵所灌注的统一才是真正的统一，这就是他认为的为什么艺术美高于自然美的原因。

总之，西方哲学认为：艺术美才是高级的美，自然美是低层次、低级的美。而中国哲学认为自然是最高的，自然美是最高的美。如前所述，中国人一直是最亲和自然，最尊重自然，但在艺术上也只是师法自然的精神，而非实体。而西方人出于种种原因，始终把自然看成人类的仆人，是要被征服改造的对象，自然美，也是低层次的美。然而其传统艺术又十分忠实地描绘乃至复制自然，而且又是以师法自然的形体为主。那么，二者所产生的艺术的高下优劣，也就自然可分了。

下节，我将从事实上看，引导世界艺术潮流的，到底是西方，还是中国。

第十一章　中西艺术（下）

一、中国艺术影响西方艺术的发展

毕加索、马蒂斯、梵·高、莫奈、塞尚等人是西方近现代最关键、最重要的画家，若缺了他们，西方美术史，甚至世界美术史将有大片空白。但这几个人都是直接或间接学习了中国艺术而成功的。且看史实。

毕加索（Pablo Picasso, 1881—1973）早期的油画，基本上和欧洲传统绘画一样。他自己说他在少年时临摹文艺复兴大师的作品，和当时的大师们的作品完全一样。一样就没有发展了。他在1901年画的《横躺的裸女》（Jeanne ［Reclining nude］），仍然是欧洲传统式油画，用面表现而不用线表现。还有他的《自画像》（Self-Portrait, 1901）也是以面表现的。还可以列出很多事实。但他后来临摹了中国画，有五大册，每册三十多幅到四十多幅不等。当然他用毛笔画，不可能是地道的中国画传统线条，大抵都和他1956年在法国尼斯赠送给张大千的《西班牙牧神像》中的线条相类。有些线条也暗合于中国传统的提按、方圆、轻重之变化，有的线条也有圆润感，但这都不是自觉的。有的人物画是用水墨画的，也颇有点韵味。后来，他又用毛笔学齐白石的画，画了二十本。

他学齐白石的画学得并不太像，不过也能一眼看出是学齐白石。但他学了中国画后，便改面为线，他的画变为主要用线来造型了。有的是用线勾好后，表现质感的部分也用面，但他的"面"也是中国化的，似中国画的写意笔法，不是传统欧洲油画式。

他1907年创作的《阿维农少女》（Les Demoiselles d'Avignon）被公认为第一幅立体主义绘画，其画法主要即是用线，尤其是《阿维农少女》的那幅油画草稿更明显是线造型的。愈到后来，他愈重视线的造型，有时用粗线，有时用细线。如他的《带齐特琴或吉他的女人》（Ma Jolie ［Women with a Zither or Guitar］，1911）、《拿曼陀林的少女》（Girl with Mandolin，1910）、《梦》（Le Rêve，1932）、《三个音乐家》（Three Musicians，1921）、《走钢丝的杂技演员》（Acrobat，1930）、《三个舞者》（Three Dancers，1925）、《镜前少女》（Girl before a Mirror，1932）、《坐在庭院中的女人》（Seated Woman in a Garden，1938）、《戴蓝红色帽子坐着的女人》（Seated Woman with Blue and Red Hat，1939）、《生之喜悦》（La Joie de Vivre，1946）等，后期几乎所有的画都是用线造型。他1923年画的《恋人》（The Lovers），实际上就是用油画画中国画，线条也好像是用细毛笔勾写似的，实际上是用小油画笔勾的。1937年他创作的著名的《格尔尼卡》（Guernica）也全用细线造型，这是传统欧洲画中所没有的。毕加索学中国画用的是毛笔，他送给张大千的那幅《西班牙牧神像》，也明显是用

毕加索用毛笔作画

毕加索早期的作品是欧洲传统式的油画，基本上没有什么特殊的风格。毕加索如果这样画下去，他在美术史上不会有太高的地位。

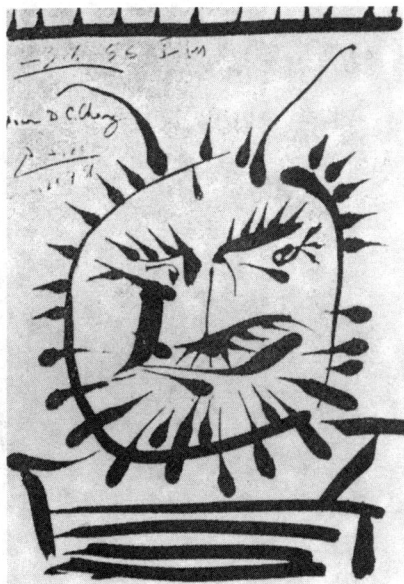

毕加索《西班牙牧神》，1956 年，毕加索将此画送张大千。这是用中国毛笔、用中国画的方法创作的以线条为造型基础的画。这时毕加索已临摹过很多中国传统画，他的突出风格基本上来自中国画。

毕加索的水墨画之一。他似乎画出了一些水墨的韵味，也说明他学习中国画下了很大功夫。张大千说毕加索画是学齐白石的，从这幅画来看，并不专学齐白石；又说他的画"墨色浓淡难分"，这幅画的浓淡是可分的。

毕加索水墨画，北京中国美术馆藏。

毕加索《阿维农少女》。这幅草图画于 1907 年，用线造型更明显，和他以前用传统欧洲油画的用面造型有明显区别。

毕加索《恋人》，1923 年作。这幅画更似中国画，是用油画的材料(油画笔、油画色、油画布)画中国画。

毕加索《镜前少女》，1932
年作。毕加索画的白人，眼睛几
乎全是黑色，这一幅也是全用线
条造型，而且是黑线条。

软毛笔画的，线条圆润，有粗细的变化。但他用油画笔画油画时，线条便无变化了。因为油画笔的鬃毛刷很硬，缺乏弹性，画不出粗细的变化，只能画出直线条。所以，他后期形成个人特殊风格的画几乎都是用直的、圆的或各种几何形的线条为主画出来的。

毕加索的画属于立体派也好，现代派也好，但画法明显受中国画的影响。形成他绘画风格的部分来自中国画，若没有中国画的启发，便没有毕加索后期的成功。毕加索也十分感谢中国画对他的启发，他对中国画的评价很高，远远高于欧洲画。（详后）

据张大千《毕加索晚期创作展序言》中所记，毕加索对张大千"持所习中国画百数十叶出，皆花卉鸟虫，一望而知为拟齐白石先生风貌，笔力沉劲有拙趣，而墨色浓淡难分"。又云："六年后，予于巴黎大观园餐厅，见其所绘《草上刀螂》，画风虽仍沿白石老人，然寥寥数笔，已尽得中国画之神韵。"

张大千在 1956 年回赠毕加索一幅画，上画两株竹子，前浓后淡。据张大千的叙说，他见毕加索用毛笔学中国画，但不知用笔之法，又说他"墨色浓淡难分"，于是便画竹子告诉毕加索应该怎样用笔。如果张大千的画对毕加索有影响，那么这影响仍然是来自中国的传统，因为张大千是研究中国传统的画家。

毕加索还说过："我最不懂的，是你们中国人为什么跑到巴黎来学艺术"，"在这个世界上，谈到艺术，第一是你们中国人的艺术；其次是日本，日本的艺术又是源自你们中国；第三是非洲人的艺术。除此之外，白种人根本无艺术，也不懂艺术"①。

看来，毕加索对艺术史也颇有见地，他说"日本的艺术又是源自你们中国"是非常正确的，这比很多美术史研究家的看法高明得多。日本艺术对世界产生影响的是"浮世绘"，全用长线条造型。日本人说是学习中国唐代的绘画，其实主要是学习中国明代的陈洪绶。早期"浮世绘"中的人物造型多来自陈洪绶的人物画，画法更是来自陈洪绶。在日本"浮世绘"盛行时期，陈洪绶的木刻画《水浒叶子》被日本人反复刻版、翻印、临摹，风靡一时。毛奇龄在《陈洪绶别传》中记载，有人用竹筒装了两幅陈洪绶的画到日本，"贻日本主，主大喜，重予宴，酬以囊珠，亦传模笔也"。日本主（当时掌权的天皇）得到陈洪绶的两幅画，竟重重地酬谢了一口袋宝珠。实际上，这两幅画仍然是别人临摹的作品，即"传模笔也"。此可见陈洪绶画在日本的影响。当然，他们同时也学习了中国唐宋传统和其他一些优秀的中国画家的作品，总之是"源自中国"。因而，凡学"浮世绘"者实际也是受了中国画的影响，不过是中国画的再传"弟子"而已。西方人早

---

① 《张大千和毕加索》，《北京文学》1987年第3期；又见包立民《张大千艺术圈》（辽宁美术出版社1990年版）。张大千在《毕加索晚期创作展序言》中记：毕加索说："西方白人实无艺术。纵观寰宇，第一，惟中国人有艺术；次为日本，而其艺术亦源于中国；再次为非洲黑人。予多年来感而不解者，何竟有偌许多中国人乃至东方人远来巴黎学习艺术？舍本逐末，而不自知，诚憾事也。"

期用面表现物象的油画乃是来自古希腊，后期用线表现物象的油画来自"浮世绘"和中国的写意画，归根结底是来自中国。所以，毕加索说"白人根本没有艺术"，也是十分正确的。"根本"即白人没有原创的艺术，这也是普通美术史研究家所不知，更不敢道的。毕加索还说："中国画真神奇。……连中国的字，都是艺术。"①崇尚西方画和现代派的人提起毕加索，无不五体投地，他的每一句话都比圣旨还重要。那么毕加索如此崇尚中国画，论之为世界上第一等艺术，你们怎么又听而不闻，视而不见了呢?难道一些根本不懂艺术的画商能高于毕加索吗?

毕加索还说过："如果在中国，我不当画家，我一定当书法家。"可见他对中国艺术的理解。毕加索未必能看懂中国的书法，但天才人物的感觉是很准确的。

梵·高（Vincent Willem van Gogh，1853—1890）也是欧洲最重要、最有特色的画家之一。荷兰有梵·高美术馆，还有很多梵·高大画集。从画集中梵·高的作品和生平介绍可知，他只活了37岁。梵·高早年学画是传统的欧洲式油画，毫无特色，在30岁之前一直临摹荷兰画派和法国巴比松画派的作品，尤其是米勒的作品。他的画卖不出去，可能也和他的画既不美又无特色有关。如果美而艳俗，可以投合一般俗人的口味;如果有特色，则收藏家必会光顾。这两点，早年的梵·高都不占。

梵·高在学习素描时，成绩是全班最末一名。如果这样学下去，他永远不能出人头地，也许最终只能成为一个不入流的普通画人。

1885 年，梵·高购买了一些日本"浮世绘"的版画。他在给他弟弟提奥的信中说："我的画室不错，尤其是由于我在墙上钉上了一批小幅的日本版画。我非常喜欢这些画，在花园里或海滩

①《张大千和毕加索》,《北京文学》1987年第3期。又见包立民《张大千艺术圈》辽宁美术出版社1990年版。

日本"浮世绘"是学习中国画的一种
画风，梵·高学习"浮世绘"后，开始找到
了他自己的特色画风，改用线，而不再用
传统的面。梵·高的造型能力似乎不是太
过硬，他临摹这幅"浮世绘"的作品是用
半透明的蜡纸拓下原画的人物外形轮廓，
然后又用近似中国九宫格的方格放大成
他要的画面，再用油画笔、油画色，画成
油画。花魁其实是日本艺妓，梵·高在艺
妓周围画着开放睡莲的池塘和竹丛，左
上还画有鹤，下面画有蛙，鹤和蛙在法语
中是娼妓的双关同义词，暗示这位花魁
是艺妓。画中的鹤也是根据日本"浮世绘"
画家佐藤的一幅画临摹上去的。

梵·高《鸢尾花》，
1889 年 5 月作。这幅
画更像中国画，用线条
勾勒，然后着色。只不
过他不是用毛笔和国
画颜色，而是用油画笔、
油画色，但其画法和精
神都来自中国。

上画得很小的仕女、骑马的人、花朵、多刺的荆棘枝。"①从此，他喜爱上日本的"浮世绘"。

在荷兰梵·高美术馆里，收藏了（挂在玻璃柜中）梵·高曾学习过的三张日本"浮世绘"作品，其中有他1887年临摹的《开花的梅树》（日本歌川广重原画），原作和临作放在一起，基本一样，只是梵·高是用油画笔画的，而歌川广重是用中国毛笔画完线条加重色而成，再刻印而出的。1887年，梵·高模仿日本"浮世绘"，用油画颜料和油画笔又绘制了另外两幅油画作品。从此，他改变了自己的画法，由用面表达改为用线表现。长线、短线，即使画上是面，也是用短线画成的面。他的独特风格形成了。在以后三年多时间里，他创作了大量以线为主的作品。

在书信中，梵·高多次谈到自己作画是受日本"浮世绘"的影响。他说：

当你处处发现日本的绘画，不论是风景还是人物，色彩都是那样鲜艳夺目时，你一定会产生一种绘画革命的思想。提奥和我已搜集了数百张日本画的印刷品。②

请注意，我说的是那种日本画法中的色彩简化法……

日本画家就是采用这种手法的。他们在一张白纸上，三下两下一画，就奇迹般地表现出一个少女的表面粗糙而苍白的皮肤的颜色与黄色头发间趣味横生的对比。更不用说那星罗棋布般盖满了无数白花的黑色荆棘林。③

① 见《世界艺术大师：凡·高》，河北美术出版社2008年版，第20页。
② 《塞尚、凡高、高更书信选》，四川美术出版社1986年版，第31页。
③ 《塞尚、凡高、高更书信选》，四川美术出版社1986年版，第33—34页。

我敢预言,别的画家们会喜欢一种在强烈阳光下的色彩,喜欢日本绘画中那种晶莹澄澈的色彩。[①]

日本画家传授给我们的真正的宗教……我羡慕日本画家对作品的每个细节处理得极其清晰,从不使人乏味。[②]

他甚至说:

我的整个创作均以日本绘画为基础。[③]
日本艺术在他本国已逐渐衰落,却在法国印象派艺术家中生了根。[④]

谈到色彩,梵·高说:

你会察觉到,我是像日本的样式谈色彩的简化,……就像我们在日本的套色木刻里见解到的那样。[⑤]

可见梵·高受日本"浮世绘"影响之深。但梵·高因为收藏了日本的"浮世绘",并学习它,而言必称日本画,却不知道,日本的艺术完全来自中国艺术。我再一次声明,梵·高学日本"浮世绘"实际上仍然是学中国的艺术,因为原创来自中国。

可惜梵·高死得太早了。死后一年,他的画就被世人所知所赏。巴黎为他举办遗作展览,而后就是大量的出版、展览、回

---

① 《塞尚、凡高、高更书信选》,四川美术出版社1986年版,第41—42页。
② 《塞尚、凡高、高更书信选》,四川美术出版社1986年版,第44—45页。
③ 见《美术译丛》1982年第3期。
④ 见《美术译丛》1982年第3期。
⑤ 见《宗白华美学文学译文选》,北京大学出版社1982年版,第223页。

梵·高《饮酒者》（道米尔之后），1890年2月作，全用线条造型。

梵·高《女人头像》，1885年作。梵·高到32岁，还没有找到他个人特色的作画方法，只是临摹别人的作品，写生也是用他临摹欧洲油画的方法。如果这样画下去，终其一生他只能是一位不入流的普通画家。

顾展等等。荷兰首都阿姆斯特丹建造了梵·高博物馆，向全世界开放。梵·高如果不自杀，他会比毕加索还富有。

如果没有"浮世绘"，便没有梵·高；没有中国画，便没有"浮世绘"。梵·高的成就来源，便不言而喻了。

马蒂斯（Henri Matisse，1869—1954），法国画家，也是欧洲和世界上最重要的画家之一。马蒂斯早期的油画是欧洲传统式，用面表现而基本上不用线。如他1896年画的《女服务生》（Waitress）、《工作室》（Interior With A Top Hat），1899年画的《生病的女人》（The Convalescent Woman），1904 年画的《裸像》（Carmelina）等等，都是普通的欧洲传统式风格。1904 年画的《静物》（Still Life），1905 年画的《撑伞的女人》（Young Woman with Paraso），则明显是学点彩派，基本上没有个人特色。

从 1905 年开始，他抛弃了点彩派画法，开始学习"浮世绘"，改用线条造型。1909—1910 年，他创作的名作《舞蹈》（Dance，五个裸女拉着手在跳舞）、《音乐》（Music，五个裸体男孩），全是用线勾括，再平涂颜色，涂色完全是中国画的写意式，线条也是中国画式的——柔曲而劲细。1916年和1917年画的两幅《雕塑和瓶中常春藤》（Sculpture and Vase of Ivy）则用粗而实、直多于曲的线条造型。马蒂斯后期的画，全是学"浮世绘"的线条，而色彩全是中国画的写意式，他的"野兽派"风格凸显出来了。

西方传统油画中的颜色很少用平涂，但他们发现"浮世绘"中大面积的平涂颜色更强烈、更有对比性，而来自中国画的平涂还有随意性，于是西方画也开始用平涂的大面积色块，马蒂斯画中的大块颜色几乎都是平涂。

晚年，马蒂斯学习中国的剪纸，创作出大量的剪纸作品。他

　　马蒂斯《裸像》，1903 年作。这幅画是马蒂斯早期的作品，完全是欧洲传统油画式，画得也并不出色，没有特色。如果这样画下去，马蒂斯只能是一个油画爱好者，成不了画家，更成不了杰出的画家。

　　这幅画，马蒂斯用线条造型，颜色基本平涂，已经颇类中国画了。他的个人独特风格已形成，这完全是学习"浮世绘"和中国写意画的结果。

　　马蒂斯《休息的舞者》，1940 年作。这幅画不仅前面人物用的是中国画的写意法，背景中的树叶等更是从中国画的写意法来的，而且"浓淡干湿"都似中国画。

马蒂斯《女人体》（剪纸）

马蒂斯晚年学习中国的民间剪纸，由中国画的"再传弟子"变成"入室弟子"。

的剪纸作品是学中国的，这是事实，也是所有学者公认的。但学中国哪一个地方的剪纸呢？我作了对比，可以判断出他学的是中国江苏省徐州市邳县的剪纸。

马蒂斯自己也反复讲：

> 我的灵感常来自东方艺术。

> 我的风格是受塞尚和东方影响而形成的。[①]

这东方艺术即日本"浮世绘"和中国的写意画，再就是中国剪纸。

如是看来，马蒂斯由中国艺术的再传弟子变为入室弟子。没

---

① 转引自迟轲《西方美术史话》，中国青年出版社1983年版，第390页。

有中国艺术也就没有马蒂斯。

莫奈（Claude Monet，1840—1926），法国著名画家，也是世界著名画家。莫奈的名作之一是《睡莲》（Le Bassinaux Nympheas）。莫奈早年绘画，也是欧洲传统式，虽然也不错，但不足以出人头地。1871 年，莫奈31岁，他到荷兰旅游并滞留到年底，发现了日本"浮世绘"，买下数幅，从此开始了对东方艺术的兴趣和研究。1875—1876 年，莫奈创作的《穿和服的女人》（La Japonaise [Camille Monet in Japanese Costume]，现藏美国波士顿美术馆），画的是他的太太身着日本和服，背景全是日本的"浮世绘"。1899—1900 年，莫奈创作的18幅"日本桥"系列作品，显露了他对日本艺术更为强烈的兴趣。

在巴黎的莫奈花园即莫奈故居中，除了他自己的画之外，在客厅中、卧室内、卫生间内，挂的全是日本"浮世绘"。他死后，人们在他的藏画中还发现了两幅中国画。他自己不知道是中国画，只知道是东方画，但他受这两幅中国画影响最大。莫奈画《睡莲》，用线勾出形状，用油画颜料着色，他用的画法其实是中国画的写意法。他画的芍药、睡莲、水草和很多色彩笔触，完全来自中国画的大写意法，大异于传统的欧洲油画。尤其是画中的垂柳，更是中国画的传统画法。他成功了，而且，他画的《睡莲》是长卷式，高2米，长达数十米。欧洲传统油画受定点透视的规定，一般长宽比是 5∶4 或 6∶5，没有长卷或长轴。中国画从不受定点透视的影响，像北宋名画《千里江山图》，高仅 51.5 厘米，而长达 1191.5 厘米，长是高（宽）的二十多倍。莫奈的《睡莲》也是仿效中国画长卷式，打破了欧洲传统的定点透视法。没有中国画的影响，也就没有莫奈的名作《睡莲》。莫奈有了《睡莲》，才有了他在欧洲乃至世界艺术史上的地位。

莫奈《穿和服的女人》，1875—1876年作。

莫奈早期的绘画完全是欧洲传统式的。1871年，他31岁时到了荷兰，发现了日本的"浮世绘"版画，立即产生了强烈的兴趣，便购买了数幅。但他在31岁前后，仍基本上用欧洲传统方法绘画，吸收东方画的形式并不多。这幅《穿和服的女人》是他根据"浮世绘"画中的内容而画的，人物是穿日本和服的女人，背景是"浮世绘"作品的临摹，但方法还是欧洲油画式。不过从题材看，他的注意力已经开始转向东方了。

莫奈《睡莲》，1914—1917年作。这幅《睡莲》用线条造型，再施重彩，中国画的浓墨重彩即此。莫奈的画以《睡莲》长卷最著名，可以说是学习借鉴中国画而成功的。

莫奈《柳枝睡莲》，1914—1917年作。图中柳枝（叶）明显是学中国写意画的。而且他对中国画的"笔墨"的理解，超过毕加索。

塞尚（Paul Cézanne，1839—1906），法国人。他的画一直遭到官方沙龙的拒绝，多次送展均失败，就是因为他的画和欧洲传统绘画不同。传统的欧洲油画用笔用色，一直是很严谨的，不敢随意。而塞尚的画显然是受了中国写意画的影响，用笔用色抒情、放纵，随意而潇洒。至少说它和中国的写意画相通。这方面，在英国艺术史家兼艺术家罗杰·弗莱所著的《塞尚及其画风的发展》一书出版后，很多研究者都已指出塞尚画风与中国写意画的一致性。塞尚的画风形成，是受中国写意画画法的影响，这已经形成共识，学术界人士无人不知。他的画解放了欧洲画家谨慎小心的精神状态，不在于描摹对象，而重在抒发个人的感情和意趣。在西方，第一个把中国画写意精神用之于油画上的，便是塞尚。塞尚成为了西方现代艺术之父。其实，塞尚写意式的绘画，中国早在一千年前就十分普遍。五代的石恪，宋代的

塞尚《秋》，1860—1861 年作。

塞尚早期的画也都是欧洲传统式，用面造型，用笔用色都很严谨，都是为所画的对象服务，没有个人创见，没有个人特色。如果这样画下去，他绝对不可能成为现代艺术之父。

梁楷、牧溪等，皆是大写意的高手。塞尚只学了中国画一点皮毛，便成为西方现代艺术之父。

塞尚《七个男浴者》，1896—1897年作。这幅画也是用线条造型，下笔如中国画的速写，十分生动。西方绘画由严格地描绘对象，到以抒发个人感情感受为主；笔法由严谨的描绘，到随意潇洒的抒写，始自塞尚。塞尚成为西方现代艺术之父，中国画写意法给予他以及后来者的影响、启导，是决定性的。没有中国写意画，便没有塞尚，便没有西方的现代学术。

质言之，从塞尚开始，西方画家由师法自然，真实的表现自然（包括人体等）开始了师心为主，开始转向表现自我。中国写意画的影响启导，起到决定性的作用。

此外，还有奥地利画家克里姆特（1862—1918）。他的画是有十分突出而强烈的风格，被美术史家称为象征主义绘画中的"分离派"的杰出领袖，曾经为奥地利维也纳分离派第一任主席。他的画开始也是传统的欧洲油画，完全不能出人头地。当中，他也深受荷兰象征主义画家图罗普、瑞士象征主义画家霍德勒和英国拉斐尔前派的画家比亚兹莱等人的艺术影响，画风略有变化，但没有太多特色。他后来广泛学习东方艺术的表现手法，最后他找到了中国画，中国画线条明快、风骨突出，又色彩鲜明，启导了他的表现手法，从而使他的画风和传统欧洲绘画拉开了距离，他成为开宗立派的画家，成为"分离派"的领袖。如果没有中国写意画的启导，克里姆特不会成为艺术史上杰出的艺术家。

杜尚（Marcel Duchamp, 1887—1968）虽然是有争议的人物，但他早期的作品也是西方传统式油画，如《薄兰韦勒的风景》（Landscape at Blainville）。后来他画《春天，抑或在春天的年轻女子们》（Le Printemps ou Jeune Homme et Jeune Fille Dans le Printemps），便用中国画式的线条。《下楼的裸女》（Nude Descending a Staircase）等则用直线了，也改面为线了。

而且，艺术必须有美的标准，宗教求善，科学求真，艺术求美，这是最基本的，艺术绝不可失去美。而杜尚及支持者认为艺术应由"审美判断"进入"认知判断"的阶段了。艺术失去了"审美"，进入了"认知"，艺术便被哲学代替了。倘如此，艺术就真的死亡了，终结了。但杜尚后来走向另一极端，他把小便壶拿去当自己的作品，便产生了争议。中国人是主张"中庸"的，凡事不可走极端。

西方绘画和中国绘画的最根本区别就是：西方画用面去表现物象，而中国画是用线去表现物象，"骨法用笔"成为中国画的重要法则。包括空中的云，一片一片，本无线，而中国画也用线条表现；水也是无线的，中国画也用线表现。现在只要到欧美等西方国家各美术馆中去看看，西方的近现代画家的作品，凡有新意的，差不多都是用线去造型，都是受了中国画的影响而如此。

2013年、2015年北京举办的国际双年展中，很多外国画家的画都用线去表现，都酷似中国画。但中国重要的画又似西方画，真是错位了。

　　朱德群、赵无极在中国学习西画，他们当时不愿学国画，跑到法国去，他的油画无法赶上西方的油画。走投无路中，他们又转向中国的传统，从中国画传统中找到了形式和灵感，于是创作出有别于西方传统式的新的艺术，成为法兰西艺术院士。因为他们在学习时学的就是西画，对中国画知之太少，仅皮毛而已。但他们的画也一直为法国很多画家所学习，成为一时风尚。

　　在北京的双年展中，我们看到法国参加展览的画家作品，差不多都是朱德群式、赵无极式，从中也可见中国艺术的间接影

德国表现主义作品，埃里希·黑克尔《弹钢琴的女孩》。其画法全似中国的水墨写意画。

奥托·牟勒《伯尔尼舍一家》，1919年作。这幅画用线条造型，然后赋色，和中国传统写意画很接近。

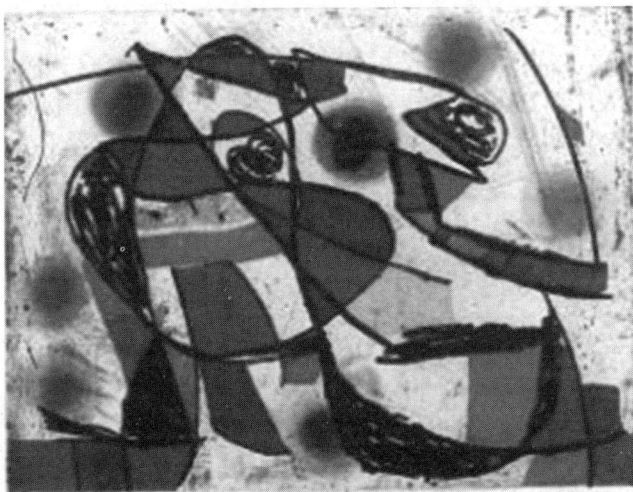

两幅米罗的作品

　　米罗作品显然受中国画的影响，用线条勾括，平涂颜色，风格突出；后来又被一位中国画家借鉴，形成了"独特风格"。可见到了近现代，中学西，西学中，中又学西之学中。（参见我的文章《分久必合，合久必分》）

响了。

还有很多的西方艺术家，借用中国书法的形式去创作新形式的绘画。那些满纸满油画布上重重的黑杠杠，深厚而有重量感，表达什么，我看不懂，但其形式都来自中国的传统书法，那是一目了然的。美国是一个强国，不好意思说其艺术是受中国艺术的影响。但美国很多研究家都发现了美国和欧洲的一些现代艺术是受中国艺术的影响。2000年，在美国纽约大都会艺术博物馆的一次展览中，其展览前言中终于承认：美国和欧洲很多现代艺术是受中国书法的影响而成功的。但美国和欧洲很多艺术家虽然借用中国书法的形式，而他们对中国书法的内涵和奥妙根本不知。

类似的例子还有很多，限于篇幅，便不再一一列举。但西方近现代艺术的成功，至少说西方重要画家的成功，是受中国艺术的启发、引导乃至示范作用而使然，已经十分清楚了。没有中国传统艺术，便没有西方艺术的现代局面。

当然，西方画家中也有不少不十分重视借鉴中国画的线条法形式的，但其作品新意皆不大，绘画成就也非太高，至少说不能和毕加索、梵·高、马蒂斯等相比。此外还有一些偏激的形式，在世界上争议一直很大，此暂置而不论。

二、中国画论一直居世界画论之先

中国传统艺术一直居世界艺术潮流之先，也一直引领着世界艺术的发展。公元初至5世纪，亦即至今2000年至1500年间，中国的艺术家就知道：模拟真实（自然）非艺术的本质。汉人就知道，"书，心画也，声画形，君子小人见矣。声画者，君子小人之所以动情乎？"（扬雄《法言·问神》）书画表现的是自己。更早一点，《庄子》就知道，作画者必须身心自由，不为权势所迫，不受各种约束，方为"真画者"（《田子方》）。西汉刘安的

《淮南子》中便认为"画西施之面，美而不可说（悦）；规孟贲之目，大而不可畏，君形者亡焉"（《修务训》）。应该以神写形，神比形更重要。到了汉末魏晋南北朝期间，画论上对传神的认识：刻画人物内心世界，表达人物的身份，对道、理、情、致、法的认识，书画是传达自己的感情，写的是自己等等；画可见之物简单，重要的是画人能想象到的，但看不到的境界等等；都有深刻全面的认识。一直到现在，全世界的绘画理论都无法超过中国那时候的理论。①

在西方，绘画就是写形，仅供眼睛享受，后来变为视觉冲击力。而中国画重在"写心""写情""写趣""畅神"等。丹纳说："绘画是供养眼睛的珍馐美味。"②还有："画只为眼睛看，音乐只为耳朵听，不这样做，就等于没有完成任务。"③而中国画家认为"目"是"陋目"。画的是"道"，是为了"畅神"，为了"媚道"，不是只画见到的东西，还要画见不到的东西：头脑中想象的东西。唐代符载云："张公之艺，非画也，真道也，当其有事，已知夫遗去机巧，意冥玄化，而物在灵府（在心中），不在耳目。故得于心，应于手，……与神为徒。若将短长于隘度，算研蚩于'陋目'，凝觚舐墨，依违良久，乃绘物之赘疣也。"（《观张员外画松石序》）"目"是"陋"的，看不到全面，更看不到背后的东西，尤其看不到人头脑中想象的东西，但中国画可以，画家要"与神为徒"。朱景玄说："伏闻古人云：'画者，圣也。'盖以穷天地之不至，显日月之不照。挥纤毫之笔，则万类由心；展方寸之能，而千里在掌。至于移神定质，轻墨落素，有象因之以立，

① 详见陈传席《六朝画论研究》，江苏美术出版社1985年版；台湾学生书局1991年版；天津人民美术出版社2006年版、2015年修订版；中国青年出版社2014年版。
② （法）丹纳：《艺术哲学》，人民文学出版社1983年版，第171—172页。
③ 《欧美古典作家论现实主义和浪漫主义》（二），中国社会科学出版社1981年版，第178—180页。

无形因之以生。"(《唐朝名画录序》)在西方，画家必须重目，目无所见，笔无所画，形便无以立。如是，则没有立体派和现代派也。宋欧阳修《盘车图诗》云："古画画意不画形。"吴昌硕说："老缶画气不画形。"这都是西方画家在文艺复兴及以前所不知的道理，当然也画不出来。

早在1600年前，宗炳就说："山水以形媚道。""夫理绝于中古之上者，可意求于千载之下。旨微于言象之外者，可心取于书策之内。""万趣融其神思，余复何为哉？畅神而已。神之所畅，孰有先焉。"①

王微则说："目有所极，故所见不周。于是乎，以一管之笔拟太虚之体。"②"太虚"之体是看不到的，因为"目有所极"，像立体派，从正面能画出侧面，都是目见不到的。现代派的画，很多都是现实中目无法见到的，但却能画出来，而且绘画"岂独运诸指掌，亦以神明降之"③。王微还大谈"画之致也"，"画之情也"④。这都是古代西方画论中所无的。

中国画不是以画形为尚，宋人陈与义还说：

> 意足不求颜色似，前身相马九方皋。(《和张矩臣水墨梅五绝》)

九方皋相马，把马的毛色、牝牡都看错了，把黑马看成黄

---

① 见宗炳《画山水序》，载陈传席《六朝画论研究》，中国青年出版社2014年版，第114页。
② 见王微《叙画》，载陈传席《六朝画论研究》，中国青年出版社2014年版，第151页。
③ 见王微《叙画》，载陈传席《六朝画论研究》，中国青年出版社2014年版，第152页。
④ 见王微《叙画》，载陈传席《六朝画论研究》，中国青年出版社2014年版，第152页。

马，把公马看成母马，其实他不注意这些细节。但却看到了马的实际是匹千里马。画中国画也如此。一眼看去，雅？俗？不必细看形色，也不必细看用笔，便见到格调高、雅、低、俗，雅就高，俗就低。当然这要很深的功力，尤其要很深的文化修养。形、色弄错，不要紧，关键在内涵，内涵就是修养，表现出来的就是雅和俗。写作、作画，重在人格的修炼，性情的抒发，思想的表达，有时还要"载道"。 而西方画家到了14世纪，还在讨论画家要做大自然的儿子，还是孙子，而且结论是孙子。最有名的画家达·芬奇说："绘画是自然界一切可见事物的唯一的模仿者。……因为它是从自然产生的。为了更确切起见，我们应该称它（绘画）为自然的孙子。因为一切可见的事物一概由自然生养……所以我们可以公正地称绘画为自然的孙儿……"①西方人最崇尚的苏格拉底说："绘画是对所见之物的描绘，……借助颜色模仿凹陷与凸起，阴影与光亮，坚硬与柔软，平与不平，准确地把它们再现出来。"②

达·芬奇阐述：绘画要像镜子那样真实的反映物象。他说："画家……他的作为应当像镜子那样，如实反映安放在镜前的各种物体的许多色彩。"③"镜子为画家之师。"④

安格尔（Jean Auguste Dominique Ingres）是法国古典主义画派的领袖人物。1829年起任美术学院副院长、院长。他的言论影响颇大，也十分有代表性。在《安格尔论艺术》中，他说："只有在客观自然中才能找到作为最可敬的绘画对象的美，您必须到那里去寻找她，此外没有第二个场所。"他又说：

---

① 见《达芬奇论画》，人民美术出版社1979年版，第17—18页。
② 见《欧美古典作家论现实主义和浪漫主义》（一），中国社会科学出版社1980年版，第10页。
③ 《芬奇论绘画》，人民美术出版社1979年版，第41页。
④ 《芬奇论绘画》，人民美术出版社1979年版，第51页。

宋 梁楷 《李白行吟图》

　　现藏日本东京国立博物馆。用笔极简，完全根据画家的情绪在挥洒。西方画家学之，但仅得其形式，内蕴全无。

宋 梁楷 《泼墨仙人》

现藏台北"故宫博物院"。梁楷大笔泼墨,纵横涂写,全在抒发自己的感情。
欧洲表现主义绘画大抵与此精神相通。

五代 石恪 《二祖调心图》

上题"乾德改元八月八日西蜀石恪写二祖调心图",知是画作于919年,现藏日本东京国立博物馆。也是随意挥洒,纵横涂写,西方表现主义绘画的精神大抵类于此。

五代 石恪 《二祖调心图》

这是《二祖调心图》的另一部分。画家用淡墨画人体及脸部,用浓墨大笔恣意挥洒写出衣纹,尤其是右边的衣纹,真是痛快淋漓。因为中国的毛笔含水墨大,且又有提按转折顿挫及八面出锋的效果。脸部上的胡须部分画家用淡墨乱戳乱点十分随意。但淡墨触纸向四周洇出,形成浓淡的层次,这也是西方油画笔所无法企及的。特别是线条的变化及表现画家的情绪,西方用硬刷的扁笔是无法表现的。所以,西方的表现主义只是学中国大写意画的一点皮毛而已,但精神大抵相通。

"造型艺术只有当它酷似造化到这种程度，以致把它当成自然本身时，才算达到高度完美的境地。"他更说："眼前没有模特儿时永远不要画。无论是手，还是手指头，都不该仅凭记忆来画……"①而中国画则是主张画主观的，不主张对着模特儿作画，主张"目识心记"。而中国画家认为画由画家心生，由个人意识重铸而成。西方画家还在复制真实。从希腊到文艺复兴到安格尔，那么多画家，虽有天才之质，但并无天才之迹，他们的作品只是真实，充其量是"天能"。后来，他们从中国画中找到了出路。

西方各类现代派所画的不同于传统的画，立体派把"目有所及，故所见不周"的地方也画出来：老虎、蜘蛛、女人画在一起。女人的乳房放在抽屉内，头长在胳膊上，人的面上有一飞鸽等等，这些都不是目所周见的。早在中国魏晋南北朝至唐代就有"无形因之以生""万类由心""太虚之体"。到了毕加索才知道："我不画我看到的东西，我画我想到的东西。"西方的理论显然大大落后于中国，落后了一千多年。

三、西方大画家和大理论家早已推崇
中国画和理论

其实，西方画家中卓越者，早已认识到中国画的先进性。法国巴黎曾被人称为是世界艺术的中心，那里确有一批真正有卓识的艺术家和艺术评论家。他们的看法颇值得重视。他们是怎样评价中国画的呢？林风眠在1929年发表《重新估定中国绘画的价值》一文，并不止一次地介绍法国第戎国立美术学院耶希斯对他讲过的一段话："你可不知道，你们中国的艺术有多么宝

---

① 见《安格尔论艺术》，辽宁美术出版社1970年版，第20、22、179页。

贵的、优秀的传统啊！你怎么不好好学习呢？"①当时法国真正的艺术家几乎都持这种看法。常书鸿的老师就告诉常书鸿："世界艺术的真正中心，不在巴黎，而在你们中国，中国的敦煌才是世界艺术的最大宝库。"常书鸿就是在法国了解到中国艺术的价值和地位，他毅然回国，投身于敦煌石窟艺术的保护和研究工作的。

我在少年时代读过很多苏联艺术家对中国艺术的评价，如"那惊人的中国画""那伟大的中国画"之赞，至今犹记。苏联艺术科学院通讯院士Ｂ·Ｈ·彼得洛夫教授发表过《中国画是哲学，是诗，是寓意的顶峰》一文，他惊叹"喜马拉雅山般宏伟的中国画"，并说"中国画是哲学、诗歌的顶峰"。②推崇之高，已无以复加，凡是有相当造诣的艺术家无不对中国艺术刮目相待，推崇备至。

贡布里希（Gombrich）是西方著名的美术史家和美术评论家，中国画界现在正掀起一股贡布里希热。贡氏谈到中国书法艺术时说："有位女士在宴会上问，要学会并能品味中国的草书，要多长时间时，韦利（Arthur Waley）答道：'嗯——，五百年。'注意这并不是相对主义的回答。如果有谁懂行的话，那就是韦利。"③可见其对中国艺术的心仪程度。

前面说过，毕加索认为"中国的字都是艺术"，而法国的真正大家认为中国画理论十分精妙，连六祖的《坛经》都是绘画理论（按，中国最早的绘画理论实是玄学理论）。1949年，著名画家吕无咎女士在高雄举办个人画展，招待会上，她说：当年她在巴黎留学时，因系学习近代印象派的画，故与法国新派画家往

① 转引自李树声《"五四"与新美术运动》，《美术》1989年第6期。
② （俄）Ｂ·Ｈ·彼得洛夫：《中国画是哲学，是诗，是寓意的顶峰》《美术》1991年第5期。
③ （英）贡布里布：《艺术发展史》，天津美术出版社2001年版，第400页。

还，经常互相观摩，共同讨论。因为她是中国人，也时常谈些中国画理，大家都非常尊重她，视之为中国画理的权威。一次，有位年事甚高、名气颇大的印象派老画家前来移樽就教，拿了一部六祖《坛经》请她讲解。吕女士翻阅一遍，十分茫然，讷讷不能置一词，只好推说不曾学过。那位画家大吃一惊，问道："你们中国有这么好的绘画理论，你都不学，跑到我们法国来，究竟想学甚么呢？"①

这个"名气颇大的印象派老画家"也确实深懂中国的《坛经》和中国的"艺术"。《坛经》中说的皆是深懂艺术真谛的艺术家所应该进一步知道的理论。如《坛经》中说的："不离自性，自是福田。"（《行由品第一》）"一真一切真，万境自如如。"（《行由品第一》）"一切万法不离自性。"（《行由品第一》）"不识本心，学法无益。"（《行由品第一》）"自悟自解。"（《行由品第一》）"自悟自度。"（《行由品第一》）"无一法可得，方能建立万法。"（《顿渐品第八》）"道由心悟。"（《护法品第九》）"有与无对，有色与无色对，有相与无相对，……动与静对，清与浊对……"（《付嘱品第十》）"安闲恬静，虚融澹泊。"（《付嘱品第十》）吕无咎为了去法国留学，精力用在学习法语和西洋画上，对中国的理论反而不懂。可这位法国的老画家看到了中国的理论之高深处。他说"中国有这么好的绘画理论"，说明他对《坛经》早有研究。一个画家学习绘画理论，连《坛经》都读了，其他画论想必也都研究过。

不但《坛经》是"好的绘画理论"，《金刚经》《心经》也是绘画理论。再早一点春秋战国时期的《老子》《庄子》更是"好的绘画理论"。《老子》书中讲："五色令人目盲""知其白，守其黑，为天下式""有无相生""有之以为利，无之以为用""复

---

① 引自《禅宗对我国绘画之影响》，载张曼涛主编《佛教与中国文化》，上海书店1987年版，第227页。

归于朴"等等。《庄子》书中说:"五色乱目"(《天地》);"故素也者,谓其无所与杂也"(《刻意》);"朴素而天下莫能与之争美"(《天道》)。《庄子》书中处处都是最好的绘画理论。后代文人画画,其实就是以老、庄思想指导的。

四、"目视"　"神遇"

——中西绘画的区别

传统的中西绘画区别很多,但最根本的区别是西画以"目视",中国画以"神遇"。西方学者说,西方画是科学的,中国画是哲学的,这是很有道理的。

"目视"即用眼睛去看。"神遇"是用心神去领会、思考。当然,西方画用"目视",不是完全没有"神遇",只是基本上靠"目视";中国画也必须先"目视",但主要是神遇。

先从美的认识来看。

西方人认为玫瑰花最美,花红而大,叶绿而肥。所以,送情人的花最多是玫瑰花。因为目视之很美。

中国文人认为石头最美,梅、兰、竹、菊最美,人称"四君子"。宋朝的文人米芾见到石头就下拜,石头怎么美呢?因为石头独立自由,不倚不靠,冷热不改其容。这就是寓意做人,不要依靠什么官员,不要拉什么关系。你身居高位,炙手可热,你门庭冷落,我都无动于衷,所谓宠辱不惊。《周易》反复说"介于石",即耿介正直如石之状。石头的这种高尚品德正是人所需要的高尚品德。所以中国人爱石头,古人常说"士无石则不雅"。中国文人画家差不多都爱画石头。梅花虽小,又无绿叶扶持,远不如玫瑰美,但梅花冬天开放,有冒风雪抗严寒的精神。兰,朴实无华,但香气溢远,即使无人观赏,身处深山偏僻之境,也散发自身的香气；竹，钢骨虚心（中国人的虚心和谦虚同意），"未出土时先有节，至凌云处仍虚心"。竹有节，这个节和人要有气节的"节"同义。一般的花在春天开放，秋天就衰败了，但菊花偏在秋天开放，众花皆不开了，它开放了。这就不同流俗，具有反潮流的精神。所以。这四种植物被人称为"四君子"。

石头、梅、兰、竹、菊，不是靠目视之美，而是靠人的心领神会，靠哲学分析，具有君子人格力量，才感受到它们美。

所以美与不美，西方人以"目视"，中国人以"神遇"。中国人称"目视"的"目"是"陋目"。因为目只能看到物像的表象，至于物像的内涵，物像所联系的哲学含义及人格修养，目视实无能为力的，只有靠心神去"遇"，即神遇。

再从绘画的因素来看。

西方画因以"目视"，所以，要色彩美，色彩要丰富，本色（固有色）、光色、环境色等等，皆要符合科学，而且必须在丰富中见统一。中国画因受道家思想的影响，反对色彩太多，如前所述，道家认为"五色乱目"（《庄子》语），"五色令人目盲"（《老子》语），"朴素而天下莫能与之争美"（《庄子》语），"玄之又玄，众妙之门"（《老子》语）。玄是黑，是母，所以中国画以水墨为主。墨色黑，又是母色。墨分五色，只有玄、母才可分为五色。中国画用墨，要在统一中见丰富，虽然是一笔墨色，但却变化多端，内涵丰富。这变化，目所能视的是干、湿、浓、淡的变化，但内在的变化只有学养很深的人才能感受到，外行和学养不深的人是无法感受到的。而西洋画的色彩，凡人皆可目视而见。

所以，西方画讲究形式美、色彩美，视觉冲击力，形式、色彩、视觉都是"目视"之而得。

即使是文艺复兴时期，那些大师们的油画，细腻而真切，也是为了悦目。如前所述，西方画家反复强调"绘画的目的是悦目"。"画只为眼睛看"[1]，因而必须讲究形式美。

中国画讲究"切实之美"，反对表面上的"好看"。许次纾《茶疏》说"不务妖媚，而朴雅坚致"，即不求形式上的好看，而要朴实高雅坚致。清朝沈宗骞在他的《芥舟学画编》中说：

> 凡事物之能垂久远者，必不徒尚华美之观，而要有切实之体。

"华美之观"即形式美，是不必过求的，"切实之体"是内在美。

中国人传统的观念，如《礼记·乐记》中云："和顺积中，而英华发外。"屈原《离骚》中也说"纷吾既有此内美兮，又重之以修能（态）"，即首先要有"内美"。《礼记·乐记》内里充实，表现于外的"英华"才是真正的美。苏轼《和董传留别》诗中有云"腹有诗书气自华"，读了很多诗书的人，表现出来的气度美才是真正的美。而且外表装饰得十分华丽的人，反而会影响他内在气质而表现出来的美。实际上，真正有学问，有知识的人，外表也不会过分装饰的，画亦然。

再从西方人注重的"视觉冲击力"来看。所谓"视觉冲击力"，就是画面上的笔触出奇，形象险怪突出、灿烂峥嵘，给人十分特殊的印象和力量。而中国画家认为这是不成熟的表现。犹如一个不成熟的青年，横冲直撞，而成熟的长者却沉静而安详。

在距今1800年前的刘劭写的《人物志》，评论人才，"主德者，聪明平淡，总达众材"（最高的人物，所具有的材德是聪明平淡），又说："凡人之质量，中和最贵矣。中和之质必平淡无味，故能调成五材，变化应节（勇、智、仁、信、忠五种才德，都

---

①见《欧美古典作家论现实主义和浪漫主义》（二），中国社会科学出版社1981年版，第181页。

能在他的调和中而顺应社会和发展的规律），是故观人察质，必先察其平淡，而后求其聪明。"古人把"平淡"排在"聪明"之前。中国人评画和评人是一致的。

"质任自然，是之谓淡"。自然、天然、天真都是淡的主要标志。自然界也有奇穴险怪的东西，但是很少见的；最常见、最天然的才叫"平淡"。距今1000年左右宋朝大文豪苏轼说：

> 气象峥嵘，五色绚烂，渐老渐熟，乃造平淡。（《历代诗话·东坡诗话》）

"气象峥嵘、五色绚烂"都具有视觉冲击力，但还不成熟，要再努力，达到平淡，才是高手。2000多年前的《庄子》一书说：

> 淡然无极，而众美从之。（《刻意》）

可见"淡""平淡"，乃是中国画美的最高标准。

但是，表现出来的是平淡，而内在的笔墨必须丰富。清末民初的《画学讲义》中说："由神奇而入平淡，全在笔墨静逸，气味幽雅，脱尽雄劲之习。……亦须平时多读诗书……"至于完美内在的功力、内涵之丰富，必须有学问、有修养、有研究的人才能看得出来。

运动员、比武的武士，挥动大拳、挥动武器、腾挪跳跃、劈击冲刺，很生动，很有视觉冲击力，而贵族君主坐在台上观看是文雅而宁静的，也就显得更高贵，是内在的实际上的高贵。

清朝的学者笪重光写的《画筌》说：

> 丹青竞胜，反失山水之真容；笔墨贪奇，多造林丘之恶境；怪僻之形易作，作之一览无余；寻常之景难工，工者频观

不厌。

也是反对"竞胜",反对"笔墨贪奇",主张"寻常"、"平淡"。

当然,如前所述,平淡是形式上的,而内蕴却必须丰富,内藏无穷的学问。

中国画重线条,西画重块面(西画后来也有重线条的,都是学中国的)。中国画的线条必须借鉴书法,书法的用笔有无穷的学问。怎样下笔,怎样运笔,怎样收笔,一波三折。如何提、按、转、顿、挫等等,如何将自己的感情融汇进去。而且,画家还必须有很高的文化修养,很深的中国古典学问知识,画的格调才能高。如果文化修养差,你再懂用笔用墨的技巧也画不好。所以,中国画看上去很容易,但画得好也最难。不要说外国人,就是中国人,如果没有很高的文化修养和专门的研究,那也是无法理解,也无法心领神会的。西方油画笔是无法变化的硬刷子,它无法具有中国毛笔这样的"丰富"。

再说中国画和西方画透视的区别。

西方画研究焦点透视,即限定在一个视点、视向和一个视域的一种透视。故传统西方画没有长卷(横)和长轴(竖),这是符合目视的。而中国画因为是"神遇",并无焦点透视,因而一幅画可以很长很长。如前所述的宋代的《千里江山图》长卷,纵556厘米,而横1192厘米,横是纵大约20多倍。还有宋代的《清明上河图》长卷,纵24.8厘米,而横528.7厘米,横也是纵的20多倍。这在西方画中是没有的。人的眼睛不可能一下子看多么长的景,故中国画不讲究焦点透视,有人称为散点透视,即有很多视点的透视,其实是无透视。因为中国画不是靠目视,靠神遇。神遇可以自由驰骋。大自然中的山水、或想象中的山水,连绵不断,都可以靠神遇而画入画中。中国画不满足于感官(目)去观察及记录大自然,而是用神思、理性去理解世界,用笔记录自己理解的世界。西方画家到了20世纪的毕加索、达利、康定斯基等，才知道可以把"象征""梦幻"和"潜意识"等想象的东西画入其中，已落后于中国1000年了。

从西欧到东欧，到美洲，全世界凡是真正的大艺术家、大理论家，都如此推崇中国画。而那些诋毁中国画的中国人不知还有什么话可说。他们除了把几位画商的话作为救命符和圣旨之外，还能举出一个有说服力的例子吗？

还有西方绘画讲究色彩美，认为绘画就是满足感官美，好看就行了。中国传统绘画一直讲究内在美，反对过多的色彩。《老子》说："五色令人目盲。"《庄子》反复说："五色乱目。"感官美是一种肤浅的美。

西方现代派、后现代派也开始反对感官美，但又认为"艺术与美无关"。美国现代派画家巴尼特·纽曼（Barnett Newman）甚至说："艺术家看美学就等于鸟看鸟类学一样莫名其妙。"[①]被称为后现代之父的杜尚也认为艺术不必要感性美，而要有哲学深义。他的名作《少女到新娘》等，只用一些直直无变化的线条构成，虽然有一定的哲学内涵（但如果他不解释，别人也看不懂），但无美感：把美丢掉了，太不应该。

西方现代派、后现代派认为绘画中要表现哲学，这是中国画一贯的主张，他们仍然是步中国画后尘。但中国画中有深厚的哲学内涵，不仅在意境，也在笔墨和形式，同时也有美感。这些，西方绘画仍然做不到。中国的毛笔毫软，下笔有丰富的变化，西方的硬笔也无法做到，更重要的是他们没有这个传统。

艺术的实际地位是由它的实际价值来决定的。我们听话也只能听大艺术家和大理论家等内行的话。外行、无知者的话再多，也都毫无价值。何况那些认为中国画落后的人并没有拿出

---

① 迟轲：《西方美术史话》，中国青年出版社2010年版，第298页

任何证据，更没有讲出任何道理。如前所述，他们唯一的标准就是：中国画在国际市场上卖价不高。而这个价格却正是无知的商人们所定。我们只需反问一句：难道艺术的价值是靠金钱来衡量的吗？商人的眼光能超过大艺术家、大评论家的眼光吗？

再从艺术实践来看，中国画用线表现已有2000多年的历史了。西方绘画近代才知道用线，而且才知道用线作画是最好的方法，他们的艺术归到中国画所开辟的正道上来，但已晚于中国画2000多年了。

五、中国画应该怎样发展

如果说现代中国的艺术有些贫乏的话，那恰恰是因为丢掉了自己的伟大传统，生搬硬套外国的形式所致。日本当代美术评论家吉村贞司的一段话最可发人深省，他说："我感到遗憾，中国的绘画已把曾经睥睨世界的伟大的地方丢掉了。每当我回首中国绘画光辉的过去时，就会为今日的贫乏而叹息。"[①]

这话讲得太确切，也太沉痛。学习外国是正确的，反之，外国也学习我们。譬如日本，学习外国先进的东西，同时也保留自己优秀的传统（这传统也包括从中国拿去的传统）。日本人称为"和魂汉才"，后来学洋，又称"和魂洋才"。汉才、洋才，但魂必须是大和族（即日本），他们未尝丢弃自己的魂啊！西方人学习中国画，也保留自己的长处。而我们一学习西方，首先就要打倒自己的传统。五四那一批人要"全盘西化"，要把中国的线装书全都丢到茅厕坑里去，中医也不科学，文言文、格律诗也下流，而且，连汉字也要废除。钱玄同认为仅废除汉字还不行，必须把汉语也废除。陈独秀主张先废除汉字，暂保留汉语，胡适也

---

① 吉村贞司：《宇宙的精神，自然的生命》，《江苏画刊》1985年第5期。

赞成先废除汉字，然后再废除汉语。"凡事要有个先后"，差不多所有的新文化运动人物都主张废除汉字。

汉字废除，书法自然也就不存在了。中国人很奇怪，认为不破不立，破字当头，立在其中。先破坏自己的，新的自然就立起来了。果能如此吗？旧的打倒了，新的未必建立起来。即使建立了新的，损失太大，也未必比旧的好。比如你住的很传统的宫殿，十分优秀，但你把它炸掉，也许你马上就无法居住，侥幸未被冻死，再去借债建起新的房屋，也许差之旧房甚远。五四以后几十年间，中国人大肆破坏自己的传统，已达到无以复加的地步。据我所知，世界上只有中国人咒骂自己的祖先精英，破坏自己的传统文化。从五四打倒"孔老二"、打倒孔家店、废除读经，到80年代，自己大讲中国画已"穷途末路"了。这在外国都是没有的。当然，外国某些势力也会行施一些阴谋，有人甚至提出世界艺术一体化，以达到文化侵略之目的，但关键在我们自己。20世纪30年代，美术史研究家兼画家郑午昌的一段话倒颇有启发，他说：

> 外国艺术自有供吾人研究之价值，但"艺术无国界"一语，实为彼帝国主义者所以行施文化侵略之口号，凡有陷于文化侵略的重围中的中国人，决不可信以为真言。是犹政治上的世界主义，决非弱小民族所能轻信多谈也。盖实行文化侵略者，尝利用"艺术是人类的艺术"的原则，冲破国界，而吸集各民族之精神及信仰，使自弃其固有之艺术，被侵略者若不质疑，即与同化。如现在学西洋艺术者，往往未曾研究国画，而肆口漫骂国画为破产者。夫国画是否到破产地步，前已述之，唯研究艺术者，稍受外国文化侵略一部之艺术教育之熏陶，已不复知其祖国有无相当之艺术；则中国艺术之前途，可叹何如！[1]

---

① 见《文化建设》月刊，1934年9月10日。

郑午昌这段话谈的是文化侵略问题，但其中有些观点至今仍值得我们重视和思考。

任何国家的艺术都和这个国家一样，如果要想在世界上出人头地，那就必须在牢固地守住自己的传统的基础上，再强烈地吸收别国的有益成分。如果丢弃自己的传统，一味地模仿人家，数典忘祖，那就永远赶不上人家。何况中国的艺术本就有伟大的传统和举世公认的高峰。

六、终结　发展

前面已经说过：西方的画家反复强调"绘画的目的是悦目""画只为眼睛看"，那就必须注重"形式"和"视觉冲击"。正如后来高更批评的，"他们只注意眼睛，忽视思想的神秘核心"[①]。美国画家安德烈（Carl Andrea）更说："我喜欢这样一种作品，它像是对你进行伏击，也就是使你大吃一惊……"[②]而中国画家强调作品要"耐看"，初看平易，愈看愈佳，才是好的作品。宋代《宣和画谱》中记载唐朝大画家阎立本"尝到荆州，视（张）僧繇画，曰：'定虚得名耳。'明日又往，曰：'犹是近代佳手。'明日又往，曰：'名下定无虚士。'坐卧观之，留宿其下，十日不能去。"（《宣和画谱·道释》）阎立本初看张僧繇画，并不见好；再看，很好；再看，非常好，着了迷，坐卧在画下看了十日不能去。这就叫耐看，越看越好。那种使人看了大吃一惊的作品，都是形式的怪诞或夸张，再看就未必佳了。这正如一个人，一看上去让人大吃一惊者，必是出奇的怪诞，或者是严重的病态。而有内涵的人，比如大学者、大教授，看上去也必然是平淡

---

① 《塞尚、凡高、高更书信选》，四川美术出版社1984年，第72页。
② （美）劳德·马克斯编：《世界艺术家（1950—1980）》，纽约H.W威尔逊公司1984年版，第20页。

的，绝不会令人大吃一惊，但这平淡的外相，其中必藏有丰富的内涵，使人越看越有味道，越相处、相谈，也就会越来越深，越来越亲敬。

中国艺术一直把"平淡天真"视为艺术的最高标准。明人董其昌云：

> 作书与诗文，同一关捩，大抵传与不传在淡与不淡耳……苏子瞻曰：笔势峥嵘，辞采绚烂，渐老渐熟，乃造平淡……（《容台别集》卷一）

宋代的米芾以"平淡天真"为书法绘画的最高审美标准。欧阳修主张"萧条淡泊""闲和严静"，王安石"欲寄荒寒无善画"，苏东坡更强调"萧散简远"，"疏淡含精匀"，"大凡为文，当使气象峥嵘，五色绚烂，渐老渐熟，乃造平淡"。[①]一直到明代的"南北宗论"等，都是主张艺术要"平淡"、"平易"，而反对狂肆、险怪和剑拔弩张的，也即反对仅供"悦目"的形式，尤其反对一看上去便令人吓一跳的作品。

中国画家也反对表面上"好看"的作品。宋代董逌《广川画跋》中说：

> 余曰：世之论画，谓其形似也，若谓形似长说假画，非有得于真象者也。若谓得其神明，造其悬解，自当脱去辙迹，岂媲红配绿，求众后摹写卷界而为之耶？

"媲红配绿"就是表面上的"好看"，不是中国画所期，且为中国画所鄙。

---

① 参看陈传席《中国绘画理论史》，台湾三民书局2013年版。

清人沈宗骞更说：

> 今人作事（指绘画事），动求好看，苟能好看，则人无不
> 爱，而作者亦颇自喜。转转相因，其病遂至不可药。（《芥舟学
> 画编》卷二）

他说的"好看"，即表面的红绿颜色，或者令人一看便大吃
一惊的作品，这类作品大抵缺乏内涵，不足深赏，也即不耐看。
他又说：

> 其实不过去华存质之道而已矣。夫华者，美之外现也。外
> 现者，人知之。若外现而中无有，则人不能知也。质者，美之中
> 藏者也。中藏者惟知画者知之……则学者万万不可务外现而
> 不顾中藏也明矣。 （《芥舟学画编》卷二）

这些都是反对"悦目"和皮相的形式，而主张"美之中藏"，
即内在美，亦即"内涵"。
"美之中藏"即不外露、不外现华美之观而能如此者，皆根
于书画家本人的修养。书画家作字画不是为了"好看"，而是个
人人格的修炼，情感的抒发，胸怀的展现。
刘熙载云：

> 书者，如也，如其学，如其才，如其志，总之曰如其人而已。

> 书尚清而厚，清厚必本于心行。

> 与天为徒，与古为徒，皆学书者所有事也。（以上见《艺
> 概·书概》）

"如其人"就要修炼人格，"本于心行"就要修养心，规于行。字如果怪诞，则人必怪诞；字要清厚，人必清厚。反之，人清厚，字才清厚，所以，关键在人的修炼，而不是一味地在形、色上下功夫，更不是在形式上下功夫。

孔子说："志于道，据于德，依于仁，游于艺。"（《论语·述而》）艺是在道、德、仁的基础上的。这在西方画家中是鲜有人能理解的。

传为汉代蔡邕所作的《笔论》中说：

> 书者，散也，欲书先散怀抱，任情恣性，然后书之……夫书，先默坐静思，随意所适，言不出口，气不盈息，沉密神采，如对至尊，则无不善矣。

王羲之说：

> 夫欲书之时，当收视反听，绝虑凝神，心正气和，则契于玄妙。心神不正，字则欹斜；志气不和，书必颠覆。其道同鲁庙之器，虚则欹，满则覆，中则正。正者，冲和之谓也。（《笔法诀》）

古人论书法，不在形式，而在性情，怀抱心正、气和，书画的不是形式，而是人的心，人的精神，尤其是书画者的文化内涵。

宋代邓椿撰《画继》云："画者，文之极也。"又说："其为人也多文，虽有不晓画者寡也；其为人也无文，虽有晓画者寡也。"（《画继·论远》）

明代李日华说：

> 大都古人不可及处，全在灵明洒脱，不挂一丝，而义理融

通，备有万妙，断非尘襟俗韵所能摹肖而得者。以此知吾辈学问，当一意以充拓心胸为主。（《读画录》卷一）

明代大画家董其昌更说：

——毫端百卷书。（上海博物馆藏董其昌《山水》上自题）

画家笔下一根线条，一个点子，都必须有读一百卷书的基础，才能画好。读书做学问比学画的技巧更重要，也必在画上有所反映，有了文化基础，画家作画是为了"畅神"，为了"以形媚道"，为了"成教化，助人伦"。元代倪云林说："余之竹，聊写胸中之逸气耳。"（《清闷阁全集·题画竹》）

总之，中国书画的根本是文化，是人的品格精神、性情。那么，美感呢？我们看画要有美的感受才行。

美感有两种，一种是表象的、浅薄的，只供"目视"的；一种是哲学的，精神的，文化的，靠人的精神去领悟的，这是深层的美，灵魂的美，高尚的美。

以"目视"为目的，只为"悦目"的画，当然只讲究形式、色彩、视觉冲击力，但形式的变化是有限的，由具象、逼真到变形，到半抽象，到完全抽象，这就结束了，再也没有其他形式了。由架上艺术到装置艺术、波普艺术，到观念艺术、行为艺术，还有人体艺术，也就结束了。

萨普和布尔顿谈论用枪把子弹射击到他的左臂，这就是行为艺术。萨普问："那有趣吗？"布尔顿回答："是的，那是某种值得体验的事，你不遭到枪击怎能体会被射击的感受呢？看来很值得挨他一枪。"而且他还认为"这些作品都是具有可视性的"①。

艺术到了这个地步，也就到了尽头了，何况早已谈不上美感。

所以，西方很多美术家、美学理论家，认为艺术已死亡了，艺术已终结了。英国的艺术批判家斯坦戈斯（Nikos Stangos）说：

> ……艺术似乎已经走到了尽头。极少主义之后是观念艺术，后者寻求的是各式各样殊途同归的推托手段，并冠以不同的名称，如表演艺术、人体艺术、地球和大地艺术……特别是目前，随着一种"新"艺术，一种后现代主义的广泛传播，现代艺术已经被判处"死刑"。②

美国哲学家、美学家阿瑟·丹托（Arthur C. Danto）还写了一本书，就叫《艺术的终结》，他说：

> ……那我们也可以断言，艺术已经快要寿终正寝了……艺术家已经筑成了通往哲学的大道，他的工作已经交给了哲学家，这样的交接时刻已经到来。③

中国画家是把哲学内含在笔墨之中、图画之内，而西方画家是把画变为哲学，交给哲学家了。

当西方艺术形式已到了尽头，无法出现更新的形式，或把艺术交给哲学家时，艺术就可能要真的终结了。

而中国的艺术，只要文化在，它就永远在；只要人的性情不

---

① 见迟轲主编《西方美术理论文选》，四川美术出版社1993年版，第850—851页。

② （英）尼古拉斯·斯坦戈斯：《现代艺术观念》，四川美术出版社1988年版，第4页。

③ 《艺术的终结》，见《西方画论辑要》，江苏美术出版社1990年版，第75页。

同，精神不同，所表现出的艺术就不同，虽然是很微妙的。"文以载道"，道在，文（画）也就永远在。

而且，西方的艺术每出现一种新的形式，总要解构他人，总要颠覆前人；而中国的艺术，凡有新意，凡有很高文化价值者必以继承前人为基础，然后再谈发展。解构、颠覆是有限的，颠覆完了，便无法再颠覆。而中国的继承也是无限的。在继承的基础上发展，艺术也愈来愈厚，愈有文化内涵。当然，中国画家也必须了解自己的传统和"曾经睥睨世界的伟大的地方"才行。

所以，当西方艺术终结时，中国艺术仍然会自然的发展，永无终结。

第十二章　中国人素质的变迁

——五四以来国情检讨

"人心不古"是中国人谈论中国人素质（人心）越来越低的常用语。反过来说，人心古就高。"高古"也是人心（素质）、文风、艺风等的最高标准。

因为秦始皇极端的专制制度，以及后世统治者效法的作用，人心每况愈下。在春秋战国之前，中国人的素质之高，是后世无法比拟的。那时候，几乎每一个人都把道德信誉放在第一位。即使是平民、乞丐，也具有后世贵族的人品。像春秋时吴国的被裘公，穷得没衣服穿，夏天披着兽皮去伐薪为生，但绝不去捡取地上的遗金。

人与人相处，平等、自信、守信，为人"一诺千金"，《史记·游侠列传》有云："其言必信，其行必果，已诺必诚，不爱其躯，赴士之厄困。"

战场上不打击已受伤的士兵（不使他受二次伤），不擒拿头发花白的年长者。

士气凌于王侯之上。

战国以前，士（知识分子）大抵都能和王侯平起平坐地讨论问题，并且对学问很高的圣贤，十分尊重。秦以后，风气日下。

但中国传统文化一直存在，春秋战国之前的文化大都还存在。所以,中国人的素质还不至于太差。鸦片战争后,中国老是打败仗,于是中国人怀疑自己的文化有问题,开始大量的引进外国的文化,甚至要"全盘西化"。同时要灭绝自己的传统文化,于是中国人由自信走向自卑。传统文化最重道德修养,传统文化被批判、被打倒,人的道德修养、人的素质,越来越差了。

民国时流传理想人格标准的一句话:"旧道德,新思想。"也说明那时候人们已怀念传统(旧)道德了。因为那时候,人们还没有忘记传统道德,当学习了西方文化后,传统文化被抛弃、破坏,代之而起的是新道德,大家看到的是:离婚普遍化,性的随意化,言而无信,尔虞我诈,父不慈子不孝,为朋友谋而不忠;路见不平,无人相助,正义感缺失等等。这些并不是学习西方文化的结果,而是传统文化缺失的结果,所以,人们怀念"旧道德","人心不古"更为人叹息。

一、由自信到自卑

鸦片战争之前,中国人十分自信,而且达到自大的程度,自称"天朝"。且"天朝"全世界第一,世界上只有一个"天朝",是世界的中心。其他国家皆是"夷狄",只能"恭顺"天朝,"倾心向化","倾心效顺"。只能向"天朝"进贡,见到"天朝"皇帝,必须下跪磕头,接受"敕谕"。

清代中叶阮元写的《天象赋》《畴人传》,还有后来魏源所写的《海国图志》,徐继畬写的《瀛寰志略》,都被当时的官员文人讥笑,他们认为世界上只有一个"天朝",即中国,是世界的中心。即使西方有国家,也是偏远落后的小国,也应该向"天朝"进贡,也应该年年来"天朝"朝拜,接受"驯化"才是。

外国人开始到了广州,受到清政府(和地方政府)很多限制,外国人不能自由贸易,而且限时离境。外国人只能住在"夷馆"。因为"天朝"高高在上，外国人不配直接和"天朝"官员洽谈，且不准坐轿，不能随便进城和旅游。特别是外国的女人不许进入广州城。道光十年（1830），地方官员发现三名"洋妇"潜住在英商馆，便立刻勒令她们回到澳门。

16世纪，荷兰、葡萄牙、西班牙等欧洲殖民主义者，先后来到中国，清政府认为他们这些小国家是来巴结中国，是来向"天朝"进贡的。康熙二十五年（1686）清廷让他们写"贡表"。据说荷兰人不会写"贡表"，由清朝官员代笔，清朝官员在表中写道：

> 外邦之丸泥尺土，乃中国之飞埃；异域之勺水蹄涔，原属天家滴露。①

这说明当时中国人自信自大到何等地步。在他们眼里，中国是世界的中心，外国不过是中国的尘埃或一滴，是微不足道的。当然，外国的文化更是不足道的。

康熙五十九年（1720），清朝在广州设立公行，后来乾隆皇帝关闭了其中三口，只开广州一口，英国商人洪任辉于乾隆二十四年（1759）跑到天津告状，结果被清廷押回广州，旋被投入澳门附近的监狱，三年之后才被释放。西方各国来华商人等也都同样受到清朝的轻视和冷遇。

乾隆五十八年（1793），英王乔治二世派马戛尔尼出使中国，以给乾隆皇帝祝寿为名，同时商讨两国经商等事。清朝官员把马戛尔尼乘坐的"狮子号"船，强题为"贡船"，九月八日叫他去热河行宫祝寿，九月十四日，马戛尔尼穿了勋爵服装觐见乾隆皇帝，强行行三跪九叩之礼。但十月初四到北京，提出要求，竟

---

① 夏家馂：《清朝史话》，北京出版社1985年版，第265页。

完全与一般"贡使"不同,干犯"天朝"威严,因而被一一驳回。十月下旬,马戛尔尼等一行,在半驱送、半欢送的情况下,被勒令离京。有个叫爱尼斯·安德逊的英国随员,在事后写道:"我们进入北京时好像是穷极无依的人,居留在北京的时候,好像是囚犯,离开时候是流浪者。"

可见,清朝对待外国使节,像主人对待奴仆一样,甚至像对待罪犯一样。为了显示"天朝"的"天威",朝廷在来使临行前,下了两道敕令,其一说:

> 咨尔国王,远在重洋,倾心向化,特遣使恭赍表章,航海来廷,叩祝万寿,并备进方物,……具见尔国恭顺之诚,深为嘉许。……至尔国王表内,恳请派一尔国之人,住居天朝,照管尔国买卖一节,此与天朝体制不合,断不可行。……天朝抚有四海,……德威远被,万国来朝,种种贵重之物,梯航毕集,无所不有,……并无更需尔国制办物件。……尔国王惟当善体朕意,益励款诚,永矢恭顺。……特此敕谕。[①]

"抚有四海""德威远被""万国来朝""永矢恭顺"等,都是居高临下之口气。那时候,中国人是看不起外国人的。自信过了头就是自大,自信失去了便会自卑。

其二又说:

> 天朝物产丰盈,无所不有,原不藉外夷货物以通有无。……今尔使所恳各条,不但于天朝法制攸关,即为尔国王谋,亦俱无益难行之事。兹再明白晓谕,……若经此次详谕后,尔国王……任从夷商将货船驶至浙江、天津地方,……各

---

① 夏家馂:《清朝史话》,北京出版社1985年版,第266页。

处守土文武，……定当立时驱逐出洋，……勿谓言之不豫也。其懔遵勿忽。特此再谕。[①]

可见"天朝"对外国使节的藐视。

英国派使团来访，清廷认为他们是来向"天朝"进贡和朝拜的。于是又有敕谕道：

> 嗣后毋庸遣使远来，徒烦跋涉，但能倾心效顺，不必岁时来朝，始称向化也。[②]

中国人一直认为"文化中心"在中国，"内诸夏而外夷狄"、"华夏中心"、"吾闻用夏变夷，未闻变于夷"（《孟子·滕文公上》）的思想，一直延续到清末。乾隆皇帝便认为："天朝无所不有，原不管外洋货物之有无。"19世纪中叶的林则徐也说：

> 况如茶叶大黄，外国所不可一日无也。中国若靳其利而不恤其害，则夷人何以为生。又外国之呢羽毕叽，非得中国丝斤，不能成织。……外国所必须者，曷可胜数，而外来之物，皆不过以供玩好，可有可无，即非中国需要，何难闭关绝市。（《拟谕英吉利国王檄》）

这都体现了中国"文化中心主义"的思想。总之，"天朝"一切，物质、文化，皆绝对超过"外夷"，欧、美等国皆不值得一提。他们只有对中国"倾心效顺""倾心向化"，"永矢恭顺"，下跪叩头。

文化上，再以艺术为例。

---

① 夏家馂：《清朝史话》，北京出版社1985年版，第267页。
② 夏家馂：《清朝史话》，北京出版社1985年版，第268页。

其实，在五四新文化运动之前，中国的画家对自己的艺术本来也是十分自信的，而且对外国的艺术也很看不起。按道理，中国写意画草草而成，两点便是眼，半似半不似，当看到外国的油画，精细而逼真，如镜取影，应该十分惊讶佩服才对。但是他们却不屑一顾。清代画家邹一桂论"西洋画"是"虽工亦匠"。他在其所著《小山画谱》中专列《西洋画》一节，谓之：

> 西洋人善勾股法，故其绘画于阴阳、远近不差锱铢，所画人物、屋树皆有日影，其所用颜色与笔与中华绝异……但笔法全无，虽工亦匠，故不入画品。（《小山画谱》）

这就代表当时画家对待西洋画的态度。西洋画不但"虽工亦匠"，而且"不入画品"，说明当时画家对自己的传统还是很自信的。

另一位清代画家郑绩著《梦幻居画学简明》，其中把"西洋画"视为"夷画"，古人以野蛮而无文的鄙人称为"夷"，他说：

> 或云：夷画较胜于儒画者，盖未知笔墨之奥耳。写画岂无笔墨哉？然夷画则笔不成笔，墨不见墨，徒取物之形影，像生而已。儒画考究笔法墨法，或因物写形，而内藏气力，分别体格，如作雄厚者，尺幅而有泰山河岳之势；作澹远者，片纸而有秋水长天之思……夷画何尝梦见耶。（《梦幻居画学简明》）

郑绩称中国画为"儒画"，认为"夷画何尝梦见耶"，也是对自己的艺术十分自信的。

松年是清代蒙古镶红旗人，善画花鸟山水，师法白阳（陈道复）、青藤（徐渭）诸家，其所著《颐园论画》，其中论到西洋画：

西洋画工细求酷肖，赋色真与天生无异，细细观之，纯以皴染烘托而成，所以分出阴阳，立见凹凸，不知底蕴，则喜其工妙，其实板板无奇，但能明乎阴阳起伏，则洋画无余蕴矣。

又云：

昨与友人谈画理，人多菲薄西洋画为匠艺之作。愚谓洋法不但不必学，亦不能学，只可不学为愈。

然而古人工细之作，虽不似洋法，亦系纤细无遗……可谓工细到极处矣，西洋尚不到此境界。

"板板无奇""无余蕴""匠艺""不必学""不能学""不学"，这是松年对待西洋画的态度。

总之，西方油画自明代传入中国，虽经西方传教士的鼓吹，但在国内，还没有画家对它推崇。反过来，都是十分鄙夷的，谓之"不入画品""不能学""虽工亦匠"，以至于清代前期，西方的画家来到中国，如郎世宁（意大利米兰人）、王世诚（法国人）、艾启蒙（波希米亚人）、安德义（意大利人）等等，不得不放弃西洋画，而改学中国画了。

到了民国初年，一部分画家开始鼓吹或学习西洋画，但立即遭到一些遗老和国粹派的攻击。后来的金城也说：

即以国画论，在民国初年，一般无知识者，对于外国画极力崇拜，同时对于中国画极力摧残。不数年间，所谓油画水彩画，已无人过问，而视为腐化之中国画，反因时代所趋而光明而进步。由是观之，国画之有特殊之精神明矣。（《画学讲义》）

其实"对于外国画极力崇拜"之现象，并没有绝迹，而且其势越来越大。康有为、陈独秀、吕澂等倡于前，徐悲鸿、林风眠以及岭南派等弘于后。陈独秀在《美术革命》中说："改良中国画，断不能不采用洋画写实的精神。"徐悲鸿要以西方素描为基础，林风眠要"调和中西"，岭南派要"折衷中西"等等。正如林纾所云：

> 新学既昌，士多游艺于外洋，而中华旧有之翰墨，弃如刍狗。(《春觉斋论画》)

一时间，有能力的学人画家多出国留学，中国传统艺术渐渐被人冷落。留学回国者即教以外国技法，鼓吹外国画。不仅绘画、文学、医学、社会风气，都开始西化。中国固有之伟大而崇高的旧诗被西方式的简单的自由体新诗代替，伟大的传统中医被西医代替，人的服装、发式、用具、建筑等等都被西式所代替。新文化运动变为西化运动。

中国人的意识由"天朝"是全世界中心，全世界第一，变为西方是中心，一切是西方的好，要全盘西化。

中国人本来十分自信，因不了解世界，而由自信膨胀为自大，遇到挫折，便失去了自信。打了败仗，便变为自卑。其实都是没有静下心来好好总结的结果。

二、先进文化被落后文化打败是常事
——五四以来一个错误观点的纠正

1840年鸦片战争之前，中国向以"天朝天下第一"自居。但鸦片战争却打了败仗，割地赔款，订立了一系列的不平等条约。

此后，英、法、俄、德、日等国多次与清政府交战，均以清政府失败而告终，尤其是中日"甲午战争"，北洋海军全军覆没。清政府一再向外"求和"，一再割地赔款，丧权辱国到了无以复加的地步。

中国人不得不思考打败的原因，开始认为中国的科技落后，外国的船坚炮利为中国所不及。后来认识到中国的社会制度不行。最后认为中国的文化不行，必须彻底改变中国的传统文化，甚至全盘西化。五四前后直至今日，中国学者都是这样认为的。

首先这一推论是错误的。

打败仗不是因为文化落后。相反，先进文化被落后文化打败，是常事。中外历史都证明了这一点。

春秋战国时代，齐鲁文化是先进的，产生了孔子、孟子、墨子、孙武子等等大圣人、大名家。其学说风靡当代直至今日，还有著名的"稷下学宫"等。但齐鲁屡打败仗，最后被落后文化的秦灭掉了。楚文化也很先进，产生了屈原、宋玉等大家。《楚辞》光被古今。楚不但文化先进，地盘也最大，物产也丰富，也被落后文化的秦灭掉了。七国当中，秦文化比较落后，但秦屡打胜仗，最后灭掉了六国，天下都变为秦。

魏晋文化也十分先进，魏产生了曹操、曹丕、曹植等"三曹"、"七子"等大家，形成了"建安风骨"，还有孔融、陈琳、王粲、蔡文姬名家；西晋则有张华、陆机、潘岳、左思、张协、刘琨、郭璞；东晋的陶渊明、大书法王羲之、王献之等，大画家顾恺之、陆探微等，皆是文化史上重要人物。但西晋却被文化十分落后的北方少数民族政权前赵打得惨败，直至灭亡。东晋在军事上也处于弱势。

南北朝对立，南朝文化大大高于北朝。《文心雕龙》《世说新语》《文选》《诗品》《画品》《书品》等著作以及谢灵运、鲍照、谢朓、萧统、刘勰、钟嵘、沈约、江淹、陶弘景、阴铿等重要人物，皆出于南朝，但南朝还是被北朝打败了，北朝最终统一全国。

宋文化是全世界最先进的，经济也十分发达，有学者说宋朝的GDP超过了全世界其他国家GDP的总和。又据学者们研究，宋的文化和经济发展都超过了唐。活字印刷术产生于宋，指南针虽产生于战国，但在宋才用于航海，火药也在宋得到完善而广泛应用。在数学、天文、医学、建筑等方面，宋都有很大的发展和很高的成就。沈括还写出了《梦溪笔谈》。宋朝哲学：王安石的新学，周敦颐的濂学，张载的关学，二程的洛学，理学的集大成者朱熹，还有陆九渊的心学，陈亮、叶适的事功学派，等等。

宋的文学艺术繁荣也超过唐，宋词宋诗在数量上大大超过唐，产生了欧阳修、王安石、曾巩、苏洵、苏轼、苏辙等大家。还有黄庭坚和江西诗派、柳永、秦观、贺铸、晏舒、晏几道、周邦彦、张孝祥、陈与义、杨万里、范成大、杰出的女词人李清照，还有辛弃疾、陆游、姜石白、吴文英等大家。宋画代表中国古代艺术的一个高峰，产生李成、范宽、燕文贵、郭熙、王诜、王希孟、赵令穰等，还有南宋四大家——李唐、刘松年、马远、夏圭等等。宋朝的史学最杰出的有司马光的《资治通鉴》、郑樵的《通志》、马端临的《文献通考》，宋太祖下令在成都雕刻印刷的《大藏经》等等，都是十分杰出的。

宋朝文化如此杰出，但却被文化十分落后的金打败了，最后被文化更落后的蒙古人灭掉了。金、蒙在文化远远不及宋文化。

在中国，差不多都是落后文化打败先进文化。

西方也如此。希腊文化十分先进，却被落后的罗马文化打败了，罗马以全胜的姿态立于欧洲。但罗马又被文化更落后的蛮族打败了。最后蛮族占领了欧洲。

中国历史、世界历史都证明了打败仗并非文化落后，先进文化者打败落后文化者反而很少，落后文化者打败先进文化者，乃是常事。

古代，文化先进者文明程度亦高，文明高的社会，一般重视文化建设，反对武力征讨，也反对武装设备。中国尤反对武力征服。孔子重要思想便是"去兵"，"子不言怪、力、乱、神"。暴力行为一直为儒家所反对，也为道家所反对。老子说："兵者，不祥之器，非君子之器。"因为文明，重视礼义，轻视武装。所以，武器落后，船不坚，炮不利，是在情理之中。战争，武器不是唯一的制胜因素，但也是打败对手的重要因素。中国武器落后，是打败仗因素之一。社会文明，人人重视文化，重文轻武，文明人打仗就不是野蛮人对手，这是中国打败仗的另一因素。所以，中国打了败仗，不但不是文化落后所致，反而可能是文化先进所致。[①]

因此，五四以来，中国的学者们认为打败仗是中国文化落后的原因，这一观点一直延续至今，其实大错特错。我特于此表而出之，以解百年之惑。

三、自灭传统：反对国粹，主张西化

中国人错误地认为自己文化落后，同时认为西方文化先进，于是掀起了学习西方文化的热潮，又叫新文化运动。其实新文化运动就是学习西方文化的运动。学习西方优秀文化是对的，尤其是引进西方的"民主"与"科学"，更是必须的。但放弃了自

---

① 当然，文化如果十分先进，在世界上十分先进，周到而又能与时俱进，国家也必强，也不会打败仗。当时的中国文化先进，但没有考虑到世界发展的进度和西方人"弱肉强食"的本性。因此，不周到，更不能与时俱进。中国文化固然有人与自然和睦相处，如"仁者爱人""己所不欲，勿施于人""仁、义、礼、智、信"等高度文明性，但缺少西方的民主与科学，所以五四运动高举民主与科学两面大旗，这是对的。但又批判了中国传统文化的精华，却是大错特错的。

己的优秀传统是绝对错误的。

陈独秀首先主张"若是决计革新，一切都应该采取西洋的新法子，不必拿什么国粹、什么国情的鬼话来捣乱"①。这实际上开了"全盘西化"的论端。

中国优秀的文化便是儒家文化，其代表人物便是孔子。于是五四喊出了"打孔家店""推翻孔学""废孔学"等口号。

胡适在为《吴虞文录》写的序中称他是：

> "四川省只手打孔家店"的老英雄。

胡适还说：

> 吴先生……先证明这种礼法制度都是根据于儒家的基本教条的，然后证明这种礼法制度都是一些吃人的礼教和一些坑陷人的法律制度。②

> 正因为二千年吃人的礼教法制都挂着孔丘的招牌，故这块孔丘的招牌——无论是老店，是冒牌——不能不拿下来，捶碎，烧去。③

反对孔子和孔子思想，成为一时风气。

绝圣在《排孔征言》中说：

①陈独秀：《今日中国之政治问题》，见《独秀文存》，安徽教育出版社1987年版，第152页。
②胡适《吴虞文录·序》，见《胡适全集》第一卷，安徽教育出版社2003年版，第762页。
③胡适《吴虞文录·序》，见《胡适全集》第一卷，安徽教育出版社2003年版，第763页。

孔丘砌专制政府之基,以荼毒吾同胞者,二千余年矣。……欲支那人之进于幸福,必先以孔丘之革命。[①]

以孔毒之入人深,非用刮骨破疽之术不能庆更生。[②]

陈独秀还说:

孔子遂为养育各项奴隶之乳姬,生息而不尽。而独夫民贼正思利用之以保守其产业,……故孔派推尊一度,而奴隶沈没一度。[③]

李大钊也说:

孔子者,数千年前之残骸枯骨也。宪法者,现代国民之血气精神也。以数千年前之残骸枯骨,入于现代国民之血气精神所结晶之宪法,则其宪法将为陈腐死人之宪法……孔子者,历代帝王专制之护符也,宪法者,现代国民自由之证券也;专制不能容乎自由,即孔子不当存乎宪法。[④]

吴虞说:

天下有二大患焉,曰君主之专制,曰教主之专制。君主之

① 《辛亥革命前十年间时论选集》第三卷,生活·读书·新知三联书店1977年版,第208页。
② 《辛亥革命前十年间时论选集》第三卷,生活·读书·新知三联书店1977年版,第209页。
③ 《箴奴隶》,《辛亥革命前十年间时论选集》第一卷,生活·读书·新知三联书店1977年版,第707页。
④ 李大钊《孔子与宪法》,见《李大钊文集》上册,人民出版社1984年版,第258页。

专制，钤束人之言论；教主之专制，禁锢人之思想。君主之专制，极于秦始皇之焚书坑儒，汉武帝之罢黜百家；教主之专制，极于孔子之诛少正卯，孟子之拒杨、墨。①

吴虞又在《吃人与礼教》一文中，引用了鲁迅的《狂人日记》文曰："我翻开历史一查，这历史……每叶上都写着'仁义道德'几个字。……仔细看了半夜，才从字缝里看出字来，满本都写着两个字，是'吃人'。"吴虞列举很多例证，证明古代很多吃人事件，都跟礼教有关。其实，吴虞提到那些吃人事件，都和礼教无关，也和鲁迅说的"吃人"不是一个意思，也都和孔子的理论无关。他说项羽要烹刘邦的父亲，刘邦说："吾翁即若翁，必欲烹而翁，则幸分我一杯羹。"这和孔子有什么关系？和礼教有什么关系？何况刘、项都是不读书的，更不读孔子书的。

吴虞又举"汉诛梁王彭越，醢之""洪杨之乱，江苏人肉卖九十文钱一斤"以及臧洪杀爱妾、张巡杀爱妾等，其实都和礼教无关，甚至为礼教所不容。

其实，新道德时代中也有很多不道德的事出现。美国是一个发达国家，但美国经常有校园开枪，打死无辜学生事件。据报道，有一个男人把妻子杀了，手、臂、腿、头，砍成几十段，冻在冰箱里，这太残忍了。但不能以此证明美国的法制、教育、道德残忍。中国古代有"吃人"事件，但和孔子的理论和礼教都无关。如果没有礼教，也许"吃人"更多。《礼记·檀弓下》记："孔子谓为刍灵者善，谓为俑者不仁，不殆于用人乎哉。"《孟子·梁惠王上》记："仲尼曰，'始作俑者，其无后乎！'为其象人而用之也。如之何其使斯民饥而死也。"用木俑殉葬，孔子都反对，因为本俑之形似人形。至于用人殉葬，那就更在反对之列。怎么能

---

① 吴虞：《辩孟子辟杨、墨之非》，《辛亥革命前十年间时论选集》第三卷，生活·读书·新知三联书店1977年版，第737页。

证明孔子和"吃人"有关呢？孟子认为君子见到禽兽，都不忍见其死；闻其声，不思食其肉。（《孟子·梁惠王》）怎么能得出孔孟之道和"吃人"有关呢？

吴虞还说："吃人的就是讲礼教的，讲礼教的就是吃人的呀。"①

反孔的目的主要是反对传统文化。鲁迅在《忽然想到·六》中说：

> 无论是古是今，是人是鬼，是《三坟》《五典》，百宋千元，天球河图，金人玉佛，祖传丸散，秘制膏丹，全都踏倒他。②

又说：

> 我看中国书时，总觉得就沉静下来，与实人生离开；读外国书——除了印度——时，往往就与人生接触，想做点事。中国书虽有劝人入世的话，也多是僵尸的乐观，外国书即使是颓唐和厌世的，但却是活人的颓唐和厌世。我以为要少——或者竟不——看中国书，多看外国书。③

他还明确地说："中国的书一本也不要读。"吴稚晖则大呼

---

① 吴虞：《吃人与礼教》，见《新青年选粹》，辽宁大学出版社2001年版，第149页。
② 鲁迅：《华盖集》，《鲁迅全集》第三卷，人民文学出版社2005年版，第47页。
③ 鲁迅：《华盖集》，《鲁迅全集》第三卷，人民文学出版社2005年版，第12页。

"把线装书全部扔到茅厕坑里"。①

居然要"不看中国书",还要把中国书"全部扔到茅厕坑里",那么传统文化就不可能延续下去了。但这还不行。他们又提出中国必须全盘西化。

胡适明确提出:

> 我主张全盘西化。②

而且胡适还说:

> 我很不客气的指摘我们的东方文明,很热烈的颂扬西洋的近代文明。③

> 我们必须承认我们自己百事不如人,不但物质机械上不如人,不但政治制度不如人,并且道德不如人,知识不如人,文学不如人,音乐不如人,艺术不如人,身体不如人。
> 肯认错了,方才肯死心塌地的去学人家。④

① 吴稚晖说:"把线装书全部扔到茅厕坑里。"这是常见的一句话,但很多学者引用此话时都没有标明出处。实际上是胡适在《追念吴稚晖先生》一文中道出的:"他……'把线装书扔入毛厕坑里去'。又很沉痛的公开警告我们:'这《国故》的臭东西……非把他(它)丢在毛厕里三十年不可……'"(载《革命人物志》第2集,台湾"中央文物供应社"1969年版,第256—262页)但吴稚晖也在其《箴洋八股化之理学》一文中说:"我二十年前同陈颂平先生相约不看中国书……"(秦同培编《吴稚晖言论集》上,(上海)世界书局1927年版,第107页。)
② 胡适:《充分世界化与全盘西化》,《胡适全集》第四卷,安徽教育出版社2003年版,第585页。
③ 胡适:《介绍我自己的思想》,《胡适全集》第四卷,安徽教育出版社2003年版,第666页。
④ 胡适:《介绍我自己的思想》,《胡适全集》第四卷,安徽教育出版社2003年版,第667页。

按胡适的说法，中国人真是无法活下去了，连"身体"都"不如人"。难道要把中国人的身体砍掉或换成外国人的身体吗？要知道早在鸦片战争之前，中国人看外国人"身体"是十分丑的：头发丑、眼睛丑、面目丑、身体丑。中国人认为"鬼"是最丑的，《旧唐书·卢杞传》记卢杞"貌陋……人皆鬼视之"，因为相貌丑陋，人皆看他像个鬼。谚云"丑得像鬼一样"，故叫外国人是"鬼子"，或"某国鬼子"，如"英国鬼子""美国鬼子""日本鬼子"，或统称为"洋鬼子"。只有中国人是最美的人。但由于自卑，胡适们又认为外国人身体好，我们的"身体不如人了"。

北宋末年的王黼（1079—1126）是蔡京的死党，官至太傅，蔡京的儿子蔡绦经常见到他的这位前辈，蔡绦在《铁围山丛谈》卷三中记："王黼……面如傅粉，然须发与目中精色尽金黄……大抵皆人妖也。""面如傅粉"即肤白，胡须头发与眼球皆金黄色，这正与西方洋人相同。却被人视为"人妖"，亦"鬼子"之类也。中国人还是以自己的黑头发黑眼睛为美，但人一自卑后，总觉得自己一切都不美，而别人一切都美。

现在很多年轻人又视黄发为美，有人将黑发染成黄发，同一黄发，自信者视为丑，为"人妖"，为"鬼"。自卑者以为美。"西化"连身体都要"西化"了。观念一变，一切都变了。

（补充一段闲话：少时看一个外国戏剧电影片段，一个少女失恋了，坐地哭泣，一位先生过来安慰她说："不要哭，我帮你找一个更好的，找一黑头发的。"那少女哭着说："他就是黑头发的……"）

继之，陈序经批评了胡适的"全盘西化"不彻底。他说："胡适之先生整个思想不能列为全盘西化派，而乃折衷派中之一支流。""假使百分之九十九的西化，能谓为尽量西化或充分西化，那么'中学为体，西学为用'也可以说是尽量西化或充分西化了。""我在这里只想指出在所谓百分之九十九或九十五的情形之下，还可以叫做'全盘'。至于我个人，相信百分之一百的全盘西化，不但有可能性，而且是一个较为完善较少危险的文化出路。"[①]陈序经在《全盘西化的辩护》一文中，批判了胡适以及当时很多主张"全盘西化"而不彻底者，对"尽量西化或充分西化"十分不满，而力主"百分之一百的全盘西化"，把"全盘西化"推上一个高峰。

历史学家蒋廷黻在1938年出版的《中国近代史》中也说："我国到了近代要图生存，非全盘接受西洋文化不可。"当时持这类看法的人非常多。

"全盘西化"，"百分之一百的全盘西化"，"把线装书全部扔到茅厕坑里"，他们还不放心，最后提出废除汉字，还要废除汉语。

钱玄同提出欲为长久之计，必须先把汉字废了。

> 则欲废孔学，不可不先废汉文。欲驱除一般人之幼稚的野蛮的顽固思想，尤不可不先废汉文

> 二千年来，所谓学问，所谓道德，所谓政治，无非推衍孔二先生一家之学说……二千年来用汉字写的书籍，无论哪一部，打开一看，不到半页，必有发昏做梦的话。此等书籍……若令初学之童子读之，必致终身蒙其大害而不可救药。

> 欲废孔学，欲剿灭道教，惟有将中国书籍一概束之高阁之一法。

> 欲使中国不亡，欲使中国民族为二十世纪文明之民族，必以废孔学、灭道教为根本之解决；而废记载孔门学说及道教

---

① 见陈序经《全盘西化的辩护》，刊于《独立评论》1935年第160号。

妖言之汉文,尤为根本解决之根本解决。①

陈独秀则说:

> 惟仅废中国文字乎?抑并废中国言语乎?……当此过渡时期,惟有先废汉文,且存汉语,而改用罗马字母书之。②

胡适说:

> 独秀先生主张"先废汉文,且存汉语,而改用罗马字母书之"的办法,我极赞成。凡事有个进行次序。③

废除汉字,鲁迅、康有为、蔡元培、吴稚晖、郭沫若、茅盾等当时几乎所有的社会名流都撰文赞同。

瞿秋白不但赞成废除汉字,他更身体力行,于1929年在苏联汉学家郭质生的帮助下,写成了《中国拉丁化的字母》。1930年便由苏联ＫＹＴＹ出版社出版了。瞿秋白在《中国拉丁化的字母》中还说:

> 中国的"汉字",对于群众实在是太困难,只有绅士阶级能够有这许多时候去学他。所以,他是政治上文化上很大的障碍。④

---

① 以上皆见《中国今后之文字问题》,《新青年选粹》,辽宁大学出版社2001年版,第299—303页。

② 见《中国今后之文字问题》附,《新青年选粹》,辽宁大学出版社2001年版,第305页。

③ 见《中国今后之文字问题》附,《新青年选粹》,辽宁大学出版社2001年版,第305页。

④《回读百年——20世纪中国社会人文论争》第二卷,大象出版社1999年版,第728页。

苏联KYTY出版社为《中国拉丁化的字母》一书,写了"出版说明",其中说:

> 中国文字的拉丁化具有非常重大的意义。……陈旧的中国象形文字从各方面说来都是过时的残渣。拼命倒转历史车轮的中国反动派黑暗势力死死抱住这种残渣。在中国蓬勃发展的群众性革命运动的背景前面,象形文字所起的作用尤其令人注意:它是反动派和旧秩序的象征,而且越来越对所有革命者成为障碍。[①]

1930年5月,苏联语言学家龙果夫在莫斯科中国问题研究会上,作了关于瞿秋白的《中国拉丁化的字母》方案的报告。

1931年,吴玉章、林伯渠、萧三、王湘宝、龙果夫等以此方案为基础,拟制了《中国汉字拉丁化的原则和规则》。1931年9月,中国文字拉丁化第一次代表大会在海参崴召开,大会通过了《中国汉字拉丁化的原则和规矩》,并声明"要根本废除象形文字,以纯粹的拼音文字来代替它"。会后,远东地区新字母委员会将拉丁化新文字作为扫盲和普及教育的工具,首先在侨苏的十万中国工人中推行,从此,拉丁新文字运动开展起来了。[②]

其后有人又提倡"大众语"。这种大众语不同于文言文,也不同于白话文。大约是为废除汉语而创造的。"大众语"和"拉丁文"如果真的实行了,中国的文字就彻底断绝了。

鲁迅也十分支持这种"拉丁文"和"大众语",他在《门外

[①]《汉字不废,中国必亡——拉丁化新文字运动·前言》《回读百年——20世纪中国社会人文论争》第二卷,大象出版社1999年版,第714页。
[②]以上参阅《汉字不废,中国必亡——拉丁化新文字运动·前言》,《回读百年——20世纪中国社会人文论争》第二卷,大象出版社1999年版,第712—720页。

文谈》中又提到：

> 倘要中国的文化一向上，就必须提倡大众语、大众文，而且书法更必须拉丁化。①

他说的"书法"即是汉字，"必须拉丁化"，即废除汉字，改为拉丁字母化书写。

鲁迅还说：

> 方块汉字真是愚民政策的利器……

> 汉字也是中国劳苦大众身上一个结核，病菌都潜伏在里面，倘不首先除去它，结果只有自己死。②
> 如果大家还要活下去，我想：是只好请汉字来做我们的牺牲了。③

鲁迅竟认为，如果不去除汉字，大家都活不下去了。真是太严重了。他又说：

> 倘要生存，首先就必须除去阻碍传布智力的结核：非语文和方块字。如果不想大家来给旧文字做牺牲，就得牺牲掉旧文字。……乃是关于中国大众的存亡的。④

------

① 见《鲁迅全集》第六卷，人民文学出版社2005年版，第103页。
② 鲁迅：《关于新文字》，载《鲁迅全集》第六卷，人民文学出版社2005年版，第165页。
③ 鲁迅：《汉字和拉丁化》，载《鲁迅全集》第五卷，人民文学出版社2005年版，第585页。
④ 鲁迅：《中国语文的新生》，《鲁迅全集》第六卷，人民文学出版社2005年版，第179页。

汉字和大众，是势不两立的。

所以，要推行大众语文，必须用罗马字拼音。[1]

茅盾也说：

站在大众的立场上，只有废除汉字，才是中国文字改革运动最正确的道路，何况就"学习"上一点而言，拉丁化也比简笔字、注音字母等等要方便了许多呢。[2]

郭沫若更说：

（新文字）学习起来，大家就好像回复了童年时代的天真，古人说："大人者，不失其赤子之心。"我现在在新文字上发现了一个意想外的功用，新文字竟是养成我们最高道德的最良手段。[3]

现在已经不是讨论新文字要不要的时候，而是我们应该赶快学，赶快采用的时候了。[4]

1934年8月，叶籁士等在上海成立中文拉丁化研究会。1935

---

[1] 鲁迅：《答曹聚仁先生信》，《鲁迅全集》第六卷，人民文学出版社2005年版，第78页。

[2] 茅盾《关于新文字》。转引自《回读百年——20世纪中国社会人文论争》第二卷，大象出版社1999年版，第717页。

[3] 郭沫若《请大家学习新文字》。转引自《回读百年——20世纪中国社会人文论争》第二卷，大象出版社1999年版，第717—778页。

[4] 郭沫若《请大家学习新文字》。转引自《回读百年——20世纪中国社会人文论争》第二卷，大象出版社1999年版，第718页。

年12月，该会邀请文化界人士座谈推行新文字的问题。会上由陶行知发起成立中国新文字研究会，并草拟了《我们对于推行新文字的意见》，开头便说：

> 中国已经过了生死关头，我们必须教育大众组织起来解决困难。但是这教育大众的工作，开始就遇到一个绝大难关。这个难关就是方块汉字。

> 中国大众所需要的新文字，是拼音的新文字，是没有四声符号麻烦的新文字。

为了废除汉字，推行拼音文字，他们还定了六条具体办法。同意并在上面签名的重要人物有：蔡元培、孙科、柳亚子、李公朴、陈望道、巴金、鲁迅、郭沫若、茅盾、曹聚仁、艾思奇、胡绳、胡风、周扬、夏征农等688人，几乎包括了当时的名流。

1940年11月，陕甘宁边区新文字协会成立，毛泽东、孙科等组成名誉主席团。林伯渠、吴玉章等组成主席团，颁有《关于推行新文字的决定》。

....

一直到抗战胜利后，拉丁化新文字运动仍在进行。①

这说明五四反传统的思想势力影响大到何等程度。但北洋军阀政府始终不接纳这些意见，他们坚持传统文化和传统文字，绝不给拉丁文以任何地位。但受五四影响的两批青年，其中一批在国民党主政的政府里，开始讨论废除汉字，改为拉丁文字，但内部意见并不统一，反对意见也很强烈，后来便因"内乱"、"外乱"（日本侵略中国，列强瓜分中国）带来的紧迫感更

①以上内容参阅《回读百年——20世纪中国社会人文论争》第二卷，大象出版社1999年版，第713—720页。

大，废除汉字的进程便停止了。但在政府之外的民间，主要是知识界，尤其是受苏俄影响的知识界，一直在进行。

新中国成立，经"三反五反""镇压反革命"后，国家政权已得到稳定。大约于1954年3月，便考虑认真将汉字废除，改为罗马字，实行拉丁化。当时找来一直从事文字改革的吴玉章（当时已任中华人民共和国人民代表大会副委员长、中国人民大学校长），组成文字改革委员会，任务便是废除汉字，改为拼音化（拉丁化）。

当时，决定将废除汉字的信息公布后，对中国传统文化怀有深情的学者们都痛心疾首。留学美国回国后在清华大学任导师的著名教授吴宓在其《吴宓日记》1954年3月14日记："……新华书店观书，见中国文字改革委员会报告，大旨决定废汉字，用拼音，但宜稳慎进行云云。索然气尽，惟乞宓速死，勿及见此事。"[①]《吴宓日记》1955年3月5日又记："晚萧瑞华来，宓与谈中国文字已优卓，胜过西文处。近中国文字改革委员会已宣布通行简字，并以拉丁化拼音为最后之目标，则汉字亡，中国文化全亡，已成事实。今后更无挽救之机会。曷胜痛心……"[②]

《吴宓日记》1955年4月11日又记："读《重庆日报》见吴玉章主领之中国文字改革委员会近顷公布之汉字改革方案，略谓中国文字，已由毛主席主张，决改为拼音文字，以与世界各国一致。但此非一蹴可几，故须暂用汉字以资过渡。然汉字繁难，故今决逐步增多采用旧有新增之简体字。兹先公布……宓读之大愤苦。夫文字改革之谬妄，吾侪言已数十年。……即以采用简体

---

① 《吴宓日记》（1954—1956），生活·读书·新知三联书店2006年版，第26页。

② 《吴宓日记》（1954—1956），生活·读书·新知三联书店2006年版，第137页。

字而论……完全破坏汉文之系统者……"①

虽然废除汉字的政策，遭到很多人的反对，但吴玉章领导下的文字改革委员会，仍然通过多年的努力，拿出文字拼音化的方案。但这时，五四青年都已变老了。他们的思想也开始成熟了，深沉了。也许文字改革，汉字拉丁化后，他们都将成为文盲了。于是便没有批准拼音方案的实行。

幸亏他们已老了，汉字幸免一次巨大的灾难，中国传统文化也幸免覆灭的命运。

汉字如果废除了，中国这个世界上唯一的延续五千年传统的国家也就不复存在了。国家不存在的重要标志就是这个国家的文化不存在了。文化不存在，附属于文化的道德更是不存在了。

自1905年，清朝廷在舆论压力下，废止了科举制度，这对儒家文化的建制破坏最大。严复《遗嘱》中云："中国必不亡，旧法可损益，必不可叛。"科举的内容可稍加损益，（但传统道德的内容不可损）其形式理应保留。在西方以贵族和教会把持政权时代，中国一直用科举方法从民间选拔无数忠于国家，一心为民的杰出的治国人才，这是中国封建社会超稳定的重要因素。社会发展了，这种方法理应稍加"损益"继续保存，和新的方法并行，共同选拔人才，更利于国家的建设和发展。②

民国建立后，蔡元培任教育总长，即停止祭孔，废止读经，废除经科。新文化运动，又兴起"打孔家店""废孔学""全盘西化""不读中国书""把线装书全部扔到茅厕坑里"，最后要"废

---

① 《吴宓日记》（1954—1956），生活·读书·新知三联书店2006年版，第146页。
② 实际上，民国初政府之所以得到后人高度称赞，正是由四类人才组成。一是科举制度培养出来的如蔡元培（进士）、徐世昌（进士）、傅增湘（进士）、吴佩孚（秀才）等；二是出国留学人才；三是中国大学培养的人才；四是从基层发展中发现的人才。比较而言，仍以科举培养的人才为最优秀。

除汉文"。下一步还要废除汉语,这对中国传统文化打击太大。传统文化中,传统道德最重要。传统文化中断,传统道德也随之中断。这是中国人道德水平下降的重要原因。

再看西方。

西方人也学中国文化,正是中国文化吸引了他们,西方人才源源不断地来到中国。17世纪至18世纪,欧洲哲学思想界、文化界掀起了一个"中国热"的高潮。18世纪的启蒙运动,很多思想及欧洲近代哲学的形成都来自中国的哲学文化,而经欧化改造而成熟。英国剑桥大学1998年出版的《剑桥十七世纪哲学史》一书中作了充分的论述。法国学者莫里斯·罗班说:"在古代欧洲和启蒙时代的西方,中国简直是无所不在。"美国学者斯塔夫里阿诺斯也说:"当时,欧洲知识分子正被有关传说中的遥远的中国文明的许多详细的报道所强烈地吸引住……"实际上,17世纪和18世纪初叶,中国对欧洲的影响比欧洲对中国的影响大得多。西方人得知中国的历史、艺术、哲学和政治后,完全入迷了。斯塔夫里阿诺斯还说:"实际上,当时,中国的考试制度和儒家伦理观给欧洲留下的印象,较之欧洲的科学和教学给中国留下的印象,要深刻得多。"

西方人吸收中国哲学文化,经过欧化之后才实行。但西方人却从没有打倒和废除自己的文化。而中国人"不破不立",学习外国的文化,先打倒自己的文化,甚至外国文化还没学到手,就先把自己的传统文化打倒。这是中国变弱的重要原因之一。

四、对传统文化的误解

谈中国传统文化,最怕那些对中国文化知之不深的外国人(包括外国籍的华人)的言论。而改革开放后,国人中有一些人崇洋媚外,加上中国翻译界和出版界的浮躁,一见到外国人谈中国文化，不论质量水平如何，也马上翻译，马上出版；而一些不明事理的读者一见外国人写的书，马上买，马上读，马上不加思考地相信。所以，其危害不小。

有一个美籍华人历史学家，写了一本《中国文化的深层结构》，他将中国文化在深层结构的层面上与世界其他文化作了比较，用于解释中国文化现象，据介绍者说：绝对深度。

他在书中说：

中国人的"身"

与西方人或是拉丁人不同，中国人把个人看作是一个"身"，也就是一个身体，对于中国人来说，身体比心灵或是灵魂都更加重要，所以中国人特别注重养身。中国人的语言当中对个人的描述也充满了这样的概念，例如，描述自我，便可称为"自身"、"本身"，讲一个人的所有，叫"身家"，讲一个人的来历，叫做"出身"，讲一个人改变了命运，是"翻身"，讲一个人的感觉，叫"体会"，"身体力行"，对一个人的攻击，叫做"人身攻击"，等等。古代中国士人也讲"修身、齐家、治国、平天下"。可见，对于中国人来说，对一个人的描述，完全是身体性的，一个中国人，就是一个"body"，而他的心灵与灵魂，就不那么重要了。而对中国人来说生活最大的主题，就是保存这个身，就是"明哲保身"。

中国人的心

中国人也有心理活动，但是中国人的心不是用在自己身上的，而是用于关照他人。上一辈的中国人总会教导年轻人"先人后己"，"毫不利己，专门利人"，中国人讲与"心"有关的词，总与他人有关，如"关心"、"伤心"、"寒心"、"操心"等。中国人讲究人与人之间的"合和"性,认为只有自己先关心了他人,他人才会关心自己,于是在不太熟悉的人相见的时候,先要将自己的"心"作用于他人身体之上,然后别人才会将他的"心"交给你,作用于你的"身"之上,双方"交心"之后,于是都"安心",这样就变成了自己人。

中国人的人性设定

对中国人的人性的设定,为作对比,特引入西方人与拉丁人的人性。

西方人的人性是以获得圆满的"灵魂"为中心的,"灵魂"这个东西是超自然的,是超越物质与精神,乃至是超越今生今世的。

总之西方人对待肉体是最粗略的,对待精神要好一些,而最重要的,个人都是统一于"灵魂"的。社交中不太在意他人的看法。(以上皆见《中国文化的深层结构》)

这位历史学家对中国的哲学、中国的文化,存在错误解读。他不知道中国人说的"身"就是灵魂和肉体的统一体,而且是以灵魂为更重要。见到中国人说的"身",便以为中国人的心灵和灵魂不重要。他连中国的名言"志士仁人,无求生以害仁,有杀身以成仁"(《论语·卫灵公》)都理解有误。这句话出自孔子之口,但已成为中国人的立身处世的基本原则。"仁"不是心灵和灵魂吗?为了"仁"可以"杀身",是"身"重要呢?还是"仁"重要呢?

孟子说:

生亦我所欲也,义亦我所欲也;二者不可得兼,舍生而取义也。(《孟子·尽心下》)

"生"就是生命，就是"身"，"义"就是属于灵魂的内容了。"舍生取义"是"身"重要呢？还是"义"重要呢？"身"可以杀，可以舍。但灵魂必须保持高尚。中国人对灵魂的要求是何其高也。

中国人认为有"身"必修，"修身"的先决条件是"正心"。即这个外国人说的"心灵"。

中国人从一懂事就应该明白的道理，就应遵循的法规是"修身、齐家、治国、平天下"，乃出自儒家的著作。

《大学章句》开始便讲：

> 古之欲明明德于天下者，先治其国；欲治其国者，先齐其家；欲齐其家者，先修其身；欲修其身者，先正其心；欲正其心者，先诚其意。……

朱熹注："心者，身之所主也。""意者，心之所发也。"又云：

> 意诚而后心正，心正而后身修。

可见，身之主者是心，意之发者是心。身修不是修正衣服，也不是理发整容，而是正心。

心是更重要的。心是心灵，是灵魂，而不是身体发肤。这个外籍华人历史家根本不懂中国人说的"身"是何意。这个"身"的主要部分是心灵，否则便是行尸走肉。

《大学章句》是四书五经之首篇，传统读书人必读此文。它的影响也是巨大的。

《中庸章句》又云：

取人以身，修身以道，修道以仁。

这个身必须有道，道以仁为基础。可见仁和道更重要。

中国人说的"身"，除了"身高八尺"之类外，大多是以"心灵"、"灵魂"为主的。就这位外国历史学家说的"身体力行"，这个"身"也并不是今天说的"身体"之身，是以身体之（体会之），以力行之，以身体之实际上是心灵体会之。孟子说的"尧舜，性之也；汤武，身之也"（《孟子·尽心上》），即尧舜实行仁义，是习于本性；汤武（商汤和周武王）亲身体验，努力推行，这个"身"指的还是心灵，只有心灵才能体验，肉体是没有体验能力的。但心灵、灵魂寓于身中，这个"身"更多的指心灵。晋宋时宗炳说："栖形感类。"①

人的心灵、灵魂寄寓于身体（形）内，而感通于艺术作品中。

"人身攻击"也多指损害人的品质，道德情操，也是心灵的内容，而非单纯的身体。

《孟子·离娄》中说："天下国家，天下之本在国，国之本在家，家之本在身。"这个"身"也是指具有灵魂，具有正义的个人。只是这位历史学家读不懂而已。

孔子还说"君子谋道不谋食"，"君子忧道不忧贫"（《论语·卫灵公》），孟子说的"无恻隐之心，非人也；无羞恶之心，非人也；无辞让之心，非人也；无是非之心，非人也……人之有是四端也"（《孟子·公孙丑上》），等等，都说明中国人对道义等属于心灵的内容超过对身体的重视的。

这位历史学家在他的《中国文化的深层结构》一书中又说："中国人也有心理活动，但是中国人的心不是用在自己身上的，而是用于关照他人。"这句话又错了。中国人在心灵上，灵魂上，

---

① 宗炳《画山水叙》，见《陈传席文集》第一卷，中国青年出版社2017年版。

道德修养方面，主要还是关照自己。孔子、荀子等人都说过：

> 古之学者为已，今之学者为人。[①]

《颜氏家训·勉学》也云：

> 古之学者为己，以补不足也；今之学者为人，但能说之也。

《太平御览》卷六百零七引《新序》云：

> 齐王问墨子曰："古之学者为己，今之学者为人，何如？对曰：古之学者，得一善言，以附其身；今之学者，得一善言，务以悦人。"

"为己"就是充实自己，涵养自己，改变自己，完善自己，当然是心灵和灵魂方面的完善，然后履而能行之，身正言正，为人、为德、为政、为文、为艺皆正而善。

所谓"先人后己""毫不利己，专门利人"也是心灵美的表现，不是身体问题。

至于"关心""伤心""寒心""操心"等，更是心的作用，而不是"身"的作用。

至于"西方人对待肉体是最粗略的，对待精神要好一些，而最重要的，个人都是统一于'灵魂'的"。那么，中国人"杀身以成仁"，"舍生而取义"，肉身可杀，可舍，而"仁""义"必须坚持，不更是"对待肉体是最粗略的"吗？"心者，身之所至"，"修身以道"，不更是统一于"灵魂"的吗？

---

①语见《论语·宪问》，又见《荀子·劝学篇》，又见《北堂书钞》引《新序》，又见《后汉书·桓荣传论》。

自五四以来，中国一大批人崇洋媚外，一听说外国人（其实是外籍中国人）著书论中国文化，他们也赶紧找人翻译，赶紧出版发行。年轻人赶紧买来阅读，而且马上顶礼膜拜，马上信以为真。

某些学者把中国优秀的文化，说成是落后的野蛮的。外国人又以这错误的说法来判断中国，岂不错上加错。所以，五四那一批人劝青年不读中国书，多读外国书；我则劝青年多读中国传统书（五四以前的书），也读外国人研究外国的书，少读或不读外国人研究中国的书，以免上当，更免得出错误的结论。

这里再补充说明一个问题，以证明中国人的认识，高于并早于西方人。

19世纪欧洲的拉比斯兰特在威斯敏斯特教堂里留下一段话，现在被全世界人佩服并认为是放之四海而皆准的真理，这段话被刻在教堂的石碑上，文曰：

> 当我年轻的时候，我想改变世界，但是世界并没有因我而改变。因此，我试着去改变我的国家，当我发现国家也没有因为我而改变的时候，我开始想着要改变我居住的小镇，但我也没有改变小镇。年纪大了，我尝试改变我的家人。现在我已然是一位老人，我突然意识到我所能改变的应该是我自己，如果很久之前就改变自己，我就可以影响到我的家人，我的家人和我就可以影响我的镇子，进而影响到国家，那样的话，我就真正改变了世界。

这段话，被举世传诵，被认为是做人做事的绝对真理。但中国人早在2500年前就提出"修身、齐家、治国、平天下"。而且讲得更精确，更具体：是先修身，即改变自己，再影响到家人，即

"齐家",再影响到国家,再改变世界。

《大学章句》中说的:

> 物有本末,事有始终,知所先后,则近道也……欲诚其意,先致其知,致知在格物。物格而后知至,知至而后意诚,意诚而后心正,心正而后身修,身修而后家齐,家齐而后国治,国治而后天下平。自天子以至于庶人,壹是皆以修身为本。

"修身"就是改变自己,"齐家"就是影响到我的家人,"治国""平天下"就是影响和改变镇子、国家、世界。而且,治国的说法开始还谈到如何改变自己,最后又强调上至天子,下至庶人,一切都要以"修身"为根本。西方人晚于中国人二千五百年才认识到的道理,还不如两千五百年前的中国人说得透彻、明了。

国家弱了,只是武力弱了,并不代表文化弱了。古希腊被人打败了,灭亡了,并不代表古希腊的文化弱。古希腊文化恰恰是欧洲先进文化的源头和基础。

五、中国传统文化在道德、道义上的要求

(一) 仁义之道

《易经》是中国的群经之首,儒家学说的基础。《易经·说卦》有云:

> 立天之道曰阴与阳,立地之道曰柔与刚,立人之道曰仁与义。

所以,仁与义是中国人做人之道的基础,是做人十分重要的原则,孔孟皆以仁义为最高的道德标准。而且自天子以至庶民都把仁义之道作为自己的最高信仰。天子对老百姓要施仁政,医生

对病人要施仁术，长辈对后辈要仁慈，朋友之间要讲仁义。道德高尚的人被称为仁者、仁人义士、仁人君子，好皇帝称为仁君，好兄弟称仁兄、仁弟；即使人类对动物，也要讲仁德。动物中，如麒麟，因不食生物，被称为仁兽。好鸟如鸾凤，被称为仁鸟。大凡好事好人前都会加一"仁"字。

《论语》一书，提到"仁"109次，提出"义"24次。但孟子说过"舍生而取义"，似乎对"义"更重视。《孟子》一书提出"仁"共157次，提到"义"共108次。

孔子提出君子之道的内容是仁、智、勇、而以"仁"居其首。司马光在《资治通鉴》中提出人君修心治国的三大要素："一曰仁，二曰明，三曰武。""仁"也居其首。

孔子又说：

> 克己复礼为仁。一日克己复礼，天下归仁焉。为仁由己，而由人乎哉？（《论语·颜渊》）

又曰：

> 非礼勿视，非礼勿听，非礼勿言，非礼勿动。（《论语·颜渊》）

"礼"是非常重要了，但复礼是为仁。

又曰：

> 人而不仁，如礼何？人而不仁，如乐何？《论语·八佾》

礼、乐都是十分重要的，但人如果不仁，那又如何对待礼、乐呢？可见仁是基础、核心。

《孟子》第一篇《梁惠王》，开头便说："王何必曰利，亦有仁义而已矣……"。

　　什么是仁呢？《论语·颜渊》："樊迟问仁。子曰：'爱人'。"《论语·学而》："君子务本，本立而道生。孝弟也者，其为仁之本与。"《孟子·离娄下》云："仁者爱人。"《孟子·尽心上》又云："君子之于物也，爱之而弗仁；于民也，仁之而弗亲。亲亲而仁民，仁民而爱物。"又云："仁者无不爱也。"《孟子·告子上》："恻隐之心，仁也。"《孟子·梁惠王上》："王如施仁政于民，……可使制梃以挞秦楚之坚甲利民矣。""三代之得天下也以仁，其失天下也以不仁。国之所以废兴存亡者亦然。天子不仁，不保四海；诸侯不仁，不保社稷；卿大夫不仁，不保宗庙；士庶人不仁，不保四体。"《礼记·中庸》："仁者人也，亲亲为人。"《庄子·天地》："爱人利物之谓仁。"《国语·周语中》："仁，所以保民也。"《礼记·郊特牲》："蜡之祭也……仁之至，义之尽也。"孔颖达疏："不忘恩而报之，是仁。"司马光在《资治通鉴》："仁者，非姁姁姑息之谓也。""修政治，兴教化，育万物，养百姓，此人君之仁也。"

　　中国传统文化中提到仁义的地方，十分多，中国人是离不开仁义的。对人、对己，为国、为君、为民，对长辈、对晚辈，对内、对外，处处都是讲仁义。

　　义和仁的关系，《礼记·礼运》："仁者，义之本也。"文天祥有一段名言："孔曰成仁，孟曰取义，惟其义尽，所以仁至。"（《宋史·文天祥传》）《孟子·离娄上》："仁，人之安宅也；义，人之正路也。"《荀子·儒效》云："先王之道，仁之隆也；必中而行之。曷谓中？曰，礼义是也。"

　　《礼记·中庸》："义者，宜也。"东汉刘熙《释名》："义，宜也。裁制事物，使合宜也。"（卷四《释言语》）韩愈《原道》说："博爱之谓仁，行而宜之之谓义，……"朱熹："仁者，心之德，爱之理。义者，心之制，事之宜者也。"（《孟子集注·梁惠王章句上》注）汉董仲舒的名言："夫仁人者，正其谊不谋其利，明其道不计其功。"这"正其谊"即"正其义"。朱熹引用时即改为"正其义不谋其利"。朱熹又说："义者，心之制，事之宜也。"凡是符合正义或道德规范者皆称"义"。

孔子云："君子喻于义，小人喻于利。"（《论语·里仁》）

《论语·阳货》："君子义以为上。"

《论语·卫灵公》："君子义以为质。"

《论语·述而》："不义而富且贵，于我如浮云。"

《论语·雍也》："夫仁者，己欲立而立人，己欲达而达人。"

孟子又云："亲亲，仁也；敬长，义也。"所以，有仁有义者，"老吾老以及人之老，幼吾幼以及人之幼"，"己所不欲，勿施于人"。

凡是具有仁义之道者，都有高贵的品质，为人，舍己为人，为国，为天下，绝对不做损害他人的事，也不和别人竞争。《论语·八佾》："子曰：'君子无所争，必也射乎。揖让而升，下而饮。其争也君子。'"君子不和人竞争，唯一的争，便是比赛射箭，先是和对手作揖施礼，然后登台射箭，射完后再施礼，射中箭靶多者，为优；射中箭靶者少的，次之，要喝罚酒，有时还要得胜者陪喝。西方的比赛，总是处于"敌对"形势，得胜者趾高气扬，喝胜利之酒；失败一方灰溜溜地站在一旁，很难堪，甚至会怀恨。中国的比赛者，双方总是处于和谐状态，失败者反而喝酒，胜者如果也喝酒，叫陪喝。这样，关系就融洽了。这都体现了中国的仁义之道，更体现了中国古代的文明。

《论语·卫灵公》："子曰：民之于仁者也，甚于水火。"《孟子·尽心上》："民非水火不生活。"老百姓需要仁，更急于需要水火。君主需要仁政，《孟子·离娄上》："尧舜之道，不以仁政不能平治天下。"又云："惟仁者宜在高位,不仁者在高位,是播其恶于众也。"孟子论到君臣关系时,认为君是主要方面,"君仁,莫不仁;君义,莫不义;君正,莫不正。一正君而国定矣。"

君作为国之主,君强则国强,君仁义则代表一国之仁义。春秋时,宋弱小而楚强大,宋襄公和楚人战于泓,宋兵已排好阵列,但楚人还在渡泓水,大司马告宋襄公说:"彼众我寡,现在他们还没有全部渡河,我们出击,必胜。"但宋襄公出于仁义之心,说:"不可,吾闻之也,君子不厄人。吾虽丧国之余,寡人不忍行也。"宋襄公认为楚人还在渡河,怎么忍心攻击人呢?楚人全部渡过河,但还未列成军阵,大司马又说:"请趁他们还未完全列成军阵,我们进攻,必胜。"宋襄公说:"不可,吾闻之也,君子不鼓不成列。"即君子不进攻人家还没排列好军阵。等到对方一切都准备好了,宋襄公才下令进攻,但因对方军多又强,又列好了阵势,所以宋打了败仗。而且宋襄公的腿还被打伤了。(见《左传·僖公二十二年》)后来,有人说这是"蠢猪式的仁义道德",但宋襄公因为严格遵守当时的仁义道德标准,以仁义闻名,被很多国家尊为霸主,成为五伯("伯"读"霸")之一。《吕氏春秋·当务》:"备说非六王五伯。"高诱注:"五伯,齐桓、晋文、宋襄、楚庄、秦缪也。"五伯即被当时诸国尊为霸主的五个诸侯王,此"五伯"中只有宋是小国,其余四国皆大国,宋以小国被人尊为霸主,就是因为宋襄公讲仁义。[①]

当时的仁义作为最高的道德规范,普遍被世人尊崇,乃至对敌人也要讲仁义,不但不进攻不成阵势的军队,而且"君子不重伤,不禽二毛"(《左传·僖公二十二年》),即敌人被打伤了,不能再次伤害他;不擒拿头发花白的(年龄大的)敌人,等等。

---

① 孔子的学说中以"仁义"为中心,实际上即来源于宋国。孔子祖先本是宋国人,后因被人逼迫出奔到鲁国。其学说是儒学的中心,即根源于宋。宋国一直以仁义为道德规范。

这是中国人2500年前就具有的道德准则。

不仅对人，对动物也如此。

《论语·述而》："子钓而不纲，弋不射宿。"可以钓鱼，但不用大网横断流水来取鱼，这对鱼会有毁灭性的打击；不射归巢的鸟，因为它要哺育幼鸟。

还有谚云："劝君莫食三月鲫，万千鱼仔在腹中。劝君莫打三春鸟，子在巢中待母归。"

一般人捕鱼的网，国家也有规定，网眼必须大于四寸，这就保住了小鱼不被捕捉。而且规定三、四月份，不得捕鱼、食鱼，因为那时候鱼还在产鱼子。《孟子·梁惠王上》还说："君子之于禽兽也，见其生，不忍见其死；闻其声，不忍食其肉。"这也是仁者之心。

当然，还有一种大仁义。《论语·子路》："子曰：如有王者，必世而后仁。"《礼记·礼运》："故国有患，君死社稷，谓之大义；大夫死宗庙，谓之变。"君主为保卫社稷而死，大夫为保卫国家宗庙而死，都是大义。

另外，还有一种大仁大义，体现在国家制度的运行上，《礼记·礼运》有云：

> 大道之行也，天下为公，选贤与能，讲信修睦。故人不独亲其亲，不独子其子。使老有所终，壮有所用，幼有所长，矜寡孤独废疾者，皆有所养。男有分，女有归；货恶其弃于地也，不必藏于己；力恶其不出于身也，不必为己。是故谋闭而不兴，盗窃乱贼而不作，故外户而不闭，是谓大同。

这种大同社会，也须是君臣民众共同努力的结果，然非有大仁大义者不可为。

臣死社稷尤是一种大义，文天祥在南宋危难之时，组织抵抗元军的侵略，被俘后，元人对他十分敬重，力劝他和元合作；不和元合作必死，和元合作，仍可做宰相，高官厚禄，荣华富贵，但唯有对宋不义。他说"惟其义尽，所以仁至"，他舍弃了生，而选取了死，"舍生而取义"。他如果选择了投降，他可荣华富贵一时，但他选择了死，即"取义"，取对自己的大宋王朝之义。他千古流芳，为后人所敬重。这就是中国人的仁义观、道德标准。

两宋之际，金兵南侵，破坏了宋人的美好生活，岳飞决计投军抗金，岳母是一个传统式的普通妇女，但并没有嘱咐儿子去做大官，也没有鼓励儿子发大财，而是在他背上刺字：尽忠报国。一个农村妇女，有此大义，完全是传统文化教育的结果。

清道光年间定海镇总兵葛云飞，道光十九年，其母去世，葛丁忧回籍，按当时规定，他要在原籍为母守孝三年。守孝以外的事，包括国家大事，他可以一概不问。但不久，英军进犯，定海失守。按规定，定海失守应由其他军官负责，他身为孝子必须在家丁忧。但出于民族大义，葛云飞身着孝服，抱着必死的决心，奔赴战场，多次击败英军，其中一次就歼灭英船中五六百人。但最后一次英军人多，连攻下我二城，复聚兵于土城，此时土城兵已调守各地，所剩不多，葛云飞知道以死报国的时候到了，他把后事交代好，持刀闯进敌阵，"格杀无算"，身受重伤，仍"戴血击敌"，最后以身殉国。葛云飞在中进士时即写《登第》一诗，有句曰："事业人皆争一第，功名我自励千秋。"在冲入敌阵、决计以身殉国之前，他自书："寸心自誓，期尽瘁以事君；一息尚存，敢偷生而负国。"此民族大义也。

南宋亡，陆秀夫驱妻子投海自尽，然后背着小皇帝赵昺，说："国事至此，陛下当为国死。"然后跳海而死。另一个忠臣张世杰，在敌军追赶到崖山时，他的外甥代表元军三次去招降，张世杰说："吾知降，生且富贵，但义不可移。"最后跳海自杀。跟随他们的十万南宋军民全部投海而死，无一投降，这都是"义"在他们身上起到的作用。

即使在朋友交往中，"义"也比生命重要。

《晏子春秋》中记载的"二桃杀三士"故事同样反映古人的"义"。晏子也正利用这三位勇士的"义"而达到自己的目的。三个勇士要分二桃，晏子要他们各述自己的功劳，功劳大者可食桃。公孙接和田开疆各报自己的功劳，分别取得一桃。古冶子认为自己功劳更大，拔剑指摘二人应把桃放回原处。二人自觉功不及古，便让出桃子，并说："吾勇不子若，功不子逮，取桃不让，是贪也；然而不死，无勇也。"便羞愧而自杀。古冶子见状，也觉得自己不该为一桃而自吹自己功劳，致使两位朋友自杀，他叹曰："二子死之，冶独生之，不仁；耻人以言，而夸其声，不义；恨乎所行，不死，无勇。"结果也拔剑自杀了。他们都觉得"仁""义"比生命更重要。

《史记·赵世家》记屠岸贾杀赵朔一家7灭其门。闻赵朔有遗腹子，便去搜寻，要斩草除根。公孙杵臼和程婴为了保护赵氏孤儿，商量好由公孙杵臼带假的赵氏孤儿去死，以迷惑屠岸贾。结果屠杀了公孙杵臼及假的赵氏孤儿，以为已斩草除根。程婴便抚养了真的赵氏孤儿。15年后，赵氏孤儿当政，杀了屠岸贾一族。程婴是大功臣，又受到国人的称许，按道理，他应该享受高官厚禄，荣华富贵，但他自杀了。他完成了老朋友公孙杵臼的心愿，便要去地下以报老友，他说："昔下宫之难，皆能死。我非不能死，我思立赵氏之后。今赵武（赵氏孤儿）既立，为成人，复故位，我将下报赵宣孟与公孙杵臼。"为了"义"，他忍辱而抚养赵氏孤儿；为了"义"，他舍弃荣华富贵而选择死。"义"是何等的重要啊！

其实，后人直至笔者都认为程婴不必死，他应该留下来，继续辅助赵武，继续宣扬老朋友公孙杵臼的大义。但他认为不死不足以见义，"舍生而取义"。中国文化中的"仁义之道"，"舍生而取义"，在任何时候（尤其是危难之际）、任何情况下，都能把道德的价值原则与行为实践结合起来。这造就一批又一批的志士仁人：忧国忧民的忠臣，以身殉国的英雄，敬长爱幼的孝子，人品高尚的君子，爱国爱民鞠躬尽瘁的精英。

（二）"恕"

"恕"的意思是：推己及人；仁爱待物。容忍、宽宥、原谅、谅解，不计较别人的过失。

《论语》一书中两次记到孔子之道的最重要的一点便是"恕"。其一《里仁》篇：

> 子曰："参乎！吾道一以贯之。"曾子曰："唯。"子出，门人问曰："何谓也？"曾子曰："夫子之道，忠恕而已矣。"

《卫灵公》篇：

> 子贡问曰："有一言而可以终身行之者乎？"子曰："其恕乎！己所不欲，勿施于人。"

据杨伯峻在《论语译注》中对"忠恕"的解释："恕，孔子自己下了定义：'己所不欲，勿施于人'。""忠则是'恕'的积极一面，用孔子自己的话，便应该是：'己欲立而立人，己欲达而达人。'"如是看来"忠恕"的重点就是"恕"，《卫灵公》篇中，就没有"忠"，而只有"恕"了。"恕"就是：凡自己不想要的任何事情，就不要加给别人。自己痛苦，就不要让别人痛苦；自己觉得麻烦的事，就不要让别人麻烦，也就是要设身处地地为他人着想。汉贾谊《新书·道术》："以己度人谓之恕，反恕为荒。"朱熹《忠恕说》："自其及物而言，则谓之恕。"这和"爱人""仁者爱人"的道理是一致的。

如是，知道鸦片对人有毒害，就不可叫别人吸食，更不可为了自己赚钱，而去危害别人。英国人不懂这个道理，没有"恕"这个道德准则，所以，明知鸦片毒害人且非常严重，却强行叫印度种植大片罂粟，用其果实制成鸦片，卖给中国人，为了赚取中国人的钱，不惜毒害中国人，损人利己，这是走到"恕"的反面了。中国凡是遵循孔孟之道的人，都不会干这种事。

至于"忠恕"的积极的一面，"己欲立而立人，己欲达而达人"：自己想要得到的，先要别人得到；自己想要达到的，先使别人达到。即使美国，号称领导世界，也首先想到的是本国利益和发展，然后才能"考虑"援助其他国家。绝不可能先让别国发达，然后才让自己发达。

《礼记·大学》篇中所说的"絜矩之道"，也是"恕"的另一说法："所谓平天下在治其国者，上老老而民兴孝，上长长而民兴弟，上恤孤而民不倍，是以君子有絜矩之道也。"朱熹注："絜，度也。矩，所以为方也。""是以君子必当因其所同，推以度物，使彼我之间各得分愿，则上下四旁均各方正，而天下平矣。"什么叫"絜矩之道"呢？"所恶于上，毋以使下；所恶于下，毋以奉上；所恶于前，毋以先后；所恶于后，毋以从前；所恶于右，毋以交于左；所恶于左，毋以交于右；此之谓絜矩之道。"这就是"己所不欲，勿施于人"，就是"忠恕"之道。

中国文化中这种"忠恕""己欲立而立人，己欲达而达人"的思想，恐怕也只能是一种道德价值原则，真正实现者鲜。但若全世界皆有这种道德规范，并与行为实践统一起来，则全世界必进入人类最美好的状态。

"恕"的另外意思是容忍、宽容。这是十分重要的。如果没有容忍、宽容，一个家庭，一个机构，一个国家，朋友之间，同学、同志之间，同事之间，人与人之间，就会天天处于斗争、争吵、战争的状态。因为每一个人都有思想，不可能完全相同。有了容忍、宽容，家庭就和睦了，机构便平静了，国家便和平了，朋友、同学同志、同事、人与人之间便和谐了。

如果没有容忍、宽容，就会出现独裁。一个国家如果上层人物缺少容忍，便会想方设法，打击不同意见者，像秦始皇那样"一人之心，千万人之心也"。用一人之思想统一千万人之思想，亿万人一个脑袋，一人之下的千万人都成为奴隶了，即独裁。但亿万人不可能真正没有思想，那就必然使国家不得安宁、天天处于斗争状态，也会毁灭无数人才和家庭。国家不安宁，也就无法发展建设，必导致落后。

如果世界上某些强大的国家上层人物缺少容忍，就会导致战争，乃至世界大战，那么死伤的人民就更多了，对世界破坏就更大了。如果强大的国家，尤其是那些希望领导世界的大国人物，多一些容忍，这个世界就会和平、安宁，就会有利于发展进步。

家庭、朋友、同事之间的容忍，更是必须的，否则，人与人之间便无法和谐相处。

胡适跑到美国去，他的康奈尔大学的史学老师伯尔教授（Prof. George Lincoln Burr）给他讲："我年纪越大，越觉得容忍比自由还要重要（Tolerance is more important than freedom）。其实容忍就是自由，没有容忍，就没有自由。"胡适晚年也到处讲（或书写）"容忍比自由还更重要"。这在中国产生很大的影响。年轻人和一些对中国传统文化不熟悉的留学生们都认为外国人的思想了不起，或认为胡适的思想了不起，有的还说："太了不起，太伟大。"其实，在中国2500年前即有"恕"的思想（恕道），比"容忍"的涵量更大、更丰富，而且本来就是中国传统文化中的最重要最普遍的道德价值原则，是孔孟之道的最核心思想。

"仁义之道"其实也是"恕道"的一个分支而已，不过，这个"分支"后来被突出、强调了，因为它更具体。

（三）"四维""五常"

"四维"即维系国家的四条纲，也可以说是支撑国家成立的四个支柱，坏掉一维，则倾斜了；坏掉两维，就危险了；坏掉三维，则塌覆了；坏掉四维，就彻底灭亡了。

"四维"即"礼、义、廉、耻"语出《管子·牧民》（《管子》第一篇），文曰：

> 四维不张，国乃灭亡。

> 国有四维，一维绝则倾，二维绝则危，三维绝则覆，四维绝则灭。倾可正也，危可安也，覆可起也，灭不可复错也。何谓四维？一曰礼；二曰义；三曰廉；四曰耻。礼不逾节，义不自进，廉不蔽恶，耻不从枉。故不逾节，则上位安；不自进，则民无巧诈；不蔽恶，则行自全；不从枉，则邪事不生。

礼、义前面已谈过。这里谈廉和耻。

廉，注："隐藏其恶，非贞廉也。"凡贪者，必隐藏其恶。凡廉者必不苟取，必不贪。《孟子·离娄下》："孟子曰：可以取，可以无取，取伤廉。"多取则贪，贪则浊；廉必不妄取，廉必清，故又曰清廉。清必洁，廉必洁，故又曰廉洁。这对于政府官员尤为重要。古代受过传统文化教育的官员大多能洁身自好，后汉时有一位官员杨震，在上任途中经昌邑，昌邑县令王密是杨震推举的，王密感激杨震，半夜怀金十斤送给杨震，杨震说："故人知君，君不知故人，何也？"王密说："暮夜无知者。"杨震说："天知，神知，我知，子知，何谓无知？"他拒绝了王密的遗送，这就叫"君子必慎其独也"。虽然半夜，无人知，也不能妄取别人的礼物，又叫"暗室不欺"。《后汉书·杨震传》记他："性公廉，不受私谒。子孙常蔬食步行，故旧长者或欲令为开产业，震不肯，曰：'使后世称为清白吏子孙，以此遗之，不亦厚乎。'"他的后世子孙以他说的"天知，神知，我知，子知"而建"四知堂"；直到清末，杨震的后裔大书法家、地理学家杨守敬仍住在"四知堂"中。二千年来，杨氏子孙皆以此为荣。

"镇船石"也是一个有名的故事。东汉末年，吴人陆绩"博学多识"，"注《易》释《玄》，皆传于世"。他在外地做官多年，卸任后回吴地，所有的家当就是几箱书和一些衣服。没有珠宝银元，真是两袖清风。送他回家的船到了，船夫以为一位地方长官卸任，肯定金银财宝会装满一船，当看到只有几箱书物后，说太轻，镇不住船，船在水上会漂浮不稳。于是，陆绩叫送行的人搬来一块大石头，放在船中。这样船便稳了。船走了，送行的乡绅等人皆流泪下拜，赞叹这样一位廉政的好官。船到岸，石头便被扔了。但吴人找到这块石头，建祠收藏并展示，以纪念这位廉洁的好官，并以激励后人。

凡是受过传统文化教育很深的人，大多不但忠于国家，且皆清廉。据《宋史·岳飞传》记载，民族英雄岳飞"家无姬侍"，并说，"主上宵旰，岂大将安乐时？"每收到军粮时，"必蹙额曰：'东南民力，耗敝极矣。'"岳飞死时，家贫如洗。

另一位民族英雄于谦，死时，家"无余资，萧然仅书籍耳"。于谦身为兵部尚书，居住房舍仅能遮风避雨，皇帝要赐给他府第，他拒绝接受，说："国家多难，臣子何敢自安。"《明史·于谦传》记于谦家被抄没时，"家无余赀"，有的史料上记载，家中的钱仅够吃几顿饭。但独正室大门锁最固，打开一看，全是皇帝赐给他的蟒衣、剑器等，他都没有动过。

画家齐白石画了很多《毕卓盗酒》的作品，上题："宰相归田，囊底无钱。宁肯为盗，不肯伤廉。"画家的意思是，毕卓当了宰相，身上无钱，宁去偷人酒喝，也不利用自己的职务贪污受贿而伤廉，这是职业道德。其实偷人酒喝也并不是好事，但却不利用自己的职务伤廉，又值得称赞。这是一个另类的例子。

据《晋书》卷四十九《毕卓传》记，毕卓的父亲官位相当于宰相或副宰相，毕卓盗酒时官吏部郎，相当于组织部和人事部的副部长，但晋朝时，吏部郎掌握人事大权，他当时要贪污受贿是很容易的。他盗酒喝，还被掌酒人抓到，绑起来，天明发现是毕吏部，才放了他。毕卓过江（东晋）官至温峤的平南长史，相当于宰相助理。他在当朝中做大官时，钱也不会太多，但从不伤廉。

古代受过严格的传统教育的官员，大多都很清廉，如果举例，可专门写很多书。

诸葛亮《自表后主》中有云："若臣死之日，不使内有馀帛，外有赢财，以负陛下。"如果把"陛下"换为国家，今日的官员能达到这个境界吗？

非唯官员要清廉，一般民众也要清廉，"取伤廉"，指的是不该自己取的，取了便伤廉，或者取之过多。

春秋时吴国有一位被裘公（被读"披"，即今日披字），因为贫困，没有衣服穿，当夏五月，还披着兽皮以遮体。吴国的国王寿梦的第四个儿子延陵季子，是个十分贤能而又有知识的人。有一天，延陵季子出游，见到被裘公披裘而伐薪，但被裘公旁边路上有一块遗金，延陵季子便喊被裘公："快取你地上的金子来。"被裘公把砍伐柴薪的镰刀投于地，生气拂手而说："为何你地位那么高而眼光那么短浅低下，形貌那么庄重，而说话却如此粗野庸俗。我五月天还披着兽皮，背着柴草，难道就是捡人家丢失的金子的人吗？"季子很惭愧而谢之，请问他的姓名字号，回答是："子皮相之士也，何足语姓字。"然后头也不回地走了。

因为，他没有透露自己的姓名，也没有人知道他的名字。因为他五月天还披着兽皮，所以，后人便叫他"被裘公"，吴地人后来还为他建祠纪念。这位被裘公一贫如洗，但绝不妄取遗金，这就是廉。因廉而立德，所以，后人纪念他。

清末，革命军起事，进攻南京，布政使（相当于省长）逃走，在南京任两江师范学堂监督（校长）的李瑞清被授宁藩司，即布政使，布政使主管一省行政，但不管军事。南京城破，主管军事的长官提督张勋与总督张人骏皆弃城逃遁。这时，美、日等国领事以及一些外国传教士皆力劝李瑞清暂避于兵舰，并遣使迎迓。李瑞清严词拒绝，说："托庇外人吾所羞，吾义不欲生，使吾后世子孙出入此城无愧可矣。"又说："弃城他去，如臣职何？托庇他族，如国体何？吾宁与阖城百姓同尽耳。"当革命军到达之日，李瑞清身穿清朝官服，执着大印，端坐堂上，等待被诛杀。但革命军素敬仰李瑞清，进城之日，高呼："勿杀我李公。"新军都督程德全数度挽留，希望他在新政府内做官，同样遭到他严词拒绝，并说"亡国贱俘，难与图存"，"如必相迫胁，义不苟活，虽沸鼎在前，曲戟加项，所不惧也"。临去之日，召集在宁父老缙绅，移交藩库内所存数十万金，及两江师范学生清册，语之曰："余不死，黄冠为道士矣。为之财，宁之财也，幸尚保之。"观者皆泪下如雨。这时候，他自己已贫无一文了。

李瑞清知道自己离宁之后，一无房产田亩，二无积蓄，等待他的是贫困和饥饿。他当然本可以将他管辖的数十万金的全部或一部分移为己用，过着终生富裕的生活，而不留给他的敌手。但他的人品和素质、他的高风亮节，决定他不能这样做。这就是知识分子的人格，乃不分古今新旧。

李瑞清两袖清风，城破前后，他连自己的一份薪水也没取，只好卖掉自家的一辆旧马车充当路费，易服为道士，号"清道人"，以示不忘"清王朝"。并自书："草木有荣枯，臣心终不改。"移居上海，过着贫困潦倒的生活，以致他的侄女年方十八，因无钱就医而死。他悲痛难忍，不得已卖书画为生。但开始，他的书画销路并不好，乃至他饿得发昏，几次辍笔。但当袁世凯派人送给他一千二百两银子，要他复出时，他又坚决拒绝，并摔银于地，表示鄙视。

李瑞清具有高深的传统文化教养，他明知自己可能会饿死，而且他管辖的数十万金，即将落入敌手，他取走，并不伤害他的人格。但他从不妄取，他清廉，他说这是"宁（南京）之财也"。他宁可饿死，也不取一分。千古清风、千古廉吏，长为后人所仰。

宋代理学家陈襄（1017—1080）在《州县提纲》中说："明有三尺，一陷贪墨，终身不可洗濯。故可饥、可寒、可杀、可戮，独不可一毫妄取。"不妄取，而且"不可一毫妄取"即清廉。

另一位宋代理学家、政治家真德秀（1178—1235）在其《真文忠公集》有一段话：

> 人之一念贪私，便销刚为柔，塞智为昏，变恩为惨，染洁为污，坏了一生人品，故古人以不贪为宝……凡名士大夫者，万分清廉，止是小善，一点贪污便是大恶不廉之吏。如蒙不洁，虽有他美，莫能自赎。

可见"廉"的重要，而且不可"一念贪私"。

四川眉州三苏祠中有两块石碑，上刻苏轼的反贪崇廉的两句话，一曰"功废于贪，行成于廉"；另一碑上刻曰："事有六者，本归一焉；各以廉而为首，盖尚德以求全。"这两句话出自苏轼《六事廉为本赋》。古代凡受传统文化教育深者无不崇廉反贪。

《明语林》还记录另一种清廉。

> 杨文定在内阁，子某自石首来，备言所过州县，迎送馈遗之勤，独不为汉陵令范理所礼。文定异之，即荐知德安，再擢贵州布政使。或劝致书谢。理曰："宰相为朝廷用人，岂私于理？"卒不谢。

杨文定即杨溥，明代永乐至正统年间台阁大臣（相当于宰相），和杨士奇、杨荣三人号称"三杨"。他的儿子自故乡石首到京城省父，一路上所过州县长官都又迎送又馈赠礼物甚勤，唯独江陵县令范理不加理睬，既不迎送，更不馈赠礼物。按照某些官员的道理，肯定要制裁这位县令，而提拔那些殷勤关照其子的官儿，但杨文定唯独提拔了这个对他儿子冷淡的县令为德安知府（相当于市长），不久又提拔他任贵州布政使（相当于省长）。当然，范理也不俗，他认为宰相为国家用人，一直不对杨文定表示感谢（其实他内心未必不感谢）。

杨文定对殷勤迎送、馈赠礼物的众多官员，全无好感，独提拔冷遇他儿子的一位官员，这是另一种清廉。他判定那些拍马逢迎的官员，都是不清廉的，而判定范理是一心为公的官员，是清廉的，这是正确的。这段故事，至今仍值得品味。

清代被康熙称为"天下清官第一"的张伯行（1652—1725）写过一篇《却赠檄文》，其中有：

> 一丝一粒，我之名节；一厘一毫，民之脂膏。宽一分，民受

赐不止一分；取一文，我为人不值一文。谁云交际之常，廉耻实伤。"

有这样的自律，才能达到"天下清官第一"的实际。

廉的反面即是贪，贪财、贪权、贪地位，即贪求荣华富贵。其实，荣华富贵是好事。但必须以正当手段获取，而且不能过份。《易传》称"崇高莫大乎富贵"。《论语·述而》记孔子语："富而可求，虽执鞭之士，吾亦为之。如不可求，从吾所好。"又云："富与贵，是人之所欲也。""贫与贱，是人之所恶也。"李斯云："诟莫大于卑贱，而悲莫甚于穷困。"《史记》云："渊深而鱼生之，山深而兽往之，人富而仁义附焉。"

孔子又说"不义而富且贵，于我如浮云"。"不义"即不用正确的方式，即使"富且贵"，也不可行。"贪"即妄取、多取，也是不义的。

谚云："君子爱财，取之有道。""有道"即"义"。社会上的财富，是一定的，你多取了，有人就少取或取不到了。

如果你的能力强，得到的财产多，也应该捐赠出去，救助弱者。春秋时越国的范蠡功成而退，去做生意，"十九年之中三致千金，再分散与贫交疏昆弟。此所谓富好行其德者也。"范蠡人称陶朱公，做生意，致千金，便散去给贫者，再致千金，再资助给贫者，三次致千金，三次散去。一个人是不应该占有社会过多的财富的。

西安碑林有一块明代的《官箴碑》，又称《公廉定律》，上刻：

吏不畏吾严，而畏吾廉；民不服吾能，而服吾公；公则民不敢慢,廉则吏不敢欺。公生明,廉生威。

因为传统文化的缺失,一些人对于"国之四维"之一的"廉"知之甚少,对"义"也知之甚少,于是不义而能富贵,他们也会争,他们也会去做。于是,为了争遗产,他们会大打出手,甚至告上法庭。尤其是那些锒铛入狱的官员,为了争取"先富起来",贪得无厌,坑害老百姓,坑害国家,致使自己身败名裂,乃至被判无期徒刑,甚至死刑。如果他们从小就受到传统教育,也许不会遭到如此下场。

耻,和廉联在一起,知耻的人,必廉,不知耻的人,必贪。

孟子曰:"人不可以无耻,无耻之耻,无耻矣。"(《尽心上》)人无耻,什么坏事、恶事都干得出来:可以贪,可以偷、抢,可以杀人、放火、奸淫;可以种鸦片去毒害别人,可以贩卖鸦片毒品去坑害别的国家,你拒绝接受,他可以开军舰去攻打你。强国如果无耻,会损害很多其他国家。如果继续无耻,必衰败,如果还不认识到无耻,必然灭亡。弱国如果无耻,那么这个国家,先是乱,接着便是灭亡。

所以,孔子说:"道之以政,齐之以刑,民免而无耻。道之以德,齐之以礼,有耻且格。"(《论语·为政》)

孟子又说:"耻之于人大矣,为机变(机械变诈)之巧者,无所用耻焉。不耻不若人,何若人有?"(《孟子·尽心上》)

王通《中说·关朗》有云:"辱莫大于不知耻。"《列子·说符》:"使教明于上,化行于下,民有耻心,则何盗之为?"这倒是的,民若知耻,就不会偷盗了。

孟子又说:"一人衡行于天下,武王耻之。此武王之勇也。"(《梁惠王下》)纣王横行霸道,武王便认为这是耻辱,这便是武王的勇;知耻而勇,便推翻了纣王,"一怒而安天下之民"。

"知耻近乎勇"就是这个道理。但武王的知耻，不是自己做了坏事，而是纣王做了坏事。但他认为天下有这么一个人很坏，如果不打倒他，也是自己的耻辱。

耻，还有"自耻""外耻"，"自耻"即自己感到耻，"外耻"则他人感到你耻。荀悦《申鉴·杂说下》有云："自耻者本也，耻诸神明其次也，耻诸人外矣……君子审乎自耻。"

此外，陆九渊说：

> 人惟知所贵，然后知所耻。
> 至于甘为不善而不知改者，是无耻也。
> 夫人之患莫大于无耻。人而无耻，果何以为人哉？
> （《陆九渊集》卷三十二《人不可以无耻》）

顾炎武说：

> 人之不廉而至悖礼犯义，其原皆生于无耻也。
> 不廉不耻，则祸败乱亡无所不至。
> （《日知录》卷十三《廉耻》）

朱熹说：

> 耻便是羞耻之心，人有耻则能有所不为。（《朱子语类》卷十三）
> 知耻是由内心以生，人须知耻，方能过而改。（《朱子语类》卷九十七）
> 耻者，吾所固有羞恶之心也。存之则进于圣贤，失之则入于禽兽。（《四书章句集注·孟子集注》卷十三）

顾炎武又说：

> 礼义，治人之大法；廉耻，立人之大节，盖不廉则无所不顾，不耻则无所不为……然四者之中，耻尤为要。故夫子之论士，曰："行己有耻。"（《日知录》卷十三《廉耻》）

"行己有耻"是《论语·子路》中孔子的话，意思是要用羞耻心来约束自己的行为。这是中国传统道德中最重要的一条。

还有"耻可以全人之德"，孔子有一句话："知耻近乎勇。"（《礼记·中庸》）都说明知"耻"对人的重要作用。

"五常"是仁、义、礼、智、信。汉董仲舒《贤良策一》有云："夫仁、义、礼、智、信，五常之道，王者所当修饬也。"

这里只说"信"。"信"又叫作"诚"，《白虎通》有云："信者，诚也，专一不移也。"所以，又叫"诚信"，做人必须有诚信。孔子说："人而无信，不知其可也。大车无輗，小车无軏，其何以行之哉？"（《论语·为政》）意思是说，做一个人而不讲信誉，怎么能可以成人呢？比如大车没有安横木的輗，小车没有安横木的軏，如何能行走呢？人若言而无信，就不叫人了。

《论语》第一篇第四句便是曾子的话：

> 吾日三省吾身，为人谋而不忠乎？与朋友交而不信乎？传不习乎？（《学而》）

曾子每天都要反省自己，与朋友交往是否守信。

《论语·学而》篇又说："与朋友交，言而有信。"这是一个最基本的原则。不仅要言而有信，品质高尚的人，暗许的事，也要有信。《新序·节士》记延陵季札挂剑的事即如此。季札出使经徐国，徐国的国君看上了季札的宝剑，不好说出口，季札心已知，但他还要继续出使晋国，剑必须挂在身上，以表示自己的身份。但他回来时，徐国君已死，季札把宝剑解下来送给徐君的儿子，回答是"先君无命，孤不敢受剑"。季札认为自己当时"心已许之矣，今死而不进，是欺心也"。于是把剑挂在徐君墓旁的树上而回。心中暗许的事都要做到，不欺心。古代守信最有名的人物叫尾生。古代很多文献中皆提到他。《庄子·盗跖》有："尾生与女子期于梁下，女子不来，水至不去，抱梁柱而死。"尾生与女朋友相约在桥梁下相会，桥下水涨，淹没了他，但女朋友没来，他不可失约离开这里，便死死抱着桥柱，被大水活活淹死。宁可淹死，也不能失信与友人，所以历来受人称赞。《史记·苏秦传》："孝如曾参，廉如伯夷，信如尾生。"《春秋穀梁传·僖公二十二年》记："人之所以为人者，言也。人而不能言，何以为人？言之所以为言者，信也。言而不信，何以为言？信之所以为信者，道也。信而不道，何以为道？"这就是"言必信，行必果"，人与人交往必有信，否则便无法交往，做人必有信，否则便不是人。

作为国家，其首脑人物更要讲信誉。《论语·颜渊》有云：

> 子贡问政，子曰："足食，足兵，民信之矣。"子贡曰："必不得已而去，于斯三者，何先？"曰："去兵。"子贡曰："必得已而去，于斯二者，何先？"曰："去食。自古皆有死，民无信而不立。"

富国，强兵，人民的信任，三者是政治大事，但可以不强兵（去兵）、不富国（去食），也必须讲信誉，人民对政府不信任了，国家就不能成立了。可见"信"的重要性。

《孟子·离娄上》云："诚者，天之道也；思诚者，人之道也。"在中国传统文化中，诚信是十分重要的，国家、人民都必须有诚信,这是最基本的原则。

在中国的启蒙经典中,《三字经》《弟子规》等都以"诚""信"教育幼儿,"凡出言,信为先"。上自君王,下至贩夫走卒,凡有良知者,无不以信为本。《史记·刺客列传》记鲁之曹沫以匕首劫持齐桓公,齐桓公答应割地给鲁,曹沫弃匕首而走。齐桓公解除了危险后,大怒,欲放弃许诺,但宰相管仲说:"不可,夫贪小利以自快,弃信于诸侯,失天下之援,不如与之。"于是齐桓公乃割地给鲁。齐桓公因被人劫持,不得已答应割地,当他恢复自由时,本可以不割地,且可把刺客杀死,但他答应的事,就必办。否则失信于诸侯,便失天下。

贩夫走卒尚须守信,政府更要言而有信,政府如果言而无信,就会失去公信力。人与人之间也须守信,否则,便无法交往,"信"是中国人最重要的准则。

现在有的人人不守信,言而无信,是传统文化缺失的结果,损失是无法计算的。

可惜,五四以来,反孔、废除读经,中国人对于诚信渐渐淡忘了。大部分人不讲诚信,只有少数坚持传统文化和传统道德的人,仍以"诚信"为立身之本。

一个人是否守信,尤其是言而有信,是衡量一个人素质高低的重要标志。政府、政治团体如之。

(四) 德

古人有"三不朽"之说,"德"居第一。《左传·襄公二十四年》谓:"'太上有立德,其次有立功,其次有立言。'虽久不废,此之谓三不朽。"《魏书》卷五十二《刘昞传》中简略为:"太上立德,其次立功、立言,死而不朽。"晋皇甫谧《高士传·挚峻传》中记司马迁语:"迁闻君子所贵乎道者三,太上立德,其次立言,其次立功。"总之,古人认为"立德"是"三不朽"中第一位，"太上"就是最上。

孔子还说："有德者必有言，有言者不必有德。"（《论语·宪问》）

"立功"要有"平台"，必须掌握一定权力。当然像陈胜那样，振臂一呼，鼓动很多人跟他反秦，也可以，但不是任何时候皆有这样机会。掌握权力，就是做官，在古代尚可凭借科举，以自己的学力才气达到；人品高尚的人不一定能做上官，有学识的人也不一定能做上官，所以，"立功"不是人人可以做到的。"立言"也要有一定的天赋；唯"立德"，人人可做到，但真正达到德高者也十分难。比如清末的一位乞丐武训，平生靠乞讨、节省而办学，全为贫家子弟能读书而呕心沥血，数十年如一日，岂易哉？又如春秋时齐桓公要用鲍叔为宰相，这是很多人求之不得的事，但他推辞了，而推荐自己的朋友管仲任宰相。而管仲和鲍叔相处时，分钱，他比鲍多要一份；遇敌，他先鲍而逃跑了；鲍叔事齐桓公，而管仲背离鲍叔投公子纠。但鲍叔都不计较，依然放弃自己的高位，让于管仲，这在今天，是无人能做到的。

《四书·大学章句》第一句便是："大学之道，在明明德，在亲民，在止于至善。"

《尚书·尧典》有云："克明俊德（美好的品德使之光明），以亲九族。九族既睦，平章百姓。百姓昭明，协和万邦，黎民于变时雍。"

《尚书·泰誓下》："树德务滋（树立德行，务使滋长），除恶务本。"

《诗经·大雅·抑》："有觉（正直）德行，四国顺之。"

《论语·为政》："子曰：'为政以德，譬如北辰，居其所而众星共之。'"

《左传·昭公十九年》："抚民者，节用于内，而树德于外，民乐其性，而无寇仇。"

《尚书》有《咸有一德》篇，谈"德"的重要性。"常厥德，保厥位；厥德匪常，九有以亡。"（经常行德，才能保住君位；如果不经常行德，天下九州得而复亡）"非天私我有商，惟天佑于一德……惟民归于一德。德惟一，动罔不吉……惟天降灾祥在德。"（上帝保佑纯德的人，天下民众归于具有纯一之德的人，德如果纯一，行动起来，没有不吉利的，上天降灾祸或降吉祥，都在无德或有德）

《左传·宣公三年》：

> 楚子伐陆浑之戎，遂至于雒，观兵于周疆。定王使王孙满劳楚子。楚子问鼎之大小、轻重焉。对曰："在德不在鼎。"

这是有名的"问鼎"典故，禹铸九鼎，三代视为国宝。楚王问鼎，有取而代之之意。王孙满是周大夫，回答说：是否能居高位（指周王），在德不在鼎。又云"德之休明，虽小，重也；其奸回昏乱，虽大，轻也"，意谓鼎之大小轻重在于君王之德，不在鼎之本身。古人常说："天下者非一人之天下，有德者居之。"

古代皇室立储，选择新的君主，也都是把被选者的"德"，或称"仁德"放在第一位的。曹操最喜爱第三子曹植，曹植的才华，也远远超过其兄曹丕。曹操本有立曹植为太子的意思，但后来发现曹丕更有仁德，最终还是立曹丕为太子。清朝道光皇帝立太子在第四子奕詝和第六子奕訢之间徘徊，奕訢才高、能力强，奕詝的老师认为奕詝的才能连奕訢万分之一也不敌，奕詝也承认自己才能万不敌奕訢。但奕詝在其老师指导下，在跟随道光皇帝射猎中，一箭不发，奕訢却射获很多獐鹿。道光皇帝问奕詝为什么不射，他说不忍心射伤这些动物。道光皇帝生病，奕訢忙着为他治疗，奕詝只伏地痛哭，道光皇帝认为奕詝更有"仁德"，选之为自己的继承人。虽然，曹丕、奕诒都有欺骗的心态，但选择新君还是以"仁德"为主的。

宋朝开国皇帝太祖赵匡胤，把皇位传给其弟太宗赵匡义，太宗传位给其子孙，到南宋时，高宗赵构无后，于是想从太祖这一系中选择新君，参知政事张守曰："艺祖（太祖）诸子，不闻失德，而传位太宗，过尧舜远甚。"于是，群臣及高宗决定从太祖一系中选择继承皇位的新君。太祖的儿子们没有"失德"，这是这一系应该继承皇位的根据。可见"德"之重要。

中国古代文化传统中无论君王、庶人都把"立德"放在第一位。《论语·宪问》有云：

> 南宫适（孔子的学生南容）问于孔子曰："羿善射，奡荡舟，俱不得其死然。禹、稷躬稼，而有天下。"夫子不答。南宫适出。子曰："君子哉若人！尚德哉若人！"

羿善射箭，天下第一。据《淮南子·本经训》"羿诛凿齿于畴华之野，杀九婴于凶水之上，缴大风于青丘之泽，上射十日而下杀猰㺄。"奡能陆地行舟，能用舟师冲锋陷阵。羿、奡二人武力皆当时第一，无人可比。但都没有得到天下，且不得好死。《孟子·滕文公上》有云："后稷教民稼穑，树艺五谷，五谷熟而民人育。"禹和稷自己下地种田，却得到天下。因为二人不尚武力，而以德胜。孔子认为南宫适认识到这个问题，也是一个君子，也是一个多么尊尚道德的君子啊！

"子不语怪、力、乱、神。"孔子不谈论怪、力、乱、神，即反对怪异、勇力等，不主张用勇力或武力解决问题，而崇尚德性，以德服人。

李白《羽檄如流星》诗云：

如何舞干戚，一使有苗平。

　　有苗是舜时一个部落，发动叛乱，舜帝派禹去武力征讨，打了三旬（30天），有苗族仍不归服。后来舜改施文教、德政，七十天后，舜派去的人把干、戚（盾牌等）当作舞蹈的道具，跳着舞、唱着歌，文质彬彬，有苗族来归顺了。古人说："以德服人者王。"虽然秦始皇之后的帝王多以武力统一天下，但是那不符合中国传统文化精神。

　　古训中有很多论德之语：

　　　　德厚者流光，德薄者流卑。

　　　　有德不可敌。

　　　　德不孤，必有邻。

　　　　德者，本也；财者，末也。

　　　　太上贵德，其次务施报。

　　　　道德不厚者，不可以使民。

　　　　百行以德为首。

　　韩愈《原道》云："所谓道德云者，合仁与义言之也。"有道德者必有仁义，有道德者，必有廉耻。

　　在西方，人们崇拜的是武力征服者，如恺撒、拿破仑等；在中国，人们崇拜的是稼穑、兴水利、树艺五谷者，如尧、舜、禹以及孔、孟等。中国人即使是边鄙少数民族，也不服武力征服，而服施文教、有德政者。

在西方，多为贵族、国王和武力征服者塑像，尤其是为一方最高官员塑像，流传不朽。至今仍能在西方很多广场上，看到这类骑马的铜像，都是武力征服者。在中国，多为有德者塑像，如孔子、老子、孟子等。在沿海一带多塑妈祖像，内地乃至世界各地为妈祖塑像建庙者多至5000多处。这位妈祖原来就是福建林姓家的女孩，因常为人治病消灾、指示航道、拯救海难，而不图报答，品德高尚，被人神话，死后为之建庙，庙坏了又建，至今香火不断。

福建莆田木兰陂地区为钱四娘造像，钱四娘（1049—1067）是北宋时乡村一位普通女子。她为了治理水患，兴修水利，倾卖家产，多次在木兰陂建水坝，后来跳入水中殉身。她死后，很多人继承她的遗志，终于把水坝建好，造福一方。后人感激这位舍身治水的英雄，多次为她塑像。

北京西郊妙峰山上为王三奶奶造像造庙，王三奶奶是天津香河人氏，医术高明，但她并不用自己的医术发财，而是在北京、天津、河北一带行医，无偿地为老百姓治病，一生行善，解救很多穷苦人的病苦，清康熙年间，死于京西妙峰山。后人尊其为"慈善老母"，并为她塑像建庙，至今香火不断。

武训是个乞丐，因为他行乞兴建义学（三个学校），让贫穷人家孩子上学，立了大德，所以当时朝廷为他建了牌坊，山东为他塑了像。"文化大革命"中，塑像被破坏，后来又重新塑像，又建了"武训纪念馆"。

吴地曾经为披裘公塑像建庙。披裘公穷得夏天时没衣服穿，披着兽皮，但决不取别人遗失的金子，也是因品德高而受到人们的崇拜。

在中国这类例子太多，不给帝王、高官塑像，给品德高尚的老百姓、乞丐、穷汉塑像建庙。帝王死后，他的儿子会为他建碑建坟，但时代一换，再也无人过问，更无人为他建庙塑像。品德高尚的人庙坏了，会有人再建，至今不断。

岳飞、于谦，有人为之塑像建庙，不是因为他们的官高，而是他们的品德高。汉末三国时，帝王很多，后世无人为之塑像建庙，唯关羽，历代都有人为之塑像建庙。就是因为关羽重义，品德高尚。

江苏省徐州市睢宁县于2016年建造一座好人园。园内树立了12个好人的塑像，这12个人没有一个是高官显贵。其中一个叫杜长胜，是一个普通农民。他的儿子、儿媳妇先后遭车祸死亡，留下了330多万元债务。本来按法律规定，儿子、儿媳妇的债务与他无关，他完全可以不理会。但他看到债主着急，他就决定替儿子还债。他说："我就是砸锅卖铁，也要把债还了。"他通过5年的努力，又卖了自己住房和工厂，终于把儿子债全部还清。债主们都很感动，大家都称他为好人。县政府为他塑了像，彰显他的高贵品德。还有一位乡村医生纪凤银，几十年来用一根针、一把草为农民治病，为穷人垫付医药费达15万元，挽救了无数贫苦农民的生命。还有一位农妇周兰华，在丈夫病逝后，一个人独自支撑残破的家庭，照顾年迈的婆婆和双目失明的婶娘，又关照智障的儿子，几十年来任劳任怨，细心周到。还有一位农民张广之，义务摆渡20年，接送过往村民，又自费6万元建成了苏皖便民桥，又用女儿给他治病的钱，为村里铺路。上级奖励给他的20万元，他又用来为村民铺水泥路。

陈丙堂以乐善好施闻名，不计回报。他先后资助50多个困难户，帮助5名孤儿上学；为五保户、困难户捐资，又捐资为当地修路，被人称为"陈善人"。另外，还有带病维持交通，成绩突出的警察赵明刚；以诚信为本，诚心做事，为商而坚持道德底线的刘晓刚；见义勇为的夏爱民，数十年如一日的照顾病妻和残儿的杜长局；还有身虽残，但能舍己救人的宋玮。

这些人都是普通人，没有任过地方长官，也没有用武力征服过他人，但当地政府给他们塑像，而且置放在人们常去的公园内，就是他们立了德。"太上立德"，如前所述；"立功""立言"不是任何人都可以做到的。但"立德"人人可做。为这些人塑像，才是传统文化的精义。

外国人重功业，重地位，尤重武力征服者；中国人的传统哲学唯重品德，"太上立德"。如果全世界都奉行中国的哲学，以立德为第一位，立功、立言还在其次，那么，这个世界将是何等的文明。

（五）爱民忧国

中国传统文化在道德、道义上对士人（知识分子）又有特别的要求，这就是爱民忧国。

中国的知识分子历来都有爱民忧国之心。《礼记·儒行》中记载孔子说："儒有今人与居，古人与稽。今世行之，后世以为楷。……虽危，起居竟信其志，犹将不忘百姓之病也，其忧思有如此者。"是说儒者虽然与今人共同生活，却能稽考而知古君子的言行。现在的行为，可以为后世的楷模……虽处危境，一切行为终究要伸展自己的志向，不忘百姓的疾苦而有爱民忧国之心。

战国时屈原在《离骚》中即有句云：

> 长太息以掩涕兮，哀民生之多艰。

唐代诗圣杜甫，自己生活艰难，茅屋为秋风所破，但他想到的是：

安得广厦千万间，大庇天下寒士俱欢颜。风雨不动安如山。呜呼，何时眼前突兀见此屋，吾庐独破受冻死亦足。

他想到的仍不是自己，而是天下寒士。

郭沫若1953年4月为杜甫草堂题联曰：

世上疮痍，诗中圣哲。民间疾苦，笔底波澜。

盛赞杜甫关心"民间疾苦"。但"文化大革命"中，郭沫若著《李白与杜甫》一书中又说，杜甫的"大庇天下寒士"指的是士，即知识分子，而不是贫苦的农民。

这一点郭沫若错了，杜甫说的"寒士"是一种尊称，指的就是天下贫寒之人。下面的例子，也可以说明。

大历二年，杜甫在成都，移居东屯，把瀼西草堂借给吴郎寓居，草堂前有一棵枣树。邻居有一位无食无儿的妇人，有时去打枣子吃。吴郎为防止妇人去打枣子，便插起篱笆挡起来，不让她去打枣。杜甫认为一个贫困的妇人，打几个枣子吃不应该阻止。如果不是贫困，怎么会这样呢？他写了一首《又呈吴郎》的诗：

堂前扑枣任西邻，无食无儿一妇人。
不为困穷宁有此，只缘恐惧转须亲。
即防远客虽多事，便插疏篱却任真。
已诉征求贫到骨，正思戎马泪盈巾。

自己贫困，想到无食无儿的妇人更贫困。虽然是自己种的枣树，妇人去打几个枣子吃，不应为难她。这种品质，今人很少有了。

唐韦应物《寄李儋元锡》诗有云：

> 身多疾病思田里，邑有流亡愧俸钱。

又云：

> 自惭居处崇，未睹斯民康。（《郡斋雨中与诸文士燕集》）

韦应物拿了老百姓的俸钱，看到邑中有流亡之民，十分惭愧。

还有李绅《悯农》诗：

> 锄禾日当午，汗滴禾下土。谁知盘中餐，粒粒皆辛苦。

都是那么体贴民情。

宋李纲《病牛》诗云：

> 耕犁千亩实千箱，力尽筋疲谁复伤？
> 但得众生皆得饱，不辞羸病卧残阳。

南宋陆游：

> 身为野老已无责，路有流民终动心。

陆游身为野老即老百姓，但看到路边有逃荒流亡的农民，他的心仍不安。因为士人自幼读圣贤书，即有爱民忧国之心。

身为副宰相的范仲淹的名言：

> 居庙堂之高，则忧其民；处江湖之远，则忧其君。

北宋大哲学家张载的名言：

> 为天地立心，为生民立命，为往圣继绝学，为万世开太平。

敬天地，敬"生民"即爱民。其实他的"为万世开太平"也是为民着想。清朝"扬州八怪"之一郑板桥曾任县令，他画竹题诗云：

> 衙斋卧听萧萧竹，疑是民间疾苦声。
> 些小吾曹州县吏，一枝一叶总关情。

一个小小的县令，听到衙斋的风竹声，便疑是民间疾苦声。而且总关情。

受过传统文化教育的士人，多能以爱民忧国为己任，而且自幼受传统文化的教育，爱民忧国的意识早已深入骨髓，终生不变。

（六）民贵、君轻
孟子说：

> 民为贵，社稷次之，君为轻。是故得乎丘民（民众）而为天子，得乎天子为诸侯，得乎诸侯为大夫。诸侯危社稷，则变置。

这里明确地说，民众、国家、君主三者中，民最贵，国家次之，君主最轻。得到民众的认可，可为天子，得到天子的认可，可为诸侯，得到诸侯的认可，可为大夫。诸侯危害国家，那就改立。现在世界上发达国家的政治基本如此。特别是美国，更是以人民为贵、为主，得到人民的认可（选票）才能当总统，得到总统的认可才能当国务卿和部长。任何官员危害国家，随时可罢免、更换。这都和中国两千多年前的孟子理论基本相符。

一个国家，民众是最重要的、最高贵的。只有得到民众认可的人才可以为国的长官（天子），然后由天子任命诸侯等。但诸侯被任命了，如果对国家无益，那就撤销重新任命。这是中国古代文化的精义之一。

《墨子·尚贤》中也说："官无常贵，而民无终贱，有能则举之，无能则下之。""选天下之贤可者，立以为天子，上同而下不比。"墨子也认为国家最高领导人，应该由民众选举出来的贤者担任。如果无能，则要罢免。这不仅是民本，也是民主。

其实，在孟子之前，大禹时代以至夏朝，"民本"意识就已经建立起来了。《尚书·五子之歌》有：

民惟邦本，本固邦宁。予视天下，愚夫愚妇，一能胜予。

民众是国之本。这就是"民本"或"民本主义"。"本"固了，国家才得到安宁。大禹作为天子，说：我看天下，普通的男女都胜过我。这就是说，作为一国的最高长官（天子）也认为"民为贵"，"君为轻"。

《尚书》是春秋时的著作，经孔子整理删定，大约有一百二十篇，汉时仅剩下二十九篇。《尚书》中的主要思想，起码反映春秋人的思想。所以"民本主义"在中国早已形成，至今已有差不多三千年了。

《左传·桓公六年》："上思利民，忠也。"君主要利民，叫忠。可见也是以民为本的。

《尚书·皋陶谟》中说，"天聪明，自我民聪明。天明畏，自我民明畏。"《尚书·周书》："天视自我民视，天听自我民听"，"民之所欲，天必从之"。连天都要从民，都表示以民为本。

《淮南子·氾论训》有云：

> 治国有常，而利民为本。

也是强调以民为本的。

即使在后来十分专制的时代，"民本"的价值也一直为士和最高统治者所服膺。五代十国时，后蜀皇帝孟昶，为整饬吏治，于广政四年（941）撰写《颁令箴》24句。其中有"下民易虐，上天难欺。赋舆是切，军国是资。……尔俸尔禄，民膏民脂。为人父母，莫不仁慈……"到了宋朝，宋太宗把《颁令箴》24句，缩写为四句：

> 尔俸尔禄，民膏民脂。
> 下民易虐，上天难欺。

宋太宗于太平兴国八年（983）颁示天下，称为《戒石铭》，后来由学者、诗人兼书法家黄庭坚书写这一铭言。南宋绍兴二年（1132）高宗又把黄庭坚书写的这四句，颁于各府州县并刻石立于大堂前。明清因之，称为"戒石亭""戒石坊"。四句中有三个"民"字，而且把"下民"和"上天"联系起来，固然为了警戒各级官员要秉公办事，不要贪污枉法，不可得罪民；同时，他们也认识到民在国家中的重要作用。

孟子还说："说大人，则藐之，勿视其巍巍然。"（向高官、大人物进言，就要藐视他，不要认为他很高大）

按照孟子的意思推衍下去，高官们是有罪的，你住的房子，比一般人高大得多，数量也多，你占有的太多。你的妻妾数百（"侍妾数百人"），女人是有限的，你一个人占有那么多女人，就会有其他男人得不到妻子，你是有罪的；你吃饭时，菜肴满桌，浪费太多，你是有罪的；你"般乐饮酒，驱骋田猎，后车千乘"，占有太多，浪费太多，你是有罪的。人与人是平等的，你为什么要人侍候你、为你服务？为什么要人保卫你呢？为什么要在关键时刻，牺牲保卫人员的生命而保护你当官的性命呢？你是有罪的。所以我们要藐视你。在形式上，你高高在上，实际上，你做那些罪恶的事，你很渺小。所以，孟子说"勿视其巍巍然"。

　　《易经·蛊卦》有：

　　　　不事王侯，高尚其事。

　　又说：

　　　　不事王侯，志可则也。

　　即是说不侍奉王侯，不奔走于王侯之门，高洁自守，志向才高尚，才值得效法。反之，侍奉王侯，奔走于王侯之门，人就低下、肮脏，古今皆然。

　　民比君贵，士是民的一部分，也比君贵。《战国策·齐策四》有《齐宣王见颜斶》一节，言齐宣王见颜斶，叫颜斶向前来见他，颜斶却让齐宣王向前见他。齐宣王不悦，左右曰："王，人君也。斶，人臣也。"王叫臣前，你怎么叫王前呢？颜对曰："夫斶前为慕势，王前为趋士。与使斶为慕势，不如使王为趋士。"王忿然作色曰："王者贵乎？士贵乎？"对曰："士贵耳。王者不贵。"并解说了士贵与王不贵的根据和道理。齐宣王听了后，承认自己错了，并承认王为"细人"（小人）之行，愿为颜斶的弟子，希望颜斶指导他、改造他。按照儒家的理想设计，士（知识分子）应该是各级官员乃至国家的最高官员的老师。各级官员应该谨慎地做士的学生，才是正理。如果再在士前训话、指导等，没有道理了。

但自秦以降，皇帝之流掌握军队，背离了中国传统文化的教义，不但不视士为老师、为贵人，反而要改造甚至残杀迫害知识分子，这是非常无道的。

任何一个国家，都是先有民，民为基础，为根本；有了民，才有社稷，有了社稷，才有君主，理应民为贵。士是民的一部分，是民中的精英，士亦应为贵，次社稷，君最轻。君是为社稷服务的，归根到底是为民服务的。任何一个先进的国家，也都是按照孟子这一理论去规定民、国和最高长官的关系的；否则，便是野蛮和落后。

（七）平等及其他

《论语·颜渊》有云：

> 四海之内，皆兄弟也。

这就是说，天下人都是亲密友好的兄弟，不分高下。儒家之徒虽然认为君臣、夫妇等有别，但人格上应是平等的，而且感情上都如兄弟。如果全世界人都以"四海之内，皆兄弟也"来相处，这个世界就只有亲爱而无争斗战争了。

《孟子·告子下》：

> 人皆可以为尧舜。

也是极言人无高下之分的。这一点也应该是有普世价值的。

《论语·学而》：

> 子贡曰："贫而无谄，富而无骄，何如？"子曰："可也，未若贫而乐，富而好礼者也。"

如果全世界人都"贫而乐，富而好礼"，那么这个世界将是"其乐融融"，十分安宁、美好。

世界之乱，互相斗争，乃至战争，皆因贫而不安，便可能会冒险以图侥幸；富者会希图更富，也会钩心斗角，以行不仁。《礼记·中庸》有云：

> 君子素其位而行，不顾乎其外。素富贵，行乎富贵；素贫贱，行乎贫贱；素夷狄，行乎夷狄；素患难，行乎患难。君子无入而不自得焉。
>
> 在上位不陵下，在下位不援上，正己而不求于人，则无怨。上不怨天，下不尤人。

君子在现在的位置上，做自己应该做的事，不羡慕"其外"的事。现在富贵的就做富贵者应做的事。现在贫贱就做贫贱者应该做的事。比如富贵者可以捐款，可以赞助学校，可以开办公益事业；贫贱者就不必捐款，贫贱者可以改变自己的处境，但要走正规的道路，勤奋、刻苦、节省，不可因贫贱而不安去图侥幸，更不可去冒险做坏事。在上位的人，不欺凌下面的人，在下面的人，不去巴结阿谀上面的人。端正自身，不求于他人，上不怨恨天，下不责怪人。

这也和"贫而乐，富而好礼"意思差不多。

但是现在这个世界却并不如此，贫而不安，乃至贩毒、走私、冒险、卖淫、抢劫，投靠富国助纣为虐，乃至战争。富国不是好礼，而是欺凌弱国，划分殖民地，插手他国内政，挑起事端，从中谋利，甚至分裂他国，培植亲己势力，等等。所以，世界老是不得安宁。如果采取中国的"贫而乐，富而好礼"的哲学，这世界就不会那样躁动。贫者能乐，乐是人生最大财富，贫者也就不贫；富而好礼，就能为人类、为社会做出更大贡献，这世界也就更加和谐，而且越来越好。

（八）民间的道德和教育

出生于1950年代之前以至于1960年代的农村男女，大多不识字，尤其是农村的老太婆、老农民，基本上不识字，但他们的道德品质依旧很高尚、很纯朴。他们的教育和学习大多来源于五个方面：

1. 各种戏剧。以前的农村，各种戏剧是经常有的。有的是大户人家或者为父母祝寿，或庆祝一件什么喜事，会花钱请戏班子来演戏；有的是村民凑钱请戏班子来演戏；有的是戏班子和地方重要人物或当权人物联合，在某大院里演戏，进院要买票；等等。再后，是戏班子在城市演出，老百姓会进城看戏、听戏。有的戏迷子，会省吃俭用，甚至变卖家产去听戏，有的去听戏，听破了产。也有的是家中为庆贺一件喜事，花钱带全家去城里看戏。总之，农村虽贫困，但听戏看戏，还是常有的。

2. 说唱，又叫唱大鼓。说书人其中一部分是盲人，大部分是识字的落魄小文人，一边敲着大鼓，一边说或唱。宋诗人陆游《小舟游近村舍舟步归四首》诗之一："斜阳古柳赵家庄，负鼓盲翁正作场。身后是非谁管得，满村听说蔡中郎。""负鼓盲翁"即敲着大鼓说书的盲人老头，"赵家庄""满村"说明全庄或全村的人都在听他说唱蔡中郎的故事。古代没有电视，没有手机，有人说唱故事，全村人甚至邻村人男女老少都会去听。笔者少时亦喜听说唱，先是在徐州地区睢宁县县城，说书人找一大块空地，四周地势渐高，如今日之体育场。说书人在当中，听者在四周，挤挤压压，以我当时的感觉，大约有上千人，至少也有数百人。在前面听得清楚，在后面耳朵好的也能听清，有的听不太清。大约二十分钟，有人出来帮助说书人收钱，在前面听的人，一般都会交一分、二分钱；有的这一次交了，下一次便不交了，有人每次都交点钱。在远处听的，有的交钱，有的不肯交钱或无钱交，但不交钱仍可听下去。交钱或不交钱，交多少，全凭自觉，但老是不交钱，就有点不好意思。后来我上初中时，在泗县听，那是一个盲人，他左手敲着大鼓，右手打着两块钢板。鼓声、钢板的叮当声，加上他又说又唱，特别吸引人。他的记忆力好，声音特别洪亮。说唱多在农闲时节，所以，听的人特别多。那时农村人不听说书者，几乎没有。当时谚云："种艺不如手艺，手艺不如口艺"。口艺即指说唱。当时睢宁县说书人有两大流派，一姓张，另一大约姓刘，二人后来产生了矛盾，互相拆台，你唱我也唱，各自拉听者。后来有人出面调停，张姓人多，在城东和城中说唱，刘姓在城西说唱，矛盾始解。名气不大的说书人多在农村和小集镇说唱。

3. 念书。也是另一种说唱。大抵是一个自然村庄，农闲晚上，点几盏灯，请一位识字人念书，有的也会吟唱。所念之书是专门为说唱人写的，写下一段故事，接着便有一段韵文，供吟唱。念一段，唱一段。有的全村人凑一点钱给念书人；有的不收钱，义务念唱。因为大家都闲着无事，都想听这些传统故事，他自己也想看书中写的故事。

4. 平词和讲故事。平词也叫平话，其实就是讲故事，也敲鼓，但只是为了吸引人注意，鼓声和故事内容并无联系。不过讲平话的人讲故事很生动，配合手势和身段，有时很形象。讲故事，即一个人听过别人说唱，或读过《杨家将》《岳家军》《三侠五义》之类书籍，又把故事复述给别人听。说故事者，听众是小范围的，人不会太多。但每村都有，就多了。

5. 房屋床桌柜橱上的木雕故事，陶瓷用品上的各种故事画、壁画，等等，都有很多传统故事。

总之，昔日农村的文艺生活是十分丰富的，而且因时因地，农忙则停，农闲则多。

这些戏剧、说唱、平话等等，大多是讲述历史、延续神话故事，内容大多是教人以忠义、仁爱、孝悌、"四维"、"五常"等等。除了神话外，大多的历史故事都有真实人物，但故事多属演义。唯其演义，教育意义更大。

比如，说李白使高力士脱靴，杨贵妃磨墨，这当然是不可能的。但这故事却能长人志气，教人藐视权贵。

比如杨家将的故事，杨继业被敌人围困，头撞李陵碑而死，是何等的悲壮。老将军为国而死，儿子杨六郎又担负起保卫国家的重任。儿子为国捐躯，孙子为国捐躯，剩下的女人们，穆桂英挂帅抵抗强敌。杨家男人死光了，寡妇们又担起保卫祖国的重任，又有了《杨家十二寡妇征西》的戏剧和说唱。一门忠烈，前赴后继。虽然是演义，但说书人、听书人都很感动，它宣扬了忠义，宣扬了忠心为国的事迹。

说书的内容如杨家将、岳（飞）家军这类大谈忠义的故事最多。据说，烈士董存瑞从小就爱听人说书，他从小就要效法先烈，立志为国捐躯。所以，后来在战斗中，他为了胜利，用手托起炸药包完成了炸掉桥头堡的任务，牺牲自己，赢得胜利。可见说书中宣扬忠义、报国等内容对人的影响。

还有家家户户使用的陶瓷器皿上、房屋壁画（门楣上、影壁上等）、床柜橱箱以及窗户等木雕、嵌画等等。有孔融让梨、孟母三迁、一诺千金、二桃杀三士、桃园三结义、孙膑庞涓、武王伐纣、翻羹不恚（一位奴婢把一碗热羹打翻，污染了大官人的朝服，但这位官员并不生气，反而安慰小奴婢——宣扬宽厚仁慈）、闵子骞单衣顺母、程门立雪、梁灏借书、举案齐眉、二十四孝，另有女二十四孝、董永卖身葬父得天女相助、郭巨埋儿得金、穆桂英挂帅、萧何夜下追韩信、孔子问礼，等等故事。

要之，各种戏剧、说唱、陶瓷木雕、剪纸等民间艺术中，除了传授历史知识外，大多宣传忠、义、仁、义、礼、智、信、廉耻、孝悌、恕、忍让、己所不欲勿施于人，宣传路见不平拔刀相助，宣传诚信、为官清廉、尊贤爱民、仁慈、怜悯、好学、刻苦等。恶有恶报，善有善报。还有很多迷信的内容，但所有迷信的内容，循环报应之类，都劝人为善，诸恶莫做，众善奉行，等等。

老百姓虽然很少受到正式的教育，但在看戏剧、听说唱及家庭中的民间艺术品中，人品道德得到提高，人人知道仁义道德，人人知道诚信，人人知道仁慈。那些忠臣、孝子、义士、烈女，都是他们效法的榜样。

那时候，农村不识字的老太婆，差不多都能讲出一套一套的忠义故事、诚信的故事、仁慈的故事，都会告诉你"劝君莫吃三月鲫，劝君莫打归林鸟"等等，还会讲鞭打青苗、乱泼清水等都是犯天条的，还会讲，人死债不死，父债子还，等等。尤其是善恶到头终有报，她们不但自己不干坏事，多行善事，而且教育子女也必须如此。

古代戏剧中，有很多故事演义的是女人在丈夫去世后，或被丈夫休去后，独自支撑门户，艰苦卓绝，含辛茹苦，教育后代，终成大业。如吕蒙正母子居寒窑，母亲为人帮佣，供子读书。吕蒙正后考上状元，成为国家栋梁等。旧时代的妇女在丈夫去世后，受尽千难万苦，教育子女成功，大多是受了古戏剧中故事的影响而使然。

丁龙1857年生于广东，18岁被人当"猪仔"贩卖到美国，成为卡朋蒂埃将军的家仆，为卡朋蒂埃做饭打理日常事务。卡朋蒂埃脾气暴躁，视财如命，酒后大骂仆人。有一次酒后，他大骂仆人，并驱赶仆人全部滚开。仆人也不想再在其家，也就离开。卡朋蒂埃酒醒后，自知错了。但看到还有丁龙一人为他服务，十分感动，询之，丁龙答曰："受人之托，忠人之事"并说"这是孔夫子说的"。而且又说自己不识字，父祖也不识字，是一代一代传下来的。卡朋蒂埃方知中国文化的伟大。丁龙退休前，卡朋蒂埃要为他办一些事，卡朋蒂埃以为丁龙会要一套房子、汽车等。丁龙什么也不要只拿出自己毕生积蓄的1.2万美元，要卡朋蒂埃代捐给哥伦比亚大学建一个汉学系，研究中国的文化。丁龙舍弃了自己富庶的生活而想到的是中国文化。卡朋蒂埃大为感动，又追加10万美元，后来又多次追加到50万美元，建立了哥伦比亚汉学系（中文系），现在叫东亚系。胡适、冯友兰、徐志摩、宋子文、马寅初、陶行知、陈衡哲、潘光旦、闻一多等都毕业于这个系。丁龙虽然只是一个仆人，但他伟大的人格，为美、欧、亚有识之士所崇拜，一些和丁龙同时的高官权贵，或遭人们唾弃、咒骂，或早被人遗忘。而丁龙，还有兴办义学的乞丐武训，却永远被人怀念。丁龙、武训之所以有如此伟大的人格，乃是中国传统文化哺育所至。

现在也有电视、手机，但其上演的内容，大多为了赚钱，杂乱无章，有的毫无意义，更多的是庸俗的内容，色情的内容尤其是坏人心术的内容。再加上利益驱使，宣传仁义道德等内容极少而且无效果。所以，一些人的道德素质每况愈下。

六、现在中国人的传统道德为什么缺少？

19世纪后期至20世纪初期，国际形势对中国（清朝）产生了巨大的影响。西方列强仗着船坚炮利，打开了古老中国的大门，文明的中国由于不重视军事,不重视武器的研究和生产,落后了。列强们在中国恣意乱为,强迫清政府签订了一系列不平等条约,清廷割地赔款,中国人受到极大的侮辱。

中国有识之士一直在思考中国的问题,他们认为科技不行,制度不行,教育不行,文化不行。只有学习西方,西方无科举,于是他们决定首先要取消科举制度。

1905年9月,清廷迫于压力,下令从1906年起停止一切科举考试,延续了一千多年的科举制度被废除了。五四前后,又是反孔,打倒孔子,又是废除读经。传统文化开始受到冲击。五四新文化运动开启了西化运动,一切向西方学习,乃至"全盘西化","百分之百的全盘西化"。

学习西方是对的,凡是优秀的文化都应该学习,西方也一直在学习东方。日本学习西方,学其长处,但本国的优秀文化、好的传统仍然保留。中国人的错误是学习西方,却抛弃和打倒了自己的优秀文化和优秀传统。

如前所述,连鲁迅都说:"不看中国书,多看外国书","中国的书一本也不要读"。而且凡是中国的文化,"无论是古是今,是人是鬼,是《三坟》《五典》,百宋千元,天球河图,金人玉佛,祖传丸散,秘制膏丹,全都踏倒他。"[1]当时国民政府的要员吴稚晖则要把线装书全部扔到茅厕坑里。陈独秀则主张"一切都应采取西洋的新法子,不必拿什么国粹,什么国情的话来捣乱"[2]。胡适、陈序经则要求"全盘西化"(Wholesale Westernization)。很多人甚至要废除汉字和汉语。

如是则中国的传统文化,不但不能继承下去,相反成为被

---

① 鲁迅:《忽然想到》,载《鲁迅全集》第三卷《华盖集》,人民文学出版社2005年版,第47页。
② 陈独秀:《今日中国之政治问题》,见《独秀文存》,安徽人民出版社1987年版,第152页。

批判打倒的对象。圣贤书、传统文化被禁，孔子及其学说被称为"秕糠""吃人"的总代表，必须打翻在地，然后再踏上一只脚。五四之后，掌握政权和文化权的几批人都是五四时的青年，都深受五四精神和学说的影响，一直在批孔、批判传统文化。直到"文化大革命"中的"破四旧"。所谓"破四旧"就是破除旧思想、旧文化、旧风俗、旧习惯。传统哲学、传统文化都是旧思想、旧文化；旧思想、旧文化影响下的民族习惯、礼仪、风俗，都是旧风俗、旧习惯。因此，凡家藏传统文化的书籍中有经、史、子、集，都要焚烧，这就保证了中国人不再读传统的书。数千年、数百年来的文化遗产，人们心中的楷模、师表，统统被砸坏、烧毁、歪曲、打倒；曲阜的孔庙被砸碎，孔子的坟墓被铲平、挖空；炎帝陵主殿被焚，陵墓被挖；浙江绍兴会稽山的大禹庙被砸毁；安徽和县乌江畔项羽的霸王庙和虞姬庙、虞姬墓，已两千年了，也全部被砸坏。"文化大革命"后去凭吊者看到只有埋在地里半露在地上的一个石狮子了。王阳明庙和王文成公祠全部被砸毁，夷为平地。合肥包拯的"包青天"墓也被平毁。河南汤阴县岳飞的铜塑像以及秦桧等"五奸党"的铁像也被砸坏。伊金霍洛草原上的成吉思汗陵园被砸光，朱元璋的皇陵石碑、海南的明代海瑞坟、湖北江陵明代名相张居正墓、北京的明末英雄袁崇焕坟，吴承恩、蒲松龄、吴敬梓、武训、张之洞、康有为等中国历代名人的坟墓、纪念馆统统被砸坏。河北省隆尧县唐代皇帝的祖坟（陵墓）石碑全被砸坏，其中一块数米高的唐初大石碑被砸为13块，"文化大革命"后找回12块，然后又整合在一起，但已残破不堪，大部分的石碑都被砸碎铺路，无法恢复。柬埔寨国王西哈努克来中国，想去看中国最有名的古雕塑十八罗汉，结果也因已经被砸坏而无法实现。太原市古庙宇等一百九十处文物，几乎被砸光。全国各地古文物、文化遗产，被砸坏烧坏，数十万、数百万计。私人家藏的古文物，传统文化书籍、名人字画，被烧坏更不可胜数。

书烧光，说唱也就无法进行；祠堂拆光，传统戏剧、大鼓说唱等早已被作为旧文化、旧风俗被取缔；农村的墙上壁画、门柜窗桌上的木雕也被砸毁铲光，等等。凡是传统文化，一律取缔、烧毁。"文化大革命"是一场改变全国人灵魂的"大革命"，一些国人的灵魂被改变为野蛮、低俗，一部分人甚至下流无耻了。

《孟子·滕文公上》："人之有道也，饱食，煖衣，逸居而无教，则近于禽兽。"中国人一向注重教育，学校教育、民间教育，一直不断，现在断了。所以，现在农村的老农民、老太太，再也讲不出成套的忠义故事，再也讲不出为人要具有高尚道德的故事了。为人要言而有信，为朋友要忠诚，子孝、母慈、父严，路见不平，拔刀相助，等等旧文化，早已被作为"江湖习气"而被扫除，老百姓也不再知道这些为人的基本要求了。剩下的就是自私、互相斗争、尔虞我诈。于是一些本来老实质朴的老农，也知道在农产品中加入有毒的添加剂，使产品显出鲜艳好看的假象，为了多卖钱，而不顾损害自己的道德。一些工厂，会把污水打入地下，让这些污水再次坑害人民；一些不法厂家会把化学药剂加入牛奶等食品中，为了多卖钱，不惜坑害儿童；还有造假药、造假的保健品，直接损害人的健康，等等，知识居然用到这方面去了。人的道德水平空前低下。

中国人讲究仁义之道，己所不欲，勿施于人。所以在国际交往中，中国人绝不会输出有害于人的产品。尽管别人输入鸦片等毒品坑害我们，我们也绝不会坑害别人，中国人向外输出的依旧是茶叶、陶瓷、丝绸等有益于人的产品。明朝的武力那么强大，超过欧洲美洲几倍，但郑和到其他国家，不但没有掠夺别人的任何财产，相反还赠送很多中国的丝绸、陶瓷、银元等给这些国家，被戏称为"散财童子"。

中国民间做生意的人，也都自觉遵守商业规则。何况，即使有人想损人利己，他也不敢。盖中国是文化的中国，哲学的中国，处处讲哲学，讲文化。比如买卖东西时用的秤，秤杆叫权，秤砣叫衡，所谓权衡之道就是要公正。古人的秤每斤合16两，每两16钱，在秤杆上每斤有16颗星，前七颗代表北斗七星，北斗是方向的标志，公正、权威的标志。做生意人心中要有正确的方向，不可贪财，不可迷失方向。当中六颗星代表四方天地，东西南北天地上下，人心居中正，不可偏斜。后三颗星是福禄寿（福星、禄星、寿星），买东西时，扣人一两，折寿；扣二两缺禄；扣三两少福；四、五则是欺天欺地，更严重。现在学西方，改为克、千克，文化含义没有了，对生意人的警诫作用也没有了。

而且"破四旧"把农村人受教育和学习知识的形式也被取消了。其实"破四旧"从1950年代就开始了，如拆城墙，全国县、市、省级古城墙两三千个。古代，凡称城市者，必有城，外城内市，有的有二千年历史，大多是明、清修补过的城墙。历代朝代换更，攻城后，绝对不会毁城，而且还加以建设。这些古城墙告诉人们很多历史，而且在古老的中国，这些古城墙就是明证。那些青黑色的古城墙，巍峨高峻，自下而观，有崇高庄严之感。古城墙本身就是文化。欧洲有的地方有一个古城堡，旅游者能飞越半个地球去欣赏，但那些古城堡，比中国的古城差之太远。中国的古城如果不拆毁，留到现在，开发旅游业就可以居全球之首。

旧时，每一村庄、每一姓、每一家族都设有祠堂，祠堂中都有家训，宣传孝、悌、忠、信、礼、义、廉、耻等价值观。很多家规族规都立有不准赌博、不准嫖娼等等。祠堂中多绘画忠义之事、刻苦学习等图画，后来都被作"四旧"拆除了。

城墙打倒，城隍庙、家族祠堂、各地的庙宇拆掉。"破四旧"运动只是更彻底，更全面的破坏中国传统文化。

"破四旧"之前，农村中的游戏，都可以增加人的知识，比如"斗草",《荆楚岁时记》记五月五日，四民并踢百草，有斗百草之戏。"在唐时为最盛……惟观各家吟咏，不必五月五日，似为春日者多，妇女儿童尤多"，"唐宋后此俗极盛。"《红楼梦》第六十二回记：

> 外面小螺和香菱、芳官、蕊官，藕官、荳官等四五个人，都满园中顽了一回，大家采了些花草来兜着，坐在花草堆中斗草。这一个说"我有观音柳"，那一个说"我有罗汉松"，那一个又说"我有君子竹"，这一个又说"我有美人蕉"；这个又说"我有星星翠"，那个又说"我有月月红"；这个又说："我有《牡丹亭》上牡丹花。"那个又说："我有《琵琶记》里枇杷果。"荳官便说："我有姊妹花。"众人没了，香菱便说："我有夫妻蕙。"……宝玉笑道："你有夫妻蕙，我这里倒有一支并蒂菱。"

当然，还有"狗尾草"对"鸡冠花"等等。

明代画家仇英、清代画家金廷标等都画过《斗草图》，至今尚见。辽宁省博物馆藏有明末大画家陈洪绶的《斗草仕女图》，图中五位女子在松树下斗草。"斗草"的游戏一直在农村延续，这种游戏对于儿童妇女增加花草的知识很有效果。孔子说："多识于鸟兽草木之名。"农村儿童妇女通过"斗草"也可以多识草木之名。其实农村中类似的游戏很多，都可以增加人的知识和智慧。但这些形式都被作为旧文化、旧风俗、旧习惯，被禁止了。这也是中国人文化素质下降的原因之一。

中国的旧文化、旧习惯、旧风俗、旧思想大多都是有益的，不但有益于人的知识智慧的增加，更有益于人的道德品质之提高。一旦被破除、禁止，便使人渐趋于无知，更使人道德品质低下，缺少仁义之心、报恩之心，更没有爱国之心。

受过传统教育，而且得之较深的人士，大多都有爱国爱民之心。到国外留学的人，大多回到国内报效祖国，有的不得已，或因特殊情况，要留在国外的，心仍在祖国，身在国外，仍为祖国办事，更且会办更多的事。老华侨基本上都爱国，革命时，他们捐款，有人称"华侨是革命之母"。抗战卫国时，他们更多的捐款。改革开放时，他们携款回国，办学校、办企业，为祖国、为家乡办事。1949年，新中国成立时，很多在国外留学的人，放弃国外的优厚待遇，回到贫穷的祖国，为建设新中国而奋斗。另一部分不得已而留在国外的学生，都不愿加入外国籍，在不得已状况下加入外国籍，都含着泪水而为之。而一旦有机会，他们又回到祖国，像数学家陈省身，物理学家杨振宁、李政道，文学研究家叶嘉莹，翻译家盛成等等，虽然是外籍身份，但晚年都回到祖国，从事教学、研究工作。有的虽然在国外，也尽力为祖国办事。但是新华侨就不同了，虽然也有一些人仍很爱国，但也有一些人以加入外国籍为荣，有很多公费留学生用国家的钱留学，但毕业后不回国，留在外国，毫无报国之心。

1940年代，中央大学派画家张书旂赴美考察。他到了美国，因为战争一时回不来，后来妻子亡故，他和美国的一位华侨结了婚，人留在美国，仍为中国办事，而且他将中央大学给他赴美的钱又加2倍，还给了中央大学。现在公费留学生，留在国外的无一人将国家给他的经费退还给祖国。至于贪官，甚至携带巨款跑到外国去，他们只为利，不是被迫加入外国籍而是申请加入，只为个人，甚至损毁祖国的利益。因为他们不读传统文化的书，不知廉耻，不知仁义，只学会了外国的竞争。如果说这是教育的失败，恰恰是教育失去了传统的结果。

韩国有一位名医，要到中国来，他的父亲懂汉文，对他说："中国人十分文明、仁义，十分讲礼貌，你去中国，要学习一些中国的礼仪。"这位医生学了不少中国的礼仪。但他到了向往已久的中国后，发现自己学的中国礼仪完全不起作用，反而被人嘲笑为迂腐。很多中国人行为都很粗鲁，并无礼貌。孔子曰："礼失而求诸野！"中国的"礼失"，倒是在受中国文化影响的韩国以及马来西亚等国可以见到。

总之，自五四以来，上层知识界，因"反孔"、"打孔家店"（"文化大革命"中改为"打倒孔家店"）、"推翻孔学"、"废孔学"、"废除读经"、"完全不读中国书"致使传统道德全部失去；下层工人、农民也因"反封建""破四旧"，而缺少旧形式的教育和约束，也失去了民间高尚而质朴的道德，中国人的素质、品德渐渐低下了。

七、应该怎样恢复中国人的传统道德

（一）西方两次启蒙运动的启示

西方第一次启蒙运动，始自17世纪到18世纪末。这次运动主要是摆脱了神学的束缚，批判了封建专制主义，宗教愚昧及特权主义，宣传自由、民主和平等的思想。在持续一个世纪的思想解放运动中，开启了民智，对专制制度及其精神堡垒——天主教会展开了猛烈的抨击，人由神（上帝）的奴隶中解放出来。宣传"天赋人权""生而平等"，突出了自我，抬高了理性，促进了科学和民主，强调个人主义的价值观。但突出了自我，人由上帝的奴隶变为自我是上帝。每一个人都是上帝，每一个人都要在社会中突出出来，这就释放了贪欲，导致了不惜损人利己，一切为了自我的强大、自我的突出的弊病。这就要金钱、权力。为了金钱、权力，人们钩心斗角、尔虞我诈，信仰和道德被贬抑。人反而变为金钱、权力、野心的奴隶。为了钱，不惜向外国输入鸦片，毒害其他国家的人民，用武力攻打弱国，相信弱肉强食，直至发动世界大战。两次世界大战给世界带来了巨大的创伤。

西方实际上早已需要进行第二次启蒙运动。当代美国比较哲学家安乐哲指出："个人主义价值观使人类选择了错误信仰，失去道德和精神，走向自己的反面；人类必须实现对第一次启蒙的突围，走向以人为中心的信仰、道德与精神生活的第二次启蒙。"

西方第二次启蒙，实际上是步中国2500年前的儒家思想后尘。从"自我为中心"突围出来，"走向以人为中心"，就是儒家的"爱人""仁者爱人""老吾老以及人之老，幼吾幼以及人之幼""己欲达己达人""己所不欲，勿施于人"等等。儒家思想从来都是要尊重他人，尊重民意，与人为善，利群利他、推己及人、严于律己、忧国忧民。以翻译介绍西方学说而闻名的严复在其遗嘱中慎重地说道："己轻群重。"儒家思想从来都是以国家、社稷为中心，个人是社会的一员，国家的一员。"存天理，去人欲"，一直反对"突出自我"，连"扬己露才"都在反对之列。

中国的五四运动，实际上也是启蒙运动，这时，胡适们正在宣扬西方第一次启蒙运动的口号，要突出自我。胡适到了台湾还在讲，要争取个人强大，中国每一个人都强大了，中国就强大。这话有一点道理，但也有副作用。如果有一个高高在上的位置，只能容纳一个人，而有十亿人都要占有这个位置（强大的标志），那么结果只有斗争、杀伐。把九亿多人都杀死或赶下台，最后只有一个人上台。这就是突出自我的后果。一个国家要突出自己，要比别人强大，要做世界第一，如果另一个国家也如此，那只有战争。两次世界大战的爆发，也和这种"以自我为中心"的教育有关。如果实行中国的"仁者爱人""己所不欲，勿施于人""己欲达而达人""去兵""去食"，那么，世界大战就不会产生。所以，西方在经历几个世纪后，尤其是世界大战的惨剧后，认识到过分强调"突出自我""解放自我"给社会带来的不良后果，第二次启蒙运动，则要"尊重他者"，摆脱自我中心主义。

同时，西方人也认识到对抗自然，改造自然所带来的弊病；也认识到人类要和大自然和睦相处。西方对抗乃至互相残杀的几个宗教教主也开始握手言和了，"万物并育而不相害，道并行而不相悖"了。这些都和中国2500年以前的儒道思想相结合。如果世界早一点实行儒家思想哲学，就不会绕了几个世纪的弯子，更不会死伤几百万、上千万人的性命。

（二）教育：严复遗训

1905年，孙中山在英国，造访了当时亦在英国的严复，谈及中国的革命，严复说：

> 以中国民品之劣，民智之卑，即有改革，害之除于甲者，将见于乙，泯之丙者，将发之于丁。为今之计，唯急从教育上着手，庶几逐渐更新乎？中山先生曰："俟河之清，人寿几何。君为思想家，鄙人乃实行家也。"[①]

在中国近现代思想史上，严复是最了不起的大家，他对中国的问题看得很准确，他提出的一些解决办法也很有价值。当时其他的方法不是激进就是不足。孙中山提出革命，建立共和，十分合理，也已在形式上成功了。但人的素质未发生根本性转化（只变了少数精英），民品、民智未发生根本性转化，形式上变了，本质上未变。封建帝制被取消了，袁世凯又恢复了，张勋又恢复了，当然形式上又取消了，但后来的统治者，虽无帝号，却实际上是帝王，乃至比帝王更专制，即严复所说的"害之除于甲者，

---

① 《侯官严先生年谱》，《严复集》第5册，中华书局1986年版，第1547页。

将见于乙；泯之丙者，将发之于丁"。当中有的人稍好些，比如徐世昌当总统期间，政治就比较宽松，但这不是制度问题，而是徐世昌本人文化修养和政治品格较高使然，徐世昌毕竟是前清翰林出身，传统科举培养出来的人才，还是高的。如果教育加强，从总统到平民百姓，文化水平都提高，政治品格、做人修养都达到很高的境界，这个国家自然就改变了。如果需要改变体制，体制也就自然改变了。否则体制虽然变了，宪法也有了，但无人执行，一切形同虚设，虽变而未变。

官员应该以接受群众监督为荣，以自己被关在"笼子"里为荣，尤以国家有这种制度为荣。但在旧社会，官员以能骑在人民头上作威作福为荣，以高高在上、无人敢管、无法无天为荣，以享有一般人没有的特权为荣。这是体制问题，也是教育问题，如果从各级官员到普通百姓，都以骑在人民头上，无法无天、享有特权为耻辱；如果各级官员尤其是高级官员要求人民群众把自己关进"笼子"里，一切以听从人民的意愿为最高准则，那么，社会环境也自然就变了。

所以，教育是很必需的。严复说的"唯急从教育上着手"，是十分正确的。少数精英人士的作用，是开启民智，唤醒民众。一个国家所有人的文化、修养高度到什么地步，这个国家的高度也就到什么地步。

中国一千多年科举制度，虽然也有才华很高的人未被录取，但被录取的进士，也多是满腹经纶的饱学之士，大多是有真才实学而且才华很高的人。我看过被录取的进士的考卷，仅那秀美、工整、遒劲的书法，已是现在某些书法家望尘莫及；而且整个试卷一气呵成，没有草稿，没有修改，试卷上没有一个错字，文理通顺自不用说，而且重要的是阐述的大道理，经邦济世之策，对圣贤章句的引用，多剀切确当。而现在的某些官员，例如某省官员又是博士，所在滇地，居然把"滇"字读错了，而且把常用字读错。之前有大学校长大学校长，能把初中生都认识的字读错。至于吟诗作赋，挥毫洒墨，他们更是望尘莫及。这在古代，前者是绝无可能。

首都北京天安门前建有两个大型建筑，左面是历史博物馆，右面是人民大会堂，这是有哲学道理的，显示中国传统文化的深远。传统文化中国家中心建筑有"匠人营国……左祖右社"之规定，即左面是"祖庙"右面是"社庙"。原始社会，在部落左边树立一个标志"且"，是男性生殖器的象征，"且"的形象用木刻或石雕成"且"型，表示祖宗的牌位，古代"且"与"祖"通。在右边树立一个牌子"土"，即土地神牌位，古代"土"与"社"通，部落人群在土地神牌位下开会，商量出征、渔猎等大事。商量好了，先拜土地神，求土地神保佑；然后再去左面拜祖宗，以求祖宗保佑。后来"社"字即开会讨论事理的地方，明清时"复社""几社"，"林黛玉重建桃花社"，这些"社"都是文人聚会讨论文事的意思。人民大会堂是国家开会的地方，也即"社"。后来社会发展了，有了宫殿，就在宫殿前左边建祖宗牌位殿，即祖庙；在右面建土地神殿，即"社庙"；仍叫"左祖右社"。现代人也不应该忘掉祖宗，但也要有开会的地方。天安门前左面建历史博物馆，陈列祖宗文化遗产，其实也相当于祖宗的牌位。右面建人民大会堂，即开会的地方，即"左祖右社"。"历史"即"祖宗"的文化遗产，"国家"是政权的象征。这么一改，遗憾一些文化内涵失去了不少。还有其他论述，这里暂不详说了，请读者参看《陈传席文集》中《天安门前为什么要建人民大会堂和历史博物馆》一文。

如果有人问他们，天安门前左面为什么建国家博物馆，右面建人民大会堂？他们当然讲不出任何道理。即使是仍叫"历史博物馆"，他们也不知道"左祖右社"的道理。不读书（可能会读一点流行的书，但不会有文化内涵），尤其是不读传统文化的书，故不知仁义道德为何事，不知为官要清廉，不知"五常""四德""老吾老以及人之老，幼吾幼以及人之幼""己欲达而达人""己所不欲，勿施于人"等等。传统的读书人，一开始便树立全心为天下、"忧道不忧贫"的志向。读书人读的第一篇文章，即《大学章句》第一篇，也即四书的第一篇，便是阐述"修身、齐家、治国、平天下"的道理。"《大学》之道，在明明德，在亲民，在止于至善"，而以只谋求一人一家的衣食富贵为耻辱。现在的官员不读传统文化的书，自然不懂得为官为学就是要舍己为人，舍己为天下。反之，他们谋求的只是一人一家的享受和权势。那就不但不会清廉，反而会贪腐。这就是现在的官员腐败的根源之一，而且官越大贪腐越严重。二十四史中，经常出现一句话，"小人在朝，君子在野"或"小人专朝，君子在野"，此乃是封建腐败的根源。根治的方法之一，便是从小读传统文化的书，把清廉变为他们的童子功，终身受用。从小就树立不谋私利，慎独，为天下的思想，这些传统文化的书中都有。

（三）教材必须改革：恢复传统

我手中收藏的民国元年正月出版民国二年三月第七十六版的小学课本，封面上有"教育部审定"、"中华初等小学国文教科书"（第一册），由中华书局出版发行。第一课是"人、手"二字，并画了男女老幼四个人，一只人手。第二课是"巾、刀"，并画了毛巾和刀。第三课是"牛、羊"，第四课"水、火"，第五课"井、石"……第二十四课"左手、右手、左足、右足"，第二十八课是"一二三四五"，第三十三课是"天在上，地在下，人在地上"，最后一课即第五十四课是："早起天凉，兄弟姐妹，并坐窗前，温习功课。"

据说这些受了西方启蒙教育的启示，把原来的四书五经改为小孩子容易懂的内容，易写易学，叫启蒙教育。当时，一切向西方学习，甚至"全盘西化"，这种教材改革也是必然的。但是极其错误的。

记得我在上小学时学的仍然是"人、口、手""大、中、小"……"大羊大，小羊小"，第二学期的第一课是"开学了，我们上学去"等等。

这种西化式的学材改革，正是中国人文化降低的一个最重要的原因。小孩子接受能力最强，记忆力也最好，可塑性更好，这时候学习儒家经典、历史知识、唐诗宋词，终生能背诵。更重要的是，对小孩人格人品胸怀的塑造和充实，至为关键。在小孩子接受能力最强时，你教他背诵"人、手、巾、刀、牛、羊……"有什么用？难道他不知道"人、手"，难道他不知道"天在上，地在下"，难道他不知道"大羊大、小羊小"？这最好的时间除了识几个字外，一切都浪费了。人格的塑造，胸怀的充实完全没有。

传统的教育同样也识字，而且识更多更重要的字。但更重要的是，他们学到知识，修炼了人格，充实了胸怀。

我在农村时，遇到一件事，印象十分深刻。农村一位老人死了，老人的儿子是某大学中文系毕业的，在外地做官，当然要回来处理父亲的丧事。老人的遗体放在灵棚里供人吊唁。但灵棚大门必须有一副挽联。一村中就一位大学生，又是中文系毕业生，当然非他莫属了。可是这位大学中文系毕业生一个字也写不出来，不但联文他写不出，连对联（挽联）最起码的规定，他都完全不懂。于是只好请来一位老农民。这位老农民，我有印象，有一次在田里拔草，休息时，一个小孩在念唐诗："月落乌啼霜满天……"他马上说："不对吧，应该是'月落乌啼霜满天'。"我当时一惊，这位老农民还会背诗。这位老农到了灵棚中，提笔就写了一副挽联。我首先惊讶的是，他的书法不但功力深，技法纯熟，而且遒劲雄浑，比现在书法家协会主席及著名书法家写得都好。挽联内容是他自撰的，虽然不十分出色，有点老生常谈，但也符合死者的身份，已很不易了。而且，挽联的内容不隔，不合；对挽联的仄起平收，同句中平仄相间，对句中平仄相对，都完全符合格律。等他忙完，我马上去和他打招呼，和他聊了很多问题，他说他小时读了三年私塾。

我十分不解，三年私塾，难道能超过十七年的现代化教育。人家是六年小学、三年初中、三年高中、四年大学本科啊。然后我对双方作了了解。十七年的教育，开始学的是"人、口、手""大、中、小"，都毫无知识可言。当然，后来他学了一些外语，但一出学校就忘光了，既看不懂外文也听不懂外语。四书五经，当时被列为封建糟粕，他基本不懂，中学时学过数学，也忘了，而且无用。当然，他多少知道一些鲁迅、夏衍等，似乎没有实际用处。而这位读过三年私塾的农民，三年学了"四经"，《论语》中孔子的话，《孟子》等，他大多能背。《诗经》中一些诗，唐诗宋词，他都知道一些。开始就是背诵，不久，老师就开讲，意思也都明白了。历史知识，他读过《三字经》，大概脉络，他也知道。因为《三字经》必须会背，他一张口便是"人之初，性本善，性相近，习相远……""自羲农，至黄帝"夏商周秦，一直到明清，背过《三字经》的人，都不会忘。倒是那位大学生，只知道一些阶级斗争、农民起义等，也知之不详，而且周、春秋、战国的关系，他也弄不清。因为当时反对死记硬背，私塾老师则要求学生必须会背诵。老师（先生）开讲已背诵的内容，"关关雎鸠，在河之洲……""在明明德，在亲民，在止于至善…"等是什么意思，也就明白了。他还特别指出："有人说老私塾叫学生背书，食而不知其味，这完全是胡说，开始背文章，也许不太明白，但老师一开讲，就懂了。你不会背诵，老师讲了，你印象也不深。老师是干什么的，'师者，所以传道授业解惑'的嘛！"至于诗词的平仄、对仗等，他也都会，会对对子，就会写对联，所以他写挽联，十分容易。至于现代数学，他虽然没学，却能熟练打算盘。每年大队、生产小队算账时，都请他去打算盘，快速而不出差错。那时没有电脑，有手摇计算机，但手摇计算机，有时还不如他打算盘快。我做了比较，现代教育十七年培养的中文系大学生确实远远不如老私塾三年。

何况老私塾先生都善书法，不善书法的人是不能教书的，小孩子一入学，学写字便是学书法。背书就是学文化，学历史，学地理，就是道德教育，就是仁义礼智信，就是礼义廉耻，就是修身齐家治国平天下，三者同时进行。三年私塾，识字写字、写作文都是毛笔，都是练书法，书法成为童子功，当然都很好。而学习西方式的所谓"启蒙教育"都没有这些。

现在认识到传统丢失太多，想恢复，小学加书法课、道德品质教育课。但这都要专门时间，就挤去了文化课、外语课的时间，捡了芝麻丢了西瓜，损失更大。传统教育的方法，学了文化，同时会了书法，同时提高了道德修养，不需要专门的书法课和道德品质教育课。而且现在的道德品质课只是形式上的。学生可能会背诵一些条文，应付考试，实际上对于学生的道德品质的提高，完全没有益处，有时会适得其反，因为学生会产生抵触情绪。传统的道德教育不是形式，是"润物细无声"的，是深入人的骨髓来改变人气质的教育。

（四）与时俱进

中国的教育完全恢复60年前的形式也不行，毕竟时代不同了，必须以学校教育为主。所有的孩子必须入学校接受正规的教育，但教育的内容和形式都要改，主要的是恢复传统。

小学应该百分之六十时间学习中国语文，百分之三十时间学习外语，剩下百分之十为美术、音乐、体育等。语文课本绝不能再学"人、手、口"等，而当改为《四书》、《五经》、《三字经》、《弟子规》、唐诗宋词等古代名著，把历史、地理、道德品质教育等内容全融入语文课中。小学教师先是突出训练书法，继之，凡小学教师必须能写传统书法。把小学课本内容，选用颜体字，或柳体字印出来，学生学知识，同时学书法。即使老师们书法不好，但经训练后，懂得书法应怎样写，无非是"欲右先左""一波三折""无垂不缩"之类。小孩子按这科学方法去临帖，同时识字，同时提高思想品德，也学习了历史，地理知识。传统文化从小就融入孩子们血液中，终生不会变。中国传统文化中优秀的内涵，必能教育出优秀的人才，必能培养出大公无私、清廉、舍己为公的人才，必能培养出道德品质高尚的精英，而且人人都将是书法家。教育变了，中国就变了。

（五）知己、知彼

《孙子兵法·谋攻》篇有云：

> 知己知彼者，百战不殆；不知彼而知己，一胜一负；不知彼，不知己，每战必殆。

这里有一种情况，即"不知己，而知彼"，后果如何呢？孙子没讲。其实也是必败的。你虽然了解对方，虚实强弱等皆知道，但你不知己，善于守护者，你令他们去进攻，老弱病残者，你令他们去当先锋，那是必败的。更重要的是，你不知己，则不能上下一心，军士便不会为你效命；再乱指挥必导致大乱。兵法云："不知军之不可以进而谓之进，不知军之不可以退而谓之退，是谓縻军（束缚军队）。不知三军之事而同三军之政者，则军士惑矣，三军既惑且疑，则诸侯之难至矣，是谓乱军引胜。"（《孙子兵法·谋攻》）因为不知己，乱指挥，把自己军队扰乱了，这就导致敌人的胜利。所以，不知己，必败。

知己是最重要的。

二十世纪中国革命，那么多从国外留学回来的人，掌握大权，又有外国人支持，但总是失败，因为他们虽然了解国外（知彼），但不了解中国的情况（不知己）。毛泽东没去过国外，也不懂外语，但他研究了解国内情况，你国外怎么办，我不知道，但我知道国内应怎么办，他胜利了。

清末民初中国懂外语的人很多，但近现代翻译之祖是林纾，林纾一句外语也不懂，但他古文很好，靠懂外语的人把外文的大意用中文念给他听，他翻译了一百多部外国小说。

傅雷是大翻译家，几乎所有认识傅雷并懂法语的人都说傅雷的法语比较差。有人说傅雷的法语在他们那一批留法的学生中最差，我的一位朋友在澳大利亚一所大学任教，前年已退休。他的父亲原来是上海外国语大学的法语教授，曾和傅雷差不多同时留法，生前曾告诉他说，傅雷法语不怎么样，也可以说很差，但他中文底子不错。他翻译离不开字典。所以，傅雷回国后，没有到大学去任法语教师，也没有一个大学聘请他去大学教法语。他只好在艺术学校教美术史，后来在家翻译法国小说。但他们都承认，傅雷的中文基础在留法的学生中较突出。傅雷成为大翻译家、文化名人，靠的主要是他的国学基础。

我的老师秦宣夫，原来毕业于清华大学外语系，后去法留学，他的法语，连法国的语言专家都认为是中国最好的，但他的中文基础赶不上傅雷，所以，成就远远不及傅雷。

所以本国的语言、文字，本国的情况，本国的历史、风土人情、思想、道德、学问，是必须首先研究好的。

现在的中国，大多数人不了解自己的文化，而先去学习研究西方的文化。西方的文化已充满头脑，中国的文化就学不进去了。有一位学生给我谈到了孔子一句话，我自以为比较熟悉孔子的言论，但对这句话却十分生疏，便问他孔子这句话出自何处。

他找出来是一位德国人讲的，也没有注明出处。这是完全没有根据的。这很奇怪，一个中国人学习孔子的学问，读孔子的书，要从外国人那里转手，这真是吊诡。

当然，你从事科技研究，已基本上不分中外，全球的进度是一致的。但如果专论文化，还是有区别的，这里要谈文明与文化的区别。

文明与文化，有相同处，有不同处，文明在世界范围内，要达到一定高度是要缩小距离。文化在世界范围内，要达到一定高度，是要扩大距离。简单地说，文明是要缩小距离，文化是要扩大距离。

凡属文明，总是要讲礼貌，讲卫生，文质彬彬，不可粗鲁，不可暴力，不可动武，全世界皆如此。也可以说，凡属文明，都是一致的，不可有距离。文化，你的绘画风格和我的绘画风格不但不能一样，还要扩大距离。专家（画家、作家等）之间，地区之间，都要有距离，不能相同；国与国之间，更不能相同，更要扩大距离。否则就是抄袭，就是复制。设想：我们到北京、纽约、伦敦、巴黎等，看到的艺术都是一样的，那多么乏味啊。每到一处，看到的都是不同的，但都是新鲜的艺术，这才叫艺术。艺者，异也；匠者，同也。全世界的艺术都相同，那世界上只有匠人，而无艺术家。凡称艺术家者，必能独创，必能和他人拉开距离。其他文化也同理。

有人说，中国的哲学不是哲学，只有西方的哲学才叫哲学。这是按西方哲学的标准规定的。如果按中国的哲学标准，西方的哲学又不是哲学。这正说明中国的哲学有自己的特色，不同于西方的哲学。

西方的哲学，西方的文化，由西方人去发展；我们可以研究，可以了解，这叫知彼。中国的哲学，中国的文化，要靠中国人来发展，那就必须深入的研究，深入的了解，然后才能发展。现在中国的状况是，大家都去学习西方的文化，对西方的文化热心，超过了西方人，而对自己的文化反而不了解；或者表面上看似乎知道了，而实际上并不知道。当然这也和政策有关：外语不过关，不可以晋升职称；中文不过关没关系。所以，有博士学位的省长，可以连自己所在地地名都不认识，而且是一个普通的字，字都不认识，又怎么能深入了解传统文化呢？所以，我认为晋升职称，官员升降，都要先考中国传统文化知识，而且必须有深度，80分为及格；然后再考外文。

现在是举国上下皆学外文，皆学西方历史、文化，对西方历史大概能讲得头头是道，其实对西方文化并不深知。而对中国历史、中国文化，能一知半解的都很少。我担任博士生导师近20年，文科博士生竟无一人通读过《庄子》《孟子》和《论语》，甚至无人读过《红楼》《三国》《水浒》的原著，但对西方的名著却能讲出不少。其实，中西学问各有千秋，西方的学问，你越研究，越觉得有道理；中国的学问，你越研究，也越觉得有道理，越觉得其伟大。所以大家都在研究西方的学问，而不知道中国的学问，就会自卑。五四那一批从西方留学回来的人，要打到中国传统文化，要"全盘西化"，正是他们不深知中国传统文化之故。

专家从事他的专业研究，当另论。你是研究西方哲学的，那就必须深知西方哲学。但作为一个中国人，应具有基本素质，或通识，必须首先知道自己的传统。儒家谓："一物不识，儒者之耻。"又曰："君子不器。"当然，任何人对传统文化或西方文化，都不可能全部了解，但要知其大略。宋朱熹编注《四书章句集注》，就是想叫世人简明扼要的了解儒家学说的大概。我们现在正缺少这方面的书。

这里还要谈一谈"观其大略"和"务于精纯"问题。《三国志·蜀书·诸葛亮传》注引《魏略》中有记："亮在荆州，以建安初与颍川石广元、徐元直、汝南孟公威等俱游学，三人务于精熟，而（诸葛）亮独观其大略。"《三国演义》第三十七回《司马徽再荐名士，刘玄德三顾茅庐》改为"此四人务于精纯，惟孔明独观其大略"。传统文人历来认为"观其大略"高于"务于精纯"。但"观其大略"必须以"务于精纯"为基础。但人的精力有限，不可能处处精纯，上升到一定高度，即可提纲挈领，触类旁通。

　　文化是一种意识形态。一个社会的意识形态定了，处处有显现。拿游戏来说吧，美国人发明了跳棋，欧洲人发明了扑克，中国人发明了象棋。跳棋是五个子，分别向前跳，五个子是平等的，一齐努力，都跳到了终点，便胜利了。但它在自己向前跳的同时，也阻止别人向前跳，这就是美国，我们必须了解。扑克一说是法国人发明的，一说是意大利人发明的，总之是欧洲人发明的。其宗旨是大的并吞小的，吃掉小的。10一定压倒9以下，9一定压倒8以下，虽然也有K（皇帝）及Q（皇后），也只是其更大一些而已。欧洲人也正如此。中国的象棋是汉初发明的，有人说是韩信发明的。象棋的宗旨主要是保住老帅，车马炮将士兵卒都是为了保老帅。他们都全在，只要老帅被人吃掉了，就输了。反之，将士兵卒全损失光了，只要老帅在，仍然是胜者。其实，"将""帅"需要"相""士"保卫，这就是皇帝，就是人主。全部力量都为了保卫皇帝，一切都为了皇帝。谁反对皇帝就打倒谁。而且全国的一切成果，一切好事也都是因为皇帝才有的。明代台阁体大量的诗文，将皇帝比作"太阳""红日"，把自己比作向日葵，"倾心向太阳，如彼藿与葵""瞻仰帝君大明德，还如丽日正天中""九州四海涵恩泽，都在阳和化育中"。又把皇帝比作"雨露"，"雨露生成总帝恩""九天雨露有余膏""感兹苍穹雨露均""雨露洋洋被遐迩"。因为皇帝是太阳，就高呼圣王"亿万寿""万万龄""圣皇端拱万斯年""圣寿齐天，宝祚万世""上祝圣寿万万龄,如川之增日初升""圣寿皇图万万年"。宫廷中有一只玄(黑)兔,文人们也写诗"岂非我圣皇,盛德斯致之",下一场雪,也是"圣治无为德泽长,丰年降幅自穰穰"。下一场雨,"圣主纯诚格上穹,甘霖一洒万方同"。[1]这就是中国秦汉以后糟粕文化的显现。

我们要了解中国的文化,"象棋"文化就是中国的糟粕文化。所以,我们要"移风易俗",去除"象棋"文化。美国的跳棋文化,提倡平等,一起努力,不分上下,是对的,但不必阻止别人前进。

我们要知彼,但不能改变彼;我们知己,却可以改变己。知己的长处,而发扬下去,知己之短处,而去掉之。所以,必须知己。知己比知彼更重要。何况,我们虽然也有糟粕文化,但更多是优秀的传统文化。所以,我们必须认真学习,继承、发扬。但中国的现代却相反,不知己,而知彼,其实也不可能真正的知彼,这是必须要改变的。

儒家文化是为天下,而不是为个人的。苏洵在《审敌》中说:"为一身谋则愚,而为天下谋则智。"《礼记·礼运》云:"大道之行也,天下为公。"这也应该牢记的。

春秋战国时,儒家心目中的天下,大约就是中原及四夷。春秋时有几百个国家,战国只剩下七雄,后来被秦统一。那时候,孔子们还不可能知道有欧洲、美国、非洲。他们的"天下"大约就是周、秦的版图。所以,儒家反对武力,主张"去兵""去食""温良恭俭让""不言怪力乱神",还是正确的。他希望天下和平、文明、不要斗争,也限制君主的暴力,这都是不错的。而且"四海之内,皆兄弟也"。这个"四海"也就是天下。天下人都

---

[1] 以上参见陈传席博士论文《台阁体研究》,载《陈传席文集》,安徽美术出版社2007年版。

是兄弟，怎么能动武呢？所以要"温良恭俭让"。但科技发展了，欧洲人来了，美洲人来了，我们不用暴力，人家用暴力。我们"去兵"，人家重点在"强兵"。正如一群文质彬彬的学者和绅士，遇到一群土匪强盗，土匪强盗肯定很容易把学者绅士打败，甚至杀死。那么，是批判学者和绅士，还是批判土匪强盗呢？是前者错了，还是后者错了？近百年来，中国人也和西方人一样，认为落后了就要挨打，弱肉强食。季羡林的日记中也记载，他当年在德国留学时，看到的德国人，都认为强者凌辱弱者，力大者打击力小者，是应该的。但儒家、道家都认为强者富者要帮助弱者和贫者，先进的要帮助落后的。"大国者下流"，"富而好礼"。儒家反复宣传的仁者之心、"不忍人之心"、"恻隐之心"等，都是要帮助弱者，哪来的"弱肉强食"呢？实际上，儒家这种思想，现在也成为全世界的共识。而"弱肉强食"以大欺小的思想也为全世界先进思想所反对。

现在很多学者批判儒家思想，认为"温、良、恭、俭、让"培养出的是一群懦夫。中国人尤其是军队，必须有狼性，敢于出击，敢于打击敌人。中国的军队缺少狼性，是儒家的错误，责任应由儒家来负。因为世界上还有狼性的国家和军队。所以，我们也必须有狼性。但这不是儒家思想的错误，是"狼"的错。当然，也说明儒家思想有局限性。这局限性是时代的责任。儒家在那个时代不可能知道天下还有"狼"性的国家。绅士被强盗杀死，不指摘强盗，而批判绅士，其可怪欤。

但是如果全世界的国家，都培养自己的"狼性"，那么这个世界就会天天处于战争状态。最终还要"温良恭俭让"，最终还要中国文化"拯救世界"。

中国的哲学不能救中国，并不是中国的哲学错了，而是世界上还有错误的哲学。如前所述，文化落后的国家打败文化先进的国家，野蛮民族打败文明民族，是常事。有的野蛮可以感化，有的野蛮，必须用武力对抗，然后再感化。所以，中国人有时要暂时放弃中国的哲学，而用外国的强硬哲学，才能立于不败之地。但世界最终还是要文明，还要"去兵"，还要"温、良、恭、俭、让"，最终还要中国的哲学。所以，汤因比说："正是中国肩负着不止给半个世界，而且给整个世界带来政治统一与和平的命运。"[①]汤因比还多次论说只有中国文化才能"拯救世界"，他的判断，是应该有根据的。

汤因比还断定：中国文化是"统一未来世界的核心"。[②]作为一个国际著名的历史研究家，他的话不会过于孟浪吧！

[①] 见《畅谈东方智慧》，（香港）商务印书馆2004年版，第193页。
[②] 见《畅谈东方智慧》，（香港）商务印书馆2004年版，第4页。

后　记

　　我写这本书，并不是因为我是中国人而为中国文化争面子，而是比较中外文化之后得出的结论。

　　书写了很长时间，先是写于北京，后因事而暂停。两年前，我在马来亚大学任客席教授，教书之余，又接着写。本计划在马来亚大学完成这本书，但中途又有事，又停止了。都是俗事，但没办法。在国内写作，干扰太大，我想到美国找一个地方写作。到了美国，干扰少了，但发现用资料不太方便，于是又回到北京。本想从容不迫地写作，但不可能。再过几天，我必须去拉曼大学任教，于是又是匆匆。一是断断续续，气接不上；二是匆匆，没能细加审核，所以有些引文重复。但因所论证的问题不同，也没删；三是我还有很多资料没用上，有点遗憾。

　　本书第十一章《中西艺术》（下）部分，基本上是已出版的拙著《中国艺术如何影响世界》上卷第一章中的内容，但这次收入本书中，我又作了很多修改，删去了一些，又增加了很多内容和观点，不是完全的重复。第十章《中西艺术》（上）则完全是新作。希望从事艺术研究的朋友给予特别的注意。

　　书的第三章，部分外文资料是我的学生方汀代为搜集，并由他译为中文并做了部分说明。关于基督教问题，我曾向著名基督教研究专家杨慧林教授和他的博士生张靖请教不少。书稿完成后，本想拿给他们看看，但有点害怕。三国时，钟会著《四本论》，完稿后拿去找大学问家嵇康请教，但到了嵇康门前，"畏其难，怀不敢出"。于是把书稿包起来，从院外扔进去，然后转身就跑了。钟会不敢面呈书稿，而把书稿扔进嵇康院里，嵇康肯定会看。杨慧林和张靖都没有院子，我如果扔在他们办公室里，他们肯定当废纸扔掉。因为现在各种材料太多，没有人能看完。所以，我既不敢面呈，也没有"于户外遥掷"，有问题只好由我自己负责了。

书写完后，有人告诉我，英国的历史学家汤因比也说过，中国的文化将是拯救世界的文化（大意）。21世纪应该是中国文化的世纪。我一直没有读到汤因比的这本著作，但从别人的著作中看到他说"正是中国肩负着不止给半个世界，而且给整个世界带来政治统一与和平的命运"，又说中国将是"统合未来世界的主轴"等。奇怪，英国的学者近来老是讲中国的好话。蓝诗玲著《鸦片战争》，大讲英国的财源来自卖毒品给中国，对不起中国，"感到羞耻"等。加文·孟席斯著《1421：中国发现世界》，大讲中国人最早作环球旅游，最早绘制世界地图，比哥伦布更早发现美洲新大陆，比库克早350年发现澳洲；中国达到麦哲伦海峡，比麦哲伦出生还早一个甲子等等。这个现象值得研究。

但如果汤因比真心讲过这些话，那么可证明：吾道不孤。汤因比的书，我没有读过，并不遗憾；但汤因比没有读到我这本书，很遗憾。（一笑）

读者读我这本书，如果批评，我希望从大的方面着眼，细节和个别引文，肯定会有问题。交稿太匆忙，也是个原因。

对五四那时代的学者，我的批评居多。其实，我对那时代的学者和文人能以天下为己任，能自由地发表自己的见解，能平等地待所有人，能保持独立的人格，其风气，其社会环境，都令我艳慕。提起五四，我们会首先想到最重要的领袖人物陈独秀。我还专门到了安庆陈独秀的墓地去吊唁。当时我写了五首诗，最后一首是：

> 五千载后降斯才，可怜无人认点埃。
> 大则难容今依是，陵园相望久徘徊。

附记于此，表明我对五四那批人，有批评，也有赞同。

本书中的图片除特别注明外，都是笔者奔波世界各地拍摄而来。

责任编辑周毅泽多次认真审读，我在书中引用大量的古典资料和外文资料，他都一一找到原著、原期刊加以校正，十分感谢。

中华书局对著作出版，规定十分苛刻，本书五次校稿，我都在国外任教，部分在国内才能查到的资料和引文注释等，承林木、徐华烽、方汀、杨绪奎等协助，石莉博士执校勘之功，皆至为感念。

陈传席
2016年7月于中国人民大学
2018年9—12月校于拉曼大学